Bonnes nouvelles sur le sexe et le mariage

Christopher West

Bonnes nouvelles sur le sexe et le mariage

Traduit de l'américain
par Marie Chatagnon Debœuf

Éditions de l'Emmanuel

Nihil obstat,
Paris, le 21 mars 2014
G. PELLETIER

Imprimatur,
Paris, le 21 mars 2014
M. VIDAL, Vic. Ep.

Édition originale :
Good News about Sex and Marriage

28 W. Liberty St.
Cincinnati, OH 45202 (USA)
www.AmericanCatholic.org

89, bd Auguste-Blanqui, 75013 Paris
www.editions-emmanuel.com

Composition : SoftOffice (38)

Conception couverture :
© Christophe Roger

Images :
© Surkov Vladimir / Shutterstock

ISBN : 978-2-35389-286-0

À ma Wendy bien-aimée.
Sans son amour, je ne serais pas l'homme
que je suis aujourd'hui
et je n'aurais pas pu écrire ce livre.

Introduction

> L'homme ne peut vivre sans amour. Il demeure pour lui-même un être incompréhensible, sa vie est privée de sens s'il ne reçoit pas la révélation de l'amour, s'il ne rencontre pas l'amour, s'il n'en fait pas l'expérience et s'il ne le fait pas sien, s'il n'y participe pas fortement. C'est pourquoi, comme on l'a déjà dit, le Christ Rédempteur révèle pleinement l'homme à lui-même.
>
> Jean-Paul II[1]

En grandissant dans la foi catholique, dans les années 1970 et 1980, j'avais beaucoup de questions et d'objections sur l'enseignement de l'Église en matière de sexualité et de mariage. Lorsque les hormones ont commencé à me titiller, tout ce qu'on m'avait appris sur l'importance de « rester pur » s'est volatilisé, ou presque. Au cours des années qui ont suivi, mon comportement sexuel allait laisser des traces dans ma vie.

Étudiant en première année à l'université, je me suis trouvé en proie à une profonde et douloureuse confusion quant à mon identité masculine. Je ne pouvais nier que cette douleur et cette confusion provenaient, pour une large part, de mon comportement et de mes habitudes sexuelles. La promiscuité sexuelle généralisée de la vie en résidence universitaire ne faisait qu'amplifier mon mal-être.

1. Introduction à *Redemptor Hominis*, n° 10.

Les « conquêtes sexuelles » que nous nous racontions tous – en les exagérant, bien entendu – m'ont ouvert les yeux sur la laideur dont les hommes sont capables. Derrière chacune de ces « conquêtes », une femme était utilisée puis jetée. Mais personne ne semblait s'en soucier.

Un jour, dans l'un des dortoirs, j'ai assisté à une soirée qui a dégénéré. Il y a eu un viol. (J'ai oublié de préciser qu'il s'agissait d'une université catholique.) Pour moi, le point de non-retour était franchi. Cette expérience m'a hanté : comment un homme pouvait-il traiter ainsi une femme, comme si elle n'était rien d'autre qu'une « chose » au service de son plaisir sexuel ? Plus je me posais cette question, plus je sentais qu'elle m'était en fait directement adressée.

Je n'ai jamais violé personne, me disais-je. *Mais suis-je si différent de ce type dans la manière dont je traite les femmes, en pensée et en actes ? Est-ce que je n'utilise pas moi aussi ma petite amie pour satisfaire mon plaisir sexuel ?* Quand j'ai accepté d'être honnête avec moi-même, force m'a été de conclure que je ne valais pas tellement mieux que ce violeur.

Pendant cette période de profonde remise en question, je me suis mis en colère contre Dieu. « C'est toi qui as donné aux hommes ces hormones, protestais-je. Or, le moins que l'on puisse dire, c'est qu'elles nous causent de sacrés problèmes !... Qu'est-ce que je suis censé en faire ? Je veux savoir la vérité ! Le sexe, à quoi ça rime ? Et être un homme, qu'est-ce que ça veut dire ? »

Cette prière m'a lancé dans une quête à la découverte de la vérité sur la sexualité. Le Christ a dit : « *Cherchez* et vous trouverez » (Mt 7, 7). J'ai donc cherché.

Et ce que j'ai trouvé au bout du compte, ce sont les écrits de Jean-Paul II. Voilà un homme qui a pensé à frais nouveaux et présenté de manière lumineuse et très originale l'enseignement de l'Église sur la sexualité et le mariage. Son travail a préparé le terrain à une nouvelle « révolution sexuelle » qui promet d'offrir ce que la précédente n'a pas pu donner, à savoir la vraie satisfaction de ce désir qui nous met tous en mouvement : aimer et être aimé.

De fait, les contributions de Jean-Paul II à l'enseignement catholique sur la sexualité et le mariage sont si vastes que plus des deux tiers de ce que l'Église a dit sur le sujet l'a été sous son pontificat. Malgré cela, la plupart des catholiques ne connaissent pratiquement rien de son travail. Lorsque les idées de Jean-Paul II obtiendront la reconnaissance qu'elles méritent, notre monde verra la restauration du mariage et de la famille et la construction d'une vraie culture de vie. Ce sera, à mon sens, le nouveau printemps dont ce pape a si souvent parlé.

En l'espace de quelques mois, j'ai dévoré sa *Théologie du Corps*[2], son exhortation apostolique *Les tâches de la famille chrétienne dans le monde d'aujourd'hui (Familiaris Consortio)*[3] et son livre *Amour et Responsabilité*[4]. Ce que j'ai lu a comme disséqué mon cœur. D'une certaine manière, ce vieux souverain pontife célibataire était capable de mettre le doigt sur les frémissements les plus profonds de mon être, et de m'aider à les comprendre.

Il avait l'art d'expliquer le sens profond de la doctrine catholique et de montrer la splendeur du plan originel de Dieu sur l'homme et la femme créés à son image. Il a transformé radicalement le regard que je portais sur mon identité d'homme, la manière dont je considérais les femmes, la manière dont je comprenais l'Église et Dieu. En bref, il a changé ma vision… sur *tout*. J'ai su alors que je passerais le reste de ma vie à étudier la pensée du pape et à la transmettre aux autres.

---

2. La *Théologie du Corps* est le titre collectif donné aux 129 catéchèses dispensées par le pape Jean-Paul II à l'occasion de ses audiences générales du mercredi, entre le 5 septembre 1979 et le 28 novembre 1984. À travers une analyse des textes bibliques sur le corps, la sexualité, le mariage et la vocation au célibat, Jean-Paul II y manifeste, en des formulations inédites, une compréhension extrêmement profonde de la personne humaine et de ce que signifie notre vocation à l'« amour sponsal ». Beaucoup de ces idées pénétrantes sont présentées au chapitre 1 du présent ouvrage. Les chapitres suivants s'inspirent largement eux aussi de ces catéchèses de Jean-Paul II. (NdE : Nous renvoyons les lecteurs français et francophones à la réédition des catéchèses de Jean-Paul II en un seul volume, parue aux éditions du Cerf : JEAN-PAUL II, *Homme et femme il les créa. Une spiritualité du corps*, Paris, Cerf, 2013.)

3. Cette exhortation apostolique a été écrite en 1981, à la suite du Synode des évêques sur la famille réuni en 1980. Elle constitue une présentation excellente et très complète de l'enseignement de l'Église sur la sexualité, le mariage et la vie de famille. Dans les notes qui suivent, nous y ferons référence sous le titre *Familiaris Consortio*.

4. Karol WOJTYLA (Jean-Paul II), *Amour et Responsabilité*, Dialogue/Stock, Paris, 1978. Cet ouvrage a été publié pour la première fois en 1960, en Pologne, dix-huit ans avant que Karol Wojtyla ne devienne le pape Jean-Paul II. S'appuyant sur des années de dialogue et d'apostolat avec des jeunes, des fiancés et des couples mariés, Karol Wojtyla examine l'expérience humaine ordinaire pour démontrer que l'enseignement moral catholique sur la sexualité et le mariage correspond parfaitement à la dignité de la personne. La philosophie « personnaliste » – c'est ainsi que l'on a qualifié la position de Jean-Paul II – reconnaît que la personne humaine est un sujet à l'égard duquel la seule attitude qui convienne est l'amour. Une personne ne peut jamais être réduite à une simple chose que l'on pourrait utiliser. Jean-Paul II soutient que la non acceptation des exigences de l'éthique sexuelle catholique transforme inévitablement les personnes en objets susceptibles d'être utilisés.

Aujourd'hui, devenu éducateur spécialisé dans l'enseignement de l'Église sur la sexualité et le mariage, je parle régulièrement de ces sujets à un grand nombre de gens. Partout où je vais, ils me posent des questions directes et sincères. Ils soulèvent des points et des objections qui pèsent lourd sur leur cœur et touchent intimement leur vie et la vie de ceux qu'ils aiment. Ces questions et objections méritent des réponses sincères, directes et approfondies, des réponses qui abordent de front le domaine le plus intime de la vie humaine et aident les gens à trouver un sens aux enseignements apparemment « arbitraires » et « démodés » de l'Église sur le sujet.

Lorsque j'explique l'enseignement de l'Église en m'appuyant sur ma propre expérience et sur ce que j'ai appris de Jean-Paul II, les gens me disent à tous les coups : « J'ai fait toute ma scolarité dans des écoles catholiques et je n'ai jamais entendu ça. Pourquoi ? » D'autres répondent en pleurant : « Si seulement j'avais su ça plus tôt, ça m'aurait peut-être épargné des erreurs et des souffrances… ».

Ce livre est né de ces échanges. Ce sont des gens comme vous qui m'ont aidé à l'écrire. J'ai rassemblé les questions de célibataires, de fiancés, de jeunes mariés, de couples ayant dix, vingt, trente, quarante années de mariage – voire plus –, de catholiques, de protestants et de non-croyants, de gens heureux ou malheureux en couple, de gens qui ont souffert du divorce. Dans ce livre, je reprends chacune de ces questions et j'y réponds.

À la suite de Jean-Paul II, le premier chapitre pose les fondements bibliques du plan de Dieu sur la sexualité et le mariage. Les chapitres suivants sont divisés de manière thématique et présentés sous la forme de questions-réponses. L'objectif est d'apporter des réponses aussi complètes que possible aux questions posées. Si vous en avez une qui n'est pas directement traitée dans ce livre, vous pourrez néanmoins acquérir en le lisant les outils qui vous permettront de parvenir à une réponse catholique éclairée.

Certains d'entre vous ouvriront peut-être ce livre pour y chercher une réponse rapide à telle question spécifique. Ce n'est pas un problème, à condition que vous gardiez à l'esprit que chaque chapitre s'appuie sur le précédent. Pour bien tout saisir, il est conseillé de suivre l'ordre des chapitres. Je vous recommande également de prendre le temps de lire les notes en fin de chapitre ; en plus des références, elles contiennent souvent des informations utiles, y compris des ressources supplémentaires et le moyen d'en faire votre profit.

Je prie du fond du cœur pour que, quelles que soient votre situation et l'étape où vous en êtes, ce livre vous aide à connaître, comprendre, vivre et faire l'expérience de la magnifique vérité de l'amour humain. C'est là en effet que nous trouvons l'image du divin, un avant-goût du paradis – la pleine satisfaction de tous nos désirs les plus intimes.

1

Le grand mystère

Fondements

> Le « grand mystère », qui est l'Église et l'humanité dans le Christ, n'existe pas sans le « grand mystère » qui s'exprime dans le fait d'être « une seule chair » [...], c'est-à-dire dans la réalité du mariage et de la famille.
>
> Jean-Paul II[1]

L'enseignement de l'Église sur la sexualité et le mariage est une *bonne nouvelle*. Il est bon d'insister sur ce point dès le début. C'est une bonne nouvelle parce qu'il s'agit de la vérité sur l'amour, et que l'amour vrai est l'accomplissement de la personne.

En même temps, c'est un enseignement *exigeant* car la vérité sur l'amour est toujours exigeante.

Lorsque nous recherchons la vraie signification de la sexualité, nous touchons au cœur même de notre être d'homme et de femme. Nous nous retrouvons face à nos désirs et aspirations les plus profonds et, en même temps, face à nos peurs, nos blessures, notre égoïsme et nos péchés les

1. Jean-Paul II, *Lettre aux familles*, n° 19.

plus grands. C'est là que réside le défi : si nous voulons découvrir la vérité sur notre sexualité, nous devons faire face à la réalité de notre humanité – dans ce qu'elle a de bon et de mauvais. Cela nous mène inévitablement à la croix, car c'est le Christ qui, en nous révélant la vérité sur l'amour, nous révèle le sens de la vie.

« [Aimez-vous] les uns les autres comme je vous ai aimés » (Jn 15, 12). Ces mots du Christ résument à la fois le sens de la vie *et* le sens de la sexualité humaine. Dans la morale sexuelle se joue l'expression de l'amour de Dieu à travers nos corps. C'est ce qui fait dire à Jean-Paul II que, si nous vivons conformément à la vérité de notre sexualité, nous accomplissons la vraie signification de notre essence et de notre existence.[2]

Mais le contraire est tout aussi vrai : si nous ne vivons pas conformément à la vérité de notre sexualité, nous passons complètement à côté du sens de notre existence. Nous nous privons de la vraie joie, du vrai bonheur.

Les discussions sur la morale sexuelle ne sont donc pas simplement affaire de visions éthiques divergentes, d'interprétations différentes des Écritures, ou encore d'opposition entre autorité de l'Église et conscience personnelle. Non, elles ont des racines plus profondes. En fait, les discussions sur la morale sexuelle portent sur la signification même de la vie.

L'Église ne cesse jamais de proclamer que le Christ est venu dans le monde non seulement pour nous montrer le sens de la vie, mais également pour nous donner la grâce de surmonter nos peurs, nos blessures, notre égoïsme et nos péchés, afin de vivre conformément à ce sens de l'existence. L'amour vrai est possible. C'est la promesse que l'Église offre dans son enseignement sur la sexualité et le mariage. C'est une bonne nouvelle ! C'est une grande nouvelle !

Mais, me direz-vous, s'il s'agit d'une si « grande nouvelle » que cela, pourquoi l'enseignement de l'Église est-il si contesté ?

Soyons honnêtes : les points de litige sont nombreux. D'ailleurs, quand quelqu'un a des comptes à régler avec l'Église catholique, il s'agit presque toujours de problèmes liés au sexe. Qu'il s'agisse de l'enseignement de l'Église sur la contraception (« Allez, vivez un peu avec votre temps ! »), le divorce et le remariage (« Qu'est-ce que vous pouvez être insensibles !... ») ou encore l'ordination sacerdotale réservée aux hommes (« Voilà bien la

2. *Cf.* Jean-Paul II, *Homme et femme il les créa. Une spiritualité du corps*, Paris, Cerf, 2013, p. 82.

preuve que l'Église opprime les femmes ! »), ces différends proviennent, en définitive, de visions divergentes de la sexualité.

Voilà pourquoi il est si important de bien comprendre la nature de la sexualité humaine telle que Dieu nous l'a révélée. Là où l'opinion publique considère que la vision chrétienne en la matière est purement et simplement négative, nous découvrons en réalité, en nous penchant sur les Écritures, que la sexualité dans le plan de Dieu est bien plus grandiose que ce que quiconque pourrait imaginer. Littéralement, c'est quelque chose d'*in-croyable*. Seule la foi nous permet de croire à ce « grand mystère ».

La place centrale de la sexualité dans le plan de Dieu

On le voit, la sexualité est tout sauf une question secondaire. Bien au contraire, le pape Jean-Paul II déclare que l'appel à l'« amour sponsal », révélé à travers notre sexualité, est « l'élément fondamental de l'existence humaine »[3]. Rien de moins ! Jean-Paul II va jusqu'à dire qu'on ne peut pas comprendre le christianisme si on ne comprend pas la vérité et la signification de la sexualité[4].

La Bible elle-même, du début à la fin, est une histoire de mariage. Elle commence, au livre de la *Genèse*, avec le mariage d'Adam et Ève et se termine, au livre de l'*Apocalypse*, avec les « noces de l'Agneau », le mariage du Christ et de l'Église. Tout au long de l'Ancien Testament, l'amour de Dieu pour son peuple est décrit comme l'amour d'un mari pour sa femme et, dans le Nouveau Testament, le Christ vient *incarner* cet amour. Il vient comme l'époux divin s'unir pour toujours à son épouse, c'est-à-dire à nous-mêmes.

En utilisant cette comparaison, nous pouvons dire que le plan de Dieu depuis toute éternité est de nous « épouser » (*cf.* Os 2, 21). Dieu a voulu nous révéler ce plan éternel de telle sorte que nous ne puissions passer à côté. C'est pourquoi il a gravé une image de ce plan au cœur même de notre être d'homme et de femme. Cela signifie que pratiquement tout ce que Dieu veut nous dire ici-bas au sujet de son identité, de la nôtre, du sens de la vie, de la raison pour laquelle il nous a créés, de la manière dont nous devons vivre, et même de notre destinée finale, tout cela est contenu

3. *Ibid., p. 87.*
4. *Cf. Lettre aux familles*, n° 19.

d'une certaine manière dans la vérité et la signification de la sexualité et du mariage. C'est du sérieux !

Regardons-y donc de plus près.

Homme et femme : image de la Trinité

Le livre de la *Genèse* comporte deux récits de la Création. Dans le premier, nous lisons que Dieu a créé l'humanité à son image et à sa ressemblance, en tant qu'homme et femme spécifiquement (*cf.* Gn 1, 27). Cela veut dire que, d'une certaine manière, c'est dans la complémentarité des sexes que nous sommes image de Dieu. En tant qu'homme et femme, nous rendons visible le mystère invisible de Dieu.

Quel est ce mystère invisible de Dieu ? Saint Jean le résume bien : « Dieu est amour » (1 Jn 4, 8). En lisant ce verset, nous pensons souvent à l'amour de Dieu pour nous, mais ce n'est qu'une partie de sa signification. Avant même l'amour de Dieu pour nous, Dieu est amour *en lui-même*, dans la relation qu'entretiennent les trois Personnes de la Trinité.

Dieu est en lui-même une *Communion de Personnes* qui donne la vie. Depuis toute éternité, le Père fait don de lui-même au Fils par amour. (Comme nous pouvons le lire dans les Écritures, Jésus est le « bien-aimé » du Père ; voir Mt 3, 17). Le Fils, qui reçoit le don du Père de toute éternité, se donne à lui en retour. L'amour entre eux est si réel, si profond, que cet amour *est* une autre Personne éternelle : le Saint-Esprit.

C'est ce que révèle, entre autres choses, notre être créé à l'image et à la ressemblance de Dieu : nous sommes appelés à aimer comme Dieu aime, dans une *communion de personnes* qui donne la vie. Et nous le faisons précisément en tant qu'homme et en tant que femme. Dans son être même, l'homme est orienté vers le don de lui-même à la femme, et la femme est disposée à recevoir le don de l'homme en elle et à se donner en retour. L'amour entre eux deux est si réel, si profond que, avec la grâce de Dieu, il peut devenir une autre personne.

Ainsi, la relation sexuelle est destinée à participer à la vie et à l'amour mêmes de Dieu. Elle révèle (rend visible) quelque chose du mystère invisible de Dieu[5]. Cela ne veut pas dire, bien sûr, que Dieu soit sexué. Dieu est un pur Esprit. En lui, il n'y a donc pas de place pour la différence des sexes.

5. *Cf. Catéchisme de l'Église catholique*, n° 370 (dorénavant abrégé en *CEC*).

Il faut faire attention à ne pas mésinterpréter ce que nous venons de dire. Le fait que notre sexualité révèle quelque chose du mystère de la Trinité ne signifie pas que la Trinité est sexuée. Dieu n'est pas homme et femme à l'image de l'humanité ; c'est l'inverse qui est vrai[6]. Le mystère de Dieu demeure infiniment au-delà de toute image ou analogie humaine. Nous devons toujours garder cela en tête lorsque nous utilisons la comparaison de la relation charnelle, de peur de réduire, à tort, le Dieu infini à nos concepts limités.

Ceci dit, même si elle est imparfaite, cette analogie de l'amour sexuel fidèle nous aide à comprendre l'amour de Dieu d'une manière particulièrement profonde. Aimer et être aimé comme Dieu aime, voilà le plus grand désir du cœur de l'homme. C'est Dieu qui l'y a mis lorsqu'il nous a faits à son image. Rien d'autre ne peut nous satisfaire. Rien d'autre ne peut nous combler.

C'est cela que nous incarnons en tant qu'homme et femme. L'union sexuelle est quelque chose de si beau, de si merveilleux, de si magnifique, qu'elle est destinée à exprimer l'amour libre, total, fidèle et fécond de Dieu. Le mariage est l'autre nom de cet amour.

Oui, l'union sexuelle est destinée à exprimer les consentements que se sont échangés les époux lors de leur mariage. C'est par elle que les promesses échangées prennent chair. C'est pour cela que la relation sexuelle est appelée étreinte conjugale.

À l'autel, les époux s'engagent l'un envers l'autre librement, totalement, dans la fidélité et la fécondité, jusqu'à la mort. Telles sont les promesses canoniques qu'ils se font : promesses de fidélité, d'indissolubilité et d'ouverture à la vie. À partir de ce jour-là et tout au long de leur vie conjugale, ils traduisent en actes leur engagement. Ils expriment avec leurs corps ce qu'ils ont exprimé à l'église avec leur intelligence et leur cœur. Ce faisant, ils consomment leur mariage, c'est-à-dire qu'ils l'achèvent, le rendent parfait, le scellent et le renouvellent.

Le mariage : sacrement du Christ et de l'Église

Les époux ne sont pas seulement image de l'amour de Dieu au sein de la Trinité ; ils sont également image de l'amour entre Dieu et toute

6. *Cf. CEC*, n° 370.

l'humanité, rendu visible dans l'amour du Christ et de l'Église. En vertu de leur baptême, le mariage des chrétiens est un sacrement, c'est-à-dire un signe vivant qui communique réellement l'union du Christ et de l'Église et qui y participe. Les promesses du mariage, vécues dans toute la vie conjugale et particulièrement dans l'union des époux en « une seule chair », constituent ce signe vivant[7].

Reprenons saint Paul : « Voici donc que l'homme quittera son père et sa mère pour s'attacher à sa femme, et les deux ne feront qu'une seule chair : ce mystère est de grande portée ; je veux dire qu'*il s'applique au Christ et à l'Église* » (*cf.* Ep 5, 31-32). Le Christ a laissé son Père au Ciel. Il a quitté la maison de sa mère sur la terre pour livrer son *corps* à son Épouse, afin que nous devenions « une seule chair » avec lui.

Or, où devenons-nous par excellence « une seule chair » avec le Christ ? Dans l'Eucharistie. Rappelons-le une fois encore : nous utilisons les termes de l'amour charnel uniquement comme une analogie de l'amour de Dieu. Il est évident que l'Eucharistie n'est pas une « rencontre sexuelle ». Cependant, en appliquant cette analogie, on peut dire que l'Eucharistie est la consommation sacramentelle des noces mystiques entre le Christ et l'Église. Et si on va plus loin dans ce sens, on peut dire que lorsque nous recevons le corps de notre époux divin dans notre corps, nous concevons, comme une épouse, une vie nouvelle en nous, la vie même de Dieu. Comme le Christ l'a dit, « si vous ne mangez pas la chair du Fils de l'homme et ne buvez son sang, vous n'aurez pas la vie en vous » (Jn 6, 53).

En tant que la communion de l'homme et de la femme en « une seule chair » annonçait dès le départ la communion eucharistique du Christ et de l'Église, Jean-Paul II a parlé du mariage comme du « sacrement primordial ». Arrêtons-nous un moment pour laisser descendre cette réalité en nous. De toutes les manières que Dieu a choisies pour révéler sa vie et son amour au monde créé, dit Jean-Paul II, le mariage, accompli et consommé dans l'union sexuelle, est d'une certaine manière la plus fondamentale. Le

7. *Cf.* Jean-Paul II, *Homme et femme il les créa, op. cit.*, p. 567. Jean-Paul II a fait évoluer la manière dont l'Église comprend le signe sacramentel du mariage. Traditionnellement, la plupart des théologiens plaçaient le signe du mariage dans l'échange des consentements, tandis que d'autres le plaçaient dans l'acte de consommation. Jean-Paul II a réuni les deux points de vue en reconnaissant que les paroles des consentements « ne peuvent s'accomplir que dans l'acte conjugal ». Il poursuit : « De ces paroles, donc, nous passons à la réalité qui y correspond. L'un et l'autre élément ont leur importance respectivement à la structure du signe sacramentel ».

Christ, bien sûr, est la révélation la plus complète de l'amour de Dieu dans le monde. Or, c'est le mariage, plus que toute autre chose, qui nous prépare à comprendre l'amour du Christ.

Saint Paul ne plaisantait pas en disant que c'est un « mystère de grande portée ». Dieu aurait-il pu faire de notre sexualité quelque chose de plus important, de plus beau, de plus magnifique que cela ? Dieu nous a donné le désir sexuel pour nous conférer le pouvoir d'aimer comme il aime, de sorte que nous participions à la vie divine et accomplissions le vrai sens de notre être et de notre existence.

« Tout ça est super, me direz-vous, mais ça n'a rien à voir avec la manière dont la sexualité est vécue dans la vraie vie ! » Vous avez raison. Les mauvais traitements infligés aux femmes par les hommes au cours de l'histoire ; le drame du viol et autres crimes sexuels haineux, parfois perpétrés sur des enfants ; le sida et toutes les autres maladies sexuellement transmissibles ; les mères célibataires ; les enfants « sans père » ; l'avortement ; l'adultère ; les taux de divorce vertigineux ; la prostitution ; l'industrie pornographique qui génère plusieurs milliards de dollars ; le nuage de honte et de culpabilité qui plane au-dessus des questions de sexualité… tout cela brosse un tableau très différent de celui que nous donnent saint Paul et Jean-Paul II !

Ce tableau, c'est celui de la tragédie du péché humain. Il montre combien l'homme, en chutant, s'est éloigné du plan que Dieu avait pour notre sexualité « au commencement ».

La sexualité humaine « au commencement »

Revenons au livre de la *Genèse*. Alors que le premier récit de la Création donne un aperçu objectif de notre vocation à aimer, le second relate l'expérience subjective de cette vocation par nos premiers parents. Adam et Ève nous représentent tous. Si nous laissons la Parole inspirée nous parler, nous reconnaissons dans leur histoire les mouvements intérieurs de notre cœur mis à nu. Nous faisons l'expérience, au plus profond de notre for intérieur, d'un « écho » de l'intention originelle de Dieu. Nous ressentons sa beauté, nous réalisons combien nous nous en sommes éloignés et combien nous aspirons à la restauration de l'intention divine originelle[8].

8. On pourrait objecter : « La science n'a-t-elle pas démontré la fausseté de cette histoire d'Adam et Ève ? » Non. Les récits de la création dans la *Genèse* n'ont jamais prétendu être des descriptions scientifiques

Dieu a créé Adam à partir de la poussière du sol et il a insufflé son souffle de vie en lui (*cf.* Gn 2,7)[9]. Le terme hébreu pour « souffle », dans la langue biblique d'origine, signifie également « esprit ». Or, n'oublions pas que l'Esprit de Dieu est l'amour même entre le Père et le Fils. Dieu insuffle donc *son amour* dans l'homme.

Comme nous l'avons vu, cela signifie que l'homme est une personne appelée à vivre une relation d'amour avec Dieu. Ayant reçu l'amour de Dieu, l'homme est appelé à se donner à Lui en retour. Il est également appelé à partager cet amour avec les autres (*cf.* Mt 22,37-40). Cet appel est scellé dans son être même et c'est uniquement en le vivant qu'il peut trouver son accomplissement. Comme le dit le Concile Vatican II : « L'homme, seule créature sur terre que Dieu a voulue pour elle-même, ne peut pleinement se trouver que par le don désintéressé de lui-même[10] ».

Il n'est pas bon d'être seul

C'est pour cette raison que le Seigneur a dit : « Il n'est pas bon que l'homme soit seul. Il faut que je lui fasse une aide qui lui soit assortie » (Gn 2, 18). Par-là, Dieu a voulu dire : « Il faut que je lui fasse quelqu'un qu'il puisse aimer ». Dieu a donc créé les animaux à partir de la poussière du sol et il les a amenés à l'homme pour qu'il les nomme.

En donnant un nom aux animaux, l'homme a réalisé qu'il était différent d'eux. Les animaux n'étaient pas libres comme lui de déterminer leurs actes. Ils n'étaient pas appelés comme lui à aimer à l'image de Dieu. Nous

---

de la manière dont le monde a été créé. La *Genèse* utilise un langage figuratif pour exprimer, sur l'univers et notre existence dans l'univers, des vérités plus profondes que celles que la science pourra jamais nous dire. Supposons que vous demandiez à un scientifique et à un poète de décrire un arbre. Ils tiendront l'un et l'autre un discours très différent. Dira-t-on pour autant que le scientifique réfute le poète ? D'ailleurs, les récits de la création dans la *Genèse* ne sont pas pure poésie. Bien que mythiques, ils ne sont pas juste un mythe. Ils sont la Parole de Dieu inspirée. Ils disent une vérité – une profonde vérité – sur le sens de la vie, sur qui est Dieu et sur qui nous sommes, hommes et femmes. L'Église interprète de manière authentique le symbolisme du langage biblique, enseignant que nos premiers parents ont été créés dans un état de sainteté et de justice mais ont chuté lors d'un événement qui a eu lieu au début de l'histoire de l'homme (cf. *CEC*, n° 375 et 390).

9. À ce moment du récit, « Adam » est une personne humaine générique qui représente toute l'humanité, et pas seulement les êtres masculins. De fait, le récit biblique ne fait pas de distinction entre l'homme et la femme jusqu'à ce qu'Ève soit créée à partir du côté d'Adam.

10. *Gaudium et Spes*, n° 24. Le fait d'avoir été créés pour nous-mêmes signifie, entre autres choses, que nous ne pouvons jamais être *utilisés* par une autre personne comme un moyen au service de la fin qu'elle vise. Le reste de la création, lui, n'a pas été créé pour lui-même mais pour *notre* bien. Tant que nous agissons en bons intendants, nous pouvons *utiliser* le monde créé pour notre bénéfice. Mais nous ne devons jamais *utiliser* un autre être humain.

pouvons imaginer la réponse d'Adam à Dieu : « Merci, Dieu, pour tous ces animaux mais… je ne peux pas aimer une girafe… je ne peux pas me donner à une mouche… ».

Le Seigneur a donc plongé l'homme dans une torpeur et a pris une de ses côtes. Là encore, nous perdons quelque chose dans la traduction. Une meilleure traduction que « torpeur » serait « extase ». Extase signifie littéralement « sortie de soi ». Adam connaît l'« extase » lorsque Dieu tire la femme *hors de lui*. En outre, pour les Juifs, le terme « os » fait référence à tout l'être humain. Ce qui est donc dit ici, c'est que l'homme et la femme partagent la même humanité. *Tous les deux* ont l'Esprit de Dieu en eux, ce qui veut dire qu'ils sont *tous les deux* appelés à aimer à l'image de Dieu[11].

Imaginez maintenant l'état d'esprit d'Adam lorsqu'il s'est réveillé et a vu la femme. Le plus grand désir de son cœur est de se donner, dans l'amour, à une personne « comme lui » ; or, il vient juste de finir de nommer des milliards d'animaux et n'en a trouvé aucun qui lui ressemble. Que dit-il alors, en voyant la femme ? « Pour le coup, c'est l'os de mes os et la chair de ma chair ! (*cf.* Gn 2, 23). Ce qui veut dire : « Enfin une personne comme moi, que je peux aimer ! »

Comment Adam sait-il qu'elle est celle qu'il peut aimer ? N'oubliez pas qu'Ève et lui étaient nus. C'est leur *corps* à chacun qui a révélé la vérité spirituelle de leur personne. Dans leur nudité, ils ont découvert ce que Jean-Paul II appelle la « signification sponsale du corps », c'est-à-dire « la capacité [de leur corps] d'exprimer l'amour : cet amour dans lequel précisément l'homme-personne devient don et, par l'intermédiaire de ce don, réalise le sens même de son "être" et de son "exister"[12] ».

Adam s'est regardé, il a regardé Ève. Il a pris conscience de cette profonde réalité : « Nous allons de pair. Dieu nous a créés l'un *pour* l'autre. Je peux me donner à toi et tu peux te donner à moi, et nous pouvons vivre dans une communion d'amour qui donne la vie : l'image de Dieu, le mariage ».

Tel était le désir sexuel créé par Dieu et dont ils ont fait l'expérience : se donner l'un à l'autre, à l'image de Dieu. Voilà pourquoi ils étaient nus et n'avaient pas honte (*cf.* Gn 2, 25). Aimer comme Dieu aime ne produit pas de honte mais la joie, la paix et une profonde connaissance de la bonté humaine.

---

11. *Cf.* Jean-Paul II, *Homme et femme il les créa, op. cit.*, p. 45.
12. *Ibid.*, p. 83.

Les effets du péché originel

Réfléchissons à cette situation un instant. Si l'union conjugale en « une seule chair » est destinée à être la révélation fondamentale, dans le monde créé, de la vie même de Dieu et de son amour, et si un ennemi de Dieu voulait nous empêcher de connaître la vie et l'amour de Dieu, comment s'y prendrait-il ?

Dieu a dit à Adam qu'il était libre de manger des fruits de tous les arbres du jardin, sauf de « l'arbre de la connaissance du bien et du mal », sous peine de mourir (*cf.* Gn 2, 17). Dans le symbolisme du langage biblique, voici donc Dieu traçant une ligne que l'humanité n'est pas libre de franchir. Dieu seul sait ce qui est le mieux pour nous. En tant que créatures, nous devons faire confiance à la Providence divine et ne pas chercher à décréter nous-mêmes le bien et le mal. Si nous le faisons, nous mourrons.

Prenons une comparaison. Supposons que vous venez juste d'acheter une nouvelle voiture et que vous vous arrêtez à une station-service pour faire le plein pour la première fois. Sur l'autocollant près du réservoir de carburant, on peut lire « Essence uniquement ». Le concepteur de cette voiture la connaît pièce par pièce. Il sait ce qu'il y a de mieux pour elle. Il serait stupide de dire : « Je me fiche de ce que peut dire le constructeur. Moi, je mets du diesel ». Si vous le faites, vous aurez de gros problèmes mécaniques…

De la même manière, le seul moyen pour que nos vies se « déroulent » bien, c'est de vivre selon le plan du divin concepteur. L'autocollant sur la voiture n'est pas destiné à limiter notre liberté mais à la faciliter en nous permettant de faire les bons choix. C'est la même chose avec les commandements de Dieu : ils sont au service de notre liberté.

La vraie liberté n'est pas de faire ce que je veux mais de faire ce qui est bon, ce qui est conforme à la vérité de notre humanité. Comme l'a dit Jésus, c'est la vérité qui nous rend libres (*cf.* Jn 8, 32).

Comme il peut être tentant, cependant, de vouloir déterminer par nous-mêmes comment nous devons vivre ! « Je me fiche de ce que Dieu dit. Je me fiche qu'il ait établi une Église pour enseigner la vérité. Je vais faire ce que moi je veux ! » Si nous reconnaissons cette tendance en nous, nous reconnaissons du même coup que nous avons hérité du péché originel.

Mais pourquoi doutons-nous de l'amour de Dieu pour nous et de sa sollicitude ? Pourquoi avoir mangé du fruit de l'arbre dont Dieu, dans son amour pour nous, nous a dit de ne pas manger ? Rappelez-vous : c'est aussi stupide que de mettre du gazole dans un moteur à essence. Pourquoi donc agissons-nous ainsi ? Parce que, comme le dit le *Catéchisme de l'Église catholique,* « derrière le choix désobéissant de nos premiers parents il y a une voix séductrice, opposée à Dieu, qui, par envie, les fait tomber dans la mort[13] ».

La voix séductrice, c'est celle du Père des mensonges, l'Imposteur, Satan. Il envie l'Homme d'avoir été créé à l'image même et à la ressemblance de Dieu et d'être appelé, homme et femme, à partager la vie divine. Satan nous détourne donc de la vie de Dieu en nous convainquant que Dieu ne nous aime pas.

Instillant le doute dans l'esprit de la femme, le serpent dit : « Alors Dieu a dit : Vous ne mangerez pas de tous les arbres du jardin ? [...] Vous ne mourrez pas. Mais Dieu sait que, le jour où vous en mangerez, vos yeux s'ouvriront et vous serez comme des dieux, qui connaissent le bien et le mal » (Gn 3,1 ; 4-5). Le serpent insinue : Dieu ne veut pas que vous soyez comme lui, Dieu se met hors de votre portée, Dieu n'est pas amour. Si vous voulez être « comme des dieux », vous devez tendre la main et le saisir par vous-mêmes.

Mais... attendez une seconde ! Dieu les a *déjà* créés à son image et à sa ressemblance (*cf.* Gn 1, 26) ! Satan est donc en train d'essayer de leur vendre quelque chose qu'ils possèdent *déjà* !

Lorsque la femme a vu que le fruit était « séduisant à voir », elle l'a pris et l'a mangé. Elle en a donné à son mari, qui en a mangé à son tour. Puis leurs yeux se sont ouverts, ils ont réalisé qu'ils étaient nus et ils se sont couverts (*cf.* Gn 3, 6-7). Que s'est-il passé ? Avant de manger le fruit, l'homme et la femme étaient tous les deux nus et n'avaient pas de honte. Après avoir mangé, leur expérience de la nudité a changé. Pourquoi ?

Dieu, qui est la Vérité, ne peut pas mentir. Il leur a dit que, s'ils mangeaient du fruit de cet arbre, ils mourraient. Certes, ils ne se sont pas tombés raides morts mais ils sont bien morts spirituellement. L'Esprit leur avait été donné comme appel et capacité à aimer. Lorsque l'Esprit

13. *CEC,* n° 391.

« est mort » dans nos premiers parents, leur capacité immédiate à s'aimer à l'image de Dieu est morte en même temps. En l'absence de l'Esprit, le désir sexuel s'est inversé : il est devenu recherche de soi.

Adam et Ève ne voient plus clairement dans le corps de l'autre la révélation du plan d'amour de Dieu. Désormais, chacun considère davantage le corps de l'autre comme une chose à utiliser pour ses propres désirs égoïstes. Ainsi, l'expérience de la nudité en présence de l'autre – et en présence de Dieu – est devenue une expérience de peur, d'aliénation, de honte : « J'ai eu peur parce que je suis nu et je me suis caché » (Gn 3, 10).

Leur honte n'est pas tant liée à leur corps en lui-même qu'à la luxure qui règne désormais dans leur cœur. En effet, ils n'ont pas oublié que, ayant été créés pour eux-mêmes, ils n'ont jamais été destinés à être traités comme un objet par l'autre. Ils couvrent donc leurs corps pour protéger leur dignité du « regard » lascif de l'autre. Il s'agit, de fait, d'une fonction positive de la honte : elle permet, en réalité, de protéger « la signification sponsale du corps ».

La complémentarité des sexes devient discorde entre les sexes

Le corps est la révélation de la personne, comme le dit Jean-Paul II[14]. Cela signifie que toutes les différences qui existent entre l'homme et la femme (qu'elles soient émotionnelles, mentales, spirituelles ou physiques) ont été créées par Dieu pour que nous puissions nous compléter l'un l'autre, nous unir de manière vivifiante. À cause du péché, cependant, nous expérimentons souvent ces différences comme une cause de grande tension, de conflits et de divisions. L'histoire, en effet, nous raconte le chaos que le péché originel a provoqué dans les relations entre l'homme et la femme.

Au commencement, Adam a reçu Ève comme la véritable bénédiction et le vrai don de Dieu qu'elle était. Après le péché, au contraire, il lui a reproché d'être responsable de tous ses problèmes. Il est allé jusqu'à vouloir prendre Dieu en défaut, en disant : « C'est la femme que *tu* as mise auprès de moi *qui* m'a donné du fruit de l'arbre » (*cf.* Gn 3, 12). Tout est de *sa* faute. Combien trouve-t-on d'hommes, de nos jours encore, qui rendent les femmes responsables de leurs problèmes et leur en veulent !

14. *Cf.* Jean-Paul II, *Homme et femme il les créa, op. cit.*, p. 40.

Par ailleurs, tout au long des siècles, les femmes ont beaucoup souffert de la domination des hommes. « Ta convoitise te poussera vers ton mari et lui dominera sur toi » (Gn 3, 16). Telle n'était pas l'intention de Dieu à l'origine. C'est le résultat du péché. Mais certains hommes, qui refusent de voir en face leur péché, vont jusqu'à utiliser tel ou tel verset biblique pour justifier leur domination (voir, par exemple, la question 16 du chapitre 3).

N'oublions pas cependant que cela marche dans les deux sens. La « convoitise [de la femme] pour son mari », après la chute, a également été une source d'angoisse pour les hommes. Si ceux-ci dominent et manipulent souvent les femmes pour leur satisfaction physique personnelle, celles-ci usent souvent de leurs « charmes féminins » pour manipuler les hommes pour leur satisfaction émotionnelle[15]. Comme on l'observe fréquemment, les hommes utilisent l'amour pour obtenir du sexe, tandis que les femmes, de leur côté, utilisent le sexe pour obtenir de l'amour.

Même si nous sommes peut-être tentés de penser que les perversions masculines sont plus laides que les féminines, il est important de prendre conscience que chacune à sa façon constitue une grave distorsion de l'amour sexuel authentique. Dans les deux cas, l'autre est traité non pas comme une personne créée pour elle-même, mais comme une chose qu'on utilise pour sa propre satisfaction égoïste. Comme le gazole dans un moteur à essence, ce genre de satisfaction obtenue aux dépens de l'autre cause toujours de graves problèmes…

La rédemption de notre sexualité dans le Christ

Même s'il reste un écho de l'intention originelle de Dieu dans notre cœur, cette déformation de la relation avec l'autre est devenue notre lot. Beaucoup de gens, malheureusement, ne connaissent que cela et l'acceptent comme étant la norme. « Que voulez-vous, les hommes seront toujours des hommes, et les femmes, des tentatrices, n'est-ce pas ? »

Eh bien, c'est faux ! Le Christ est venu pour restaurer le dessin originel d'amour de Dieu pour le monde. C'est la bonne nouvelle de l'Évangile ! Par

---

15. Il s'agit là d'une généralisation, bien sûr. Néanmoins, il semble largement avéré que le désir sexuel blessé pousse un homme à rechercher la *satisfaction physique* aux dépens d'une femme, tandis qu'il pousse une femme à rechercher la *satisfaction émotionnelle* aux dépens d'un homme. Il convient de dire aussi que certains hommes et certaines femmes éprouvent des désirs sexuels pour des personnes de même sexe qu'eux. N'étant pas librement choisie le plus souvent, l'attirance homosexuelle n'est pas un péché en soi ; en revanche, elle est assurément un élément du désordre que le péché originel a introduit dans l'appétit sexuel. Voir le chapitre 8 pour une discussion plus approfondie sur le sujet.

une conversion constante de notre cœur, nous pouvons faire l'expérience de la rédemption de notre sexualité.

C'est ce à quoi le Christ nous a appelés dans son sermon sur la montagne, en disant: « Quiconque regarde une femme pour la désirer a déjà commis, dans son cœur, l'adultère avec elle » (Mt 5, 28). Ses mots s'appliquent bien sûr aux hommes comme aux femmes. Et comme pour accentuer encore la gravité de ce péché, il ajoute immédiatement: « Si ton œil droit est pour toi une occasion de péché, arrache-le et jette-le loin de toi [...]. Et si ta main droite est pour toi une occasion de péché, coupe-la [...] : car mieux vaut pour toi que périsse un seul de tes membres et que tout ton corps ne s'en aille pas dans la géhenne » (Mt 5, 29-30).

L'enfer, c'est vivre coupé de l'amour de Dieu. La luxure aussi. C'est pour cela que ce sujet est si grave.

Que devons-nous donc faire ? Si nous regardons notre vie, nous avons l'impression que les paroles du Christ nous condamnent tous. C'est vrai. Mais n'oublions pas que le Christ n'est pas venu dans le monde pour nous condamner. Il est venu pour nous sauver (*cf.* Jn 3, 16-18). En méditant ces paroles du Christ, Jean-Paul II pose la question suivante: « Devons-nous *trembler de crainte* devant la sévérité de ces paroles, ou plutôt *avoir confiance* en leur contenu salvifique, en leur puissance ?[16] » Leur puissance réside dans le fait que l'homme qui les a prononcées est « l'agneau de Dieu qui enlève le péché du monde » (Jn 1, 29). Comment enlève-t-il le péché du monde ? En faisant le don total, fidèle et fécond de son corps à son épouse, l'Église, sur la croix. Et en insufflant à nouveau l'Esprit à l'humanité (*cf.* Jn 20, 22).

Pour paraphraser Jean-Paul II, on peut dire que, d'une certaine manière, le péché et la mort sont entrés dans l'histoire humaine au cœur même de l'unité formée par le premier Adam et la première Ève. De la même manière, la rédemption et la vie nouvelle sont entrées dans l'histoire humaine au cœur même de l'unité formée par le nouvel Adam et la nouvelle Ève, c'est-à-dire le Christ et l'Église. Tout de suite après la chute d'Adam et d'Ève, nous avons l'annonce de cette rédemption dans un passage des Écritures connu sous le nom de *protévangile* (première annonce de l'Évangile). S'adressant au serpent, Dieu dit: « Je mettrai une hostilité entre toi et la femme, entre

16. Jean-Paul II, *Homme et femme il les créa, op. cit.*, p. 240.

ton lignage et le sien. Il t'écrasera la tête et tu l'atteindras au talon» (Gn 3, 15).

Jésus est le nouvel Adam, la descendance de «la femme» qui portera le coup fatal à la tête du serpent. Comme modèle de l'Église-Épouse, Marie représente la nouvelle Ève[17]. Le «mariage» salvifique du Christ avec son Église est annoncé lors du festin des noces de Cana (*cf.* Jn 2, 1-11) et consommé sur la Croix, au Calvaire[18]. Lorsque Marie, à Cana, vient voir Jésus pour lui dire qu'il n'y a plus de vin, celui-ci déclare: «Que me veux-tu, femme? Mon heure n'est pas encore arrivée» (Jn 2, 4). Jésus fait déjà référence à l'heure de sa Passion.

L'eau changée en vin à Cana préfigure le sang et l'eau sortis du côté du Christ au Calvaire (*cf.* Jn 19, 34). En tant que signes du baptême et de l'Eucharistie, l'eau et le sang symbolisent la vie même de Dieu sortant du côté du nouvel Adam et donnant naissance à la nouvelle Ève. Comme le premier Adam, le nouvel Adam, le Christ, appelle celle-ci par son nom: «femme» (*cf.* Gn 2, 23 et Jn 19, 26).

La création, comme le disent les théologiens, est récapitulée, c'est-à-dire renouvelée et résumée dans l'œuvre du Christ. L'homme et la femme sont re-nés à la vie. L'amour perpétuel de l'un envers l'autre a été recréé (*cf.* tableau ci-après).

La «femme» au pied de la croix nous représente tous, hommes et femmes. Nous sommes *tous* appelés à être l'Épouse du Christ[19]. En nous offrant son corps, le Christ nous «demande en mariage». Tout ce que nous avons à faire, c'est dire oui, en lui offrant en retour notre corps, notre être tout entier. C'est tout le sens de la vie sacramentelle de l'Église.

---

17. *Cf. CEC,* n° 411.

18. Il est important de prendre conscience que le mariage du Nouvel Adam et de la Nouvelle Ève est un mariage «mystique». Il se produit au-delà du domaine des rapports consanguins et familiaux telles que nous les entendons. «Christ-Adam» et «Marie-Ève» doivent être compris comme des archétypes de «l'homme» et de «la femme». Dans ces conditions, il n'y a aucune raison d'être troublé que ce soit la mère du Christ selon la chair et le sang qui, d'une certaine manière, nous représente tous en tant qu'Épouse mystique du Christ (cf. *CEC,* n° 773). D'ailleurs, lorsque Jésus veut nous faire comprendre que Marie est la Nouvelle Ève, à Cana comme au Calvaire, il ne s'adresse pas à elle comme à sa mère mais comme à la «femme», en référence à *Genèse* 3, 15.

19. Comme le dit Jean-Paul II, «tous les êtres humains – les hommes comme les femmes – sont appelés à être l'«Épouse» du Christ [...]. Le fait d'«être épouse», et donc le «féminin», devient ainsi le symbole de tout l'«humain» (*Mulieris Dignitatem,* n° 25). Ailleurs dans la même lettre, le pape dit aussi: «De ce point de vue, la «femme» est la représentante et l'archétype de tout le genre humain: elle représente l'humanité qui appartient à tous les êtres humains, hommes et femmes» (n° 4).

Premier Adam et première Ève	Nouvel Adam et nouvelle Ève
Adam est plongé dans une torpeur	Le Christ est plongé dans une « torpeur » sur la Croix
Ève est tirée du côté d'Adam	L'Église naît du côté du Christ, dans le sang et l'eau
Ève reçoit de l'ange Satan le message de rejeter la vie de Dieu	Marie reçoit de l'ange Gabriel le message d'accueillir la vie de Dieu
La vie de Dieu meurt en Ève (en nous)	La vie de Dieu est conçue en elle (en nous)
Ils ont rejeté le don de l'amour de Dieu et sont devenus incapables d'aimer les autres	Ils ont cru au don de l'amour de Dieu et sont capables d'aimer les autres
Leur union a transmis le péché originel à toute l'humanité	Leur union apporte la vie nouvelle de la rédemption à toute l'humanité

De fait, le *Catéchisme* décrit le baptême comme « le bain de noces »[20]. En nous unissant au sacrifice du Christ, nous sommes lavés de notre péché par le bain d'eau, à travers le Verbe (*cf.* Ep 5, 26). En outre, ayant déjà été unis (mariés) à lui dans le baptême, lorsque nous recevons le corps du Christ dans l'Eucharistie, nous consommons un mariage mystique et, comme cela a été évoqué précédemment, nous concevons même la vie nouvelle en nous : la vie dans l'Esprit Saint.

Autant la luxure aveugle l'homme et la femme, leur cache leur propre vérité et déforme leur désir sexuel, autant cette vie nouvelle dans l'Esprit Saint leur donne la force de s'aimer l'un l'autre comme ils y étaient appelés au commencement. Par les sacrements, nous pouvons connaître la puissance de transformation de l'amour de Dieu et en faire l'expérience.

C'est une bonne nouvelle ! C'est une grande nouvelle ! C'est vrai, nous n'avons pas mis le bon carburant dans notre moteur et nous avons connu des problèmes mécaniques. Mais Dieu ne nous dit pas : « Espèce d'idiot ! Je te l'avais bien dit ! » Non. Dans son infinie miséricorde, il nous offre non seulement une révision du moteur, mais encore toute l'essence dont nous avons besoin, et gratuitement. Il ne nous laisse pas nous complaire dans notre péché mais nous offre la rédemption. Tout ce que nous avons à faire,

20. *CEC*, n° 1617.

c'est à recevoir ce magnifique don, comme une épouse. En l'accueillant petit à petit, jour après jour, nous sommes transformés.

Une question de foi

La relation de l'homme et de la femme s'est déformée depuis que tous deux se sont détournés de Dieu, à l'origine. C'est pourquoi restaurer la vérité et la signification de la sexualité humaine nécessite un radical *retour* à Dieu. Au commencement, Satan nous a convaincus que Dieu ne nous aimait pas, qu'il se mettait hors de notre portée. Afin de lever tous nos doutes, Dieu s'est fait l'un de nous et s'est offert à nous sur la croix, dans un don éternel.

Chacun de nous doit donc se poser la question suivante : *Est-ce que je crois au don de Dieu ? Est-ce que je crois à son amour infini pour moi ?*

Vivre la vérité de notre sexualité est donc vraiment une question de foi. Est-ce que nous croyons à l'Évangile ou non ? Nous confessons que le Christ est venu nous sauver du péché et nous réconcilier avec le Père. Mais notre bouche peut très bien débiter cette affirmation à toute allure, sans que nous réfléchissions vraiment à ce qu'elle signifie.

Demandez-vous : *Est-ce que je crois vraiment que le Christ est venu me sauver du péché ? Est-ce que je crois vraiment que, avec l'aide de la grâce de Dieu, je peux vaincre mes faiblesses, mon égoïsme et ma convoitise, pour aimer les autres comme le Christ m'aime ? En d'autres termes, est-ce que je crois vraiment que le Christ peut me racheter, moi et ma sexualité ?*

Résister aux déformations coupables du désir sexuel et vivre conformément à la vérité est un combat très difficile, même quand on a une solide formation morale. En un sens, cela nous conduit au cœur du combat spirituel que nous devons mener en tant que chrétiens si nous voulons résister au mal – dans le monde comme en nous-mêmes – et aimer les autres comme le Christ nous aime (*cf.* Ep 6, 12). Gagner ce combat demande la foi dans le Christ, le dévouement, l'engagement, l'honnêteté avec nous-mêmes et avec les autres, la volonté de faire des sacrifices et de renoncer à nos désirs égoïstes. Mais l'amour ne craint rien de tout cela ; l'amour, c'*est* tout cela.

Oui, l'enseignement de l'Église sur la sexualité est exigeant. C'est l'exigence de l'Évangile lui-même, le défi de *croire* dans le Christ, de prendre notre croix et de le suivre. Oui, nous sommes faibles. Nous n'avons aucune chance de réussir par nous-mêmes.

Mais à qui est lancé ce défi ? À des hommes et des femmes qui restent esclaves de leurs faiblesses ? Non ! À des hommes et des femmes qui ont été rendus libres d'aimer, grâce à la puissance de la Croix[21]. Ne vidons pas la Croix de sa puissance mais croyons à la Bonne Nouvelle ! Croyons que, dans le Christ, le véritable amour – l'amour qui est le sens même de notre essence et de notre existence – est possible. C'est ce que l'Église ne cesse de proclamer à tout homme et à toute femme.

Le plan originel de Dieu : norme pour la sexualité et le mariage

Interrogé sur le divorce, le Christ ramène ses disciples au plan originel de Dieu. « C'est [...] en raison de votre dureté de cœur [c'est-à-dire du péché] que Moïse vous a permis de répudier vos femmes ; mais à l'origine il n'en était pas ainsi » (Mt 19, 8). Parce que le Christ prend notre péché, il est capable de restaurer et de rétablir le plan d'amour originel de Dieu comme norme pour le mariage et pour toutes les expressions de la sexualité.

Cela signifie que le mariage est mariage et que la sexualité est sexualité dans la mesure où ils participent de l'amour libre, total, fidèle et fécond de Dieu. Cette norme – le plan d'amour originel de Dieu avant le péché – est la base à partir de laquelle répondre à toutes les questions et objections actuelles concernant l'enseignement de l'Église sur la morale sexuelle et le mariage.

21. Aux chapitres 6, 7 et 8 de l'*Épître aux Romains*, saint Paul parle magnifiquement de la façon dont la croix nous libère du péché et dont le Saint-Esprit nous donne la force d'aimer. Voir également *Galates*, chapitre 5.

2

Qui le dit ?

Autorité de l'Église et autres questions préliminaires

> Aucun homme n'est aussi libre que celui qui est capable de renoncer à sa propre volonté et de faire celle de Dieu.
>
> Anonyme

Nous n'aimons pas qu'on nous dise ce qu'il faut faire ou ne pas faire, particulièrement en matière de sexualité.

Dans cette réaction s'exprime quelque chose de notre dignité humaine : quand on est *forcé*, on a souvent le sentiment que cette dignité est violée. D'un autre côté, cette attitude témoigne également de la réalité du péché originel en nous : nous ne voulons pas que quiconque, même Dieu, nous dise que ce que nous voulons faire est mauvais. Nous voulons déterminer par nous-mêmes ce qui est bon et ce qui est mal. C'est le problème de l'orgueil.

L'orgueil humain se rebelle contre l'autorité. Bien sûr, lorsqu'il y a un abus d'autorité, nous devons protester ; mais lorsque celle-ci est exercée conformément au dessein même de Dieu, nous devons y obéir, si nous voulons être vraiment libres. C'est le paradoxe de l'Évangile : c'est en mourant que nous vivons (*cf.* Jn 12, 24), c'est en renonçant à nous-mêmes que nous nous trouvons (*cf.* Mt 16, 25), c'est en obéissant à la vérité que nous sommes rendus libres (*cf.* Jn 8, 32).

Dans sa forme la plus parfaite, l'obéissance ne découle pas de la force ou de la peur mais de l'amour du bon, du vrai et du beau – l'amour de Dieu. La liberté n'est pas la libération d'une contrainte extérieure qui m'appelle à faire ce qui est bien ; la vraie liberté est la libération de la contrainte intérieure qui m'empêche de choisir ce qui est bien. La personne vraiment libre ne considère pas le commandement de Dieu comme un fardeau. La personne vraiment libre aspire à faire la volonté de Dieu.

Comment connaître la volonté de Dieu, en particulier sur notre sexualité ? Si Dieu nous demandait de répondre de nos actes devant sa volonté, sans que nous ayons un moyen sûr de savoir ce qu'elle est, cela n'aurait aucun sens. Mais voici la bonne nouvelle de l'enseignement de l'Église : Dieu nous a révélé sa volonté.

Avec cette idée en tête, examinons quelques-unes des questions les plus fréquemment posées sur l'autorité de l'Église, questions auxquelles nous devons répondre avant de traiter ce que l'Église enseigne spécifiquement sur la sexualité humaine.

1. Qui détermine ce que l'Église enseigne officiellement ? Ne sommes-nous pas tous « l'Église » ?

L'Église est unie au Christ comme une épouse à son époux. C'est le Christ qui détermine ce qu'enseigne son Épouse. Il a habilité certains membres de l'Église à être des témoins fidèles de tout ce qu'il a commandé ; c'est le rôle du Magistère de l'Église. Ce « bureau officiel » est composé du pape et des évêques du monde entier qui sont en union avec lui. Lorsque le pape enseigne sur des questions de foi et de mœurs, lorsque les évêques enseignent sur des questions de foi et de mœurs, ils le font au nom du Christ et avec son autorité.

Certes, tous les catholiques baptisés forment l'Église catholique. Nous ne formons tous qu'« un seul corps » dans le Christ (*cf.* 1Co 12, 12). Ce corps, cependant, se caractérise par un ordre sacré, une *hiérarchie* (ce mot signifie littéralement « ordre sacré »). Comme le dit saint Paul, le corps du Christ a plusieurs membres qui jouent des rôles différents (*cf.* 1Co 12). Toutes ces différentes fonctions sont vitales au fonctionnement organique du corps : « L'œil ne peut donc dire à la main : "Je n'ai pas besoin de toi", ni la tête, à son tour, dire aux pieds : "Je n'ai pas besoin de vous" » (1Co 12, 21). L'œil ne peut souhaiter être la main, ni le pied souhaiter être la tête.

Ceux qui, dans l'Église, enseignent avec l'autorité du Christ ne revendiquent pas cette tâche. Ils sont ordonnés par Dieu pour le faire. C'est leur rôle au sein du corps. Le Magistère est donc un formidable don pour l'Église et pour le monde, en ce qu'il donne un moyen sûr de connaître les enseignements du Christ.

2. Où donc l'Église est-elle allée chercher l'idée d'un « Magistère » pour donner ses enseignements officiels ?

Le Christ a fondé son Église sur saint Pierre, le chef des apôtres. Il lui a donné « les clés du Royaume des Cieux », en lui disant : « Tout ce que tu auras lié sur la terre sera lié dans les cieux, et tout ce que tu auras délié sur la terre sera délié dans les cieux » (*cf.* Mt 16, 13-20).

En d'autres termes, le Christ a donné à saint Pierre le pouvoir de le représenter sur la terre, d'enseigner en son nom et avec son autorité. Non parce que Pierre était un homme irréprochable mais parce que le Christ allait le protéger, lui et les autres apôtres, en leur envoyant l'Esprit Saint pour les guider « dans la vérité toute entière » (*cf.* Jn 16, 13).

Ce que le Christ a promis il y a deux mille ans se poursuit jusqu'à ce jour. Le pape et les évêques s'intègrent dans une succession directe et identifiable qui remonte à saint Pierre et aux autres apôtres ; c'est pour cela que nous parlons de l'Église « une, sainte, catholique et *apostolique* ». À eux aussi le don de l'Esprit Saint a été promis pour guider l'Église dans la vérité toute entière. Ainsi, en tant que catholiques, nous croyons que lorsqu'ils enseignent sur les sujets touchant à la foi et aux mœurs, ils le font avec l'autorité du Christ lui-même[1].

Dirigée par le pape, l'Église est « colonne et support de la vérité » (1Tm 3, 15), non pas en raison d'un mérite humain mais parce qu'elle demeure dans l'union la plus intime avec son Époux, Jésus-Christ. Ce dernier a dit à ses apôtres : « Qui vous écoute m'écoute, qui vous rejette me rejette » (Lc 10, 16). C'est ce qui fait dire au Concile Vatican II que lorsque nous

1. *Cf. CEC*, n° 889.

recevons les enseignements du pape et des évêques et que nous menons une vie conforme à ces enseignements, nous les recevons « non comme une parole d'hommes, mais comme ce qu'[ils sont] réellement, la Parole de Dieu » (*cf.* 1Th 2, 13)[2].

3. L'Église croit donc vraiment qu'elle parle au nom de Dieu et qu'elle connaît « la vérité » ? Quelle arrogance !

Oui, l'Église croit vraiment qu'elle parle au nom de Dieu et qu'elle a reçu du Christ une part de sa propre infaillibilité[3]. Il s'agit d'une affirmation audacieuse dont nous devons tous sérieusement tenir compte. Nous ne pouvons en tirer que deux conclusions : soit l'Église est extrêmement arrogante, en effet, soit elle a peut-être raison, tout simplement.

En définitive, il n'y a pas d'entre-deux. Soit l'Église a raison, et alors nous la considérons comme une grande bénédiction de Dieu et nous voulons conformer notre vie à ce qu'elle enseigne – et même lorsqu'il nous arrive de ne pas comprendre le *pourquoi* d'un enseignement, nous avons confiance que cela s'éclairera en temps voulu –, soit l'Église est extrêmement arrogante, mais alors nous devrions refuser de porter le nom même de Catholiques.

C'est une réalité importante qui nous met face à nous-mêmes et nous oblige à choisir. Nous vivons dans une culture qui nous apprend à éviter ces choix ultimes. Nous préférons inventer des scénarios à plusieurs options, plutôt que de faire face aux choix inévitables de la vie.

En d'autres termes, nous vivons dans une culture qui rejette la vérité objective. « C'est peut-être vrai pour vous, mais pas pour moi », disent les gens, ou : « L'opinion de cette personne est tout aussi valable que celle de n'importe qui d'autre ». Nous avons tous rencontré un jour ou l'autre ce type d'attitude.

Jésus, lui, nous a appris quelque chose de très différent. Il a enseigné qu'il est la vérité (*cf.* Jn 14, 6) et il a établi une Église dont il a promis qu'elle enseignerait la vérité (*cf.* Jn 16, 13). Il nous invite à accepter ce point. Nous sommes libres de ne pas l'accepter. Mais il s'agit d'une décision extrêmement importante, que nous ne pouvons pas prendre à la légère.

---

2. *Lumen Gentium*, n° 12.
3. *Cf. CEC*, n° 889.

Si on aborde la question d'un point de vue purement pratique, il est tout à fait logique que le Christ veuille établir une autorité décisive sur la terre pour faire connaître sa volonté. Autrement, l'interprétation des Écritures et la définition de la volonté de Dieu sur des sujets aux conséquences éternelles se ramèneraient à un jeu de devinettes. Une autorité donnée par Dieu sur la terre est essentielle pour maintenir l'unité dans la foi.

Si le Christ a réellement donné son autorité à l'Église catholique, l'Église n'est pas arrogante en l'exerçant. Ce qui est arrogant, soyons honnêtes, c'est de penser que nous savons mieux que l'Église quelle est la volonté de Dieu sur les questions de foi et de mœurs.

4. Comment l'Église peut-elle affirmer qu'elle enseigne sans erreur ? L'histoire montre qu'elle a commis de nombreuses fautes et fait des choses horribles : Galilée, les Croisades, l'Inquisition...

Le premier dimanche de Carême de l'an 2000, Jean-Paul II a publiquement demandé à Dieu sa miséricorde et son pardon pour les péchés commis par des membres de l'Église dans le passé. Ce geste montre très clairement que l'Église est consciente que certains de ses membres et de ses responsables à travers l'histoire ont parfois commis des erreurs, en parole ou en actes. (En tant que membre de l'Église vous-même, n'avez-vous jamais fait ou dit des erreurs ?) Le charisme qui protège l'Église de l'erreur s'applique à son enseignement définitif sur les questions de *foi* et de *mœurs*.

Il ne fait aucun doute que des membres de l'Église, parmi lesquels des prêtres, des évêques et des papes, n'ont pas toujours vécu conformément aux enseignements de leur propre foi. Ils ont fait des erreurs. Parfois même, des choses terribles ont été perpétrées au nom de l'« Église ». Cela est scandaleux et peut affaiblir la confiance en l'Église. En même temps, le fait que cette dernière ait subi tant de corruption et soit toujours debout, même après deux mille ans, rend également témoignage aux paroles que le Christ a prononcées lorsqu'il a fondé l'Église sur Pierre : « La puissance de la Mort ne l'emportera pas sur elle » (Mt 16, 18).

Pourquoi la corruption existe-elle au sein de l'Église ? D'abord parce qu'elle est faite de gens comme vous et moi. L'Église n'est pas un « hôtel pour saints » mais un « hôpital pour pécheurs ». Oui, nous sommes tous appelés à être des saints, mais nous n'atteignons pas la perfection dans cette vie. Dans l'intervalle, comme le Christ l'a dit, le bon grain et l'ivraie vont croître ensemble dans l'Église jusqu'à la récolte (*cf.* Mt 13, 24-30).

Mais voici la bonne nouvelle : même lorsque des membres de l'Église ont été infidèles, même lorsque, à certaines périodes de l'histoire, il a semblé y avoir plus d'ivraie que de bon grain, le Christ n'a jamais abandonné son Épouse. Si des membres de l'Église ont fait des erreurs, l'Église elle-même ne s'est jamais trompée dans ses enseignements définitifs en matière de foi et de mœurs, et elle ne se trompera jamais. Dieu lui-même en a fait la promesse.

5. L'« infaillibilité » de l'Église ne s'applique-t-elle pas uniquement à quelques rares déclarations du pape ?

L'Église exerce de deux manières le charisme d'infaillibilité, autrement dit l'impossibilité qu'elle se trompe. Elle l'exerce de manière *extraordinaire* lorsque le pape fait une déclaration *ex cathedra* (« depuis la chaire » de saint Pierre)[4], et de manière *ordinaire* lorsque le Magistère reconnaît qu'un point de doctrine touchant la foi ou les mœurs s'impose de manière définitive[5].

C'est une erreur courante de croire que l'infaillibilité s'applique uniquement aux déclarations *ex cathedra*, comme si celles-ci constituaient les seuls enseignements que les catholiques sont « obligés » de croire. Cela signifierait qu'ils ne seraient pas « obligés » de croire, par exemple, à la Trinité, à l'Incarnation ou à beaucoup d'autres éléments fondamentaux de la foi qui n'ont jamais été définis par des déclarations de cette nature. Comme le formule clairement le Catéchisme, « l'infaillibilité du Magistère [...] s'étend à *tous* les éléments de doctrine y compris morale sans lesquels les vérités salutaires de la foi ne peuvent être gardées, exposées ou observées[6] ».

Par ailleurs, même dans les cas où le Magistère enseigne sans exercer le charisme d'infaillibilité, nous sommes appelés à adhérer à ses enseignements « avec l'assentiment religieux de [notre] esprit[7] ».

---

4. Cela ne s'est produit que deux fois dans l'histoire de l'Église. En 1854, le pape Pie IX a proclamé infailliblement le dogme de l'Immaculée Conception (selon lequel, dans la lumière de l'œuvre rédemptrice du Christ, Marie a été conçue sans la marque du péché originel). En 1950, le pape Pie XII a proclamé infailliblement le dogme de l'Assomption de Marie au Ciel, corps et âme.

5. *Cf. Lumen Gentium*, n° 25.

6. *CEC*, n° 2051. NdT : Les italiques sont un ajout de l'auteur.

7. *CEC*, n° 892.

6. L'Église doit se débarrasser de sa structure hiérarchique et être plus démocratique et ouverte au dialogue

Récemment, le mot « hiérarchie » a pris une connotation négative. Beaucoup semblent penser qu'il est synonyme d'inégalité, d'une manière ou d'une autre. Pourtant, comme nous l'avons fait remarquer plus haut, hiérarchie signifie simplement *ordre sacré*.

Rejeter la hiérarchie n'est donc pas une manière de refuser l'inégalité. C'est plutôt rejeter la manière dont Dieu a ordonné l'univers. Ce n'est pas une bonne idée. Le contraire de la hiérarchie n'est pas l'égalité mais l'*anarchie*, c'est-à-dire l'absence d'ordre, le chaos[8].

Le monde d'aujourd'hui est rempli de chaos et cela vient du fait que nous refusons l'autorité donnée par Dieu. Dans une large mesure, ce qui a été spécifiquement rejeté, c'est le plan de Dieu sur la sexualité et le mariage. Il est difficile de trouver un seul mal social, un seul élément de chaos sociétal qui ne soit pas lié, d'une manière ou d'une autre, à l'éclatement du mariage et au mauvais usage de la sexualité.

L'Église n'est pas une démocratie. La vérité sur le Christ et son enseignement ne peuvent pas être déterminés par un vote populaire. Si Dieu nous révèle quelque chose comme étant vrai, il n'y a pas de « dialogue » à avoir pour déterminer si oui ou non cela est réellement vrai.

Si par « dialogue » nous entendons une discussion ouverte, sur un enseignement donné, dans le but de comprendre pourquoi l'Église enseigne ce qu'elle enseigne, alors oui, ce dialogue est légitime. En revanche, si nous voulons dire par-là que l'Église doit écouter d'autres opinions et être disposée à changer ce qu'elle enseigne sur la foi et les mœurs, alors ce dialogue n'est pas légitime. L'Église ne peut tout simplement pas changer ce que l'Esprit Saint a révélé comme vérité. Cela n'a rien à voir avec un refus borné ; c'est tout simplement *impossible*.

Par exemple, il ne rime à rien de « dialoguer » pour savoir si oui ou non 2 + 2 = 4. Nous pouvons « dialoguer » pour comprendre *pourquoi* 2 + 2 = 4, dans le but de l'expliquer à ceux qui ne comprennent pas, mais nous ne pouvons pas espérer changer le fait que 2 + 2 = 4.

8. Pour une excellente étude sur le rôle essentiel de la hiérarchie dans l'ordonnancement non seulement de l'Église mais de la société dans son ensemble, voir *The Church and the Culture War* de Joyce Little (disponible en anglais seulement, aux éditions Ignatius, San Francisco, 1995 – NdT). Certaines des idées exprimées ici proviennent de cet ouvrage.

Dieu ne change pas pour nous. C'est nous qui devons changer pour lui. Comme notre orgueil est rebelle ! Tant que nous n'accepterons pas cette réalité fondamentale – nous *ne* sommes *pas* Dieu – nous vivrons dans l'illusion.

7. En tant que Catholique, ne suis-je pas autorisé à remettre en question les enseignements de l'Église ? Peut-être se trompe-t-elle sur certaines choses ? Dois-je vraiment croire tout ce qu'elle enseigne ?

Il n'y a rien de mal à ce que quelqu'un qui approfondit sa foi se pose des questions, dans une recherche sincère de vérité. C'est comme cela que nous découvrons la vérité. Par conséquent, personne ne doit avoir peur d'imaginer des « peut-être ». Peut-être que Dieu n'existe pas ? Peut-être que si ? Peut-être que l'Église se trompe lourdement dans ce qu'elle dit ? Peut-être, au contraire, que ses enseignements viennent de Dieu lui-même ? De telles questions *doivent* être méditées.

Ceux qui ont peur de mettre ainsi leur foi à l'épreuve se cramponnent à une idéologie… tout en craignant que cette idéologie ne tienne pas face à la réalité. À l'inverse, ceux qui recherchent la vérité n'ont pas peur de soumettre ce qu'ils croient à l'épreuve de la réalité. Nourrir des « peut-être » est le seul chemin vers la vérité. C'est le seul chemin vers la certitude et la liberté de la foi.

La foi, cependant, n'est pas un don qui vient forcément d'un seul coup. L'Église elle-même reconnaît qu'« un cheminement pédagogique de croissance est nécessaire pour que les fidèles [...] soient patiemment conduits plus loin, jusqu'à une conscience plus riche et à une intégration plus pleine [du] mystère [du Christ] dans leur vie[9] ».

Néanmoins, si l'Église est bien celle qu'elle dit être, le don de la foi finira par conduire le chercheur de vérité à embrasser tout ce qu'elle enseigne. Si, au bout du compte, la personne continue de s'opposer aux enseignements de l'Église, c'est qu'elle ne croit pas vraiment à l'Église catholique. Dans ce cas, il paraîtrait hypocrite de rester catholique.

« Demandez et l'on vous donnera ; cherchez et vous trouverez ; frappez et l'on vous ouvrira » (Mt 7, 7). Posez toutes les questions que vous avez sur

9. *Familiaris Consortio*, n° 9.

l'Église, réfléchissez à tous les « peut-être » qui vous traversent l'esprit et ne soyez pas satisfait tant que vous n'aurez pas trouvé les réponses[10]. La vérité n'a pas peur de vos questions. La question est : avez-vous peur de la vérité ?

8. La morale n'est-elle pas l'affaire de ma conscience personnelle ?

L'Église a toujours enseigné que les catholiques, comme tout le monde, sont obligés de suivre leur conscience, sur les questions de morale sexuelle comme sur le reste. Cependant, il existe une obligation encore plus fondamentale : *conformer* sa conscience à la vérité. La conscience n'est pas libre d'*inventer* le bien et le mal. Elle est appelée à découvrir la vérité de ce qui est bien et de ce qui est mal et à soumettre ses jugements à la vérité, une fois qu'elle l'a trouvée.

Dieu a inscrit la loi morale fondamentale dans le cœur de chacun d'entre nous mais le péché originel tend, il est vrai, à obscurcir notre jugement. Parfois, nos désirs blessés peuvent nous écarter complètement du chemin. C'est pour cela que l'homme ou la femme de conscience considère l'enseignement moral de l'Église comme un formidable don. Il est en effet une *norme sûre* pour conformer sa conscience à la vérité.

Trop souvent, nous nous servons de la « conscience » pour donner une apparence moralement acceptable à ce que nous voulions faire depuis le début, sans examiner notre comportement à la lumière de normes objectives. Réfléchissez : si la conscience individuelle est l'entité qui détermine de manière autonome le bien et le mal, la morale devient alors ce que *je* veux qu'elle soit. Qui sommes-*nous*, dans ce cas, pour dire à un violeur ou à un meurtrier que ce qu'il fait est *mal*, si sa conscience lui dit que c'est bien ? Des normes objectives sont donc nécessaires, et nous avons tous la responsabilité de les suivre. Elles nous sont données par Dieu et nous sont révélées à travers les enseignements de son Église.

Et pourtant, regardez comment nous réagissons généralement quand nous n'aimons pas les enseignements de l'Église : nous nous cachons

10. Quelles que soient vos questions, vous avez tout intérêt à aller à la source pour trouver des réponses. Le *Catéchisme de l'Église catholique* est la référence sûre pour savoir ce que l'Église enseigne et croit. Les livres comme celui que vous êtes en train de lire, qui s'efforcent de présenter et d'expliquer l'enseignement de l'Église, sont aussi de bonnes ressources. Il existe également au sein de l'Église un certain nombre de services dont le but est de clarifier et d'expliquer les enseignements officiels de la foi catholique.

derrière la revendication de notre « conscience » et nous imaginons un Dieu qui accepte ce que nous voulons, nous. Mais ce dieu n'est pas Dieu. C'est une idole !

Nous ne trouverons jamais la paix et le vrai bonheur tant que nous n'embrasserons pas la volonté de Dieu pour notre vie. C'est cela, la conversion du cœur. Et nous en avons *tous* besoin.

9. L'Église doit vraiment arrêter de juger les gens et d'imposer son enseignement à tout le monde ! Nous devons tous être libres de faire nos propres choix.

Nous *sommes* libres de faire nos propres choix. L'Église n'impose jamais ce qu'elle enseigne : elle le *propose* au monde, avec audace et sans crainte, comme étant la vérité de l'amour. Nous sommes libres d'accepter la proposition de l'Église ou de la refuser. Personne ne peut être forcé d'aimer ou d'être aimé. S'il est vrai que Dieu seul peut juger le cœur de l'homme, nous pouvons tout de même formuler des jugements moraux sur certains *comportements*. L'Église trahirait Dieu et toute l'humanité si elle ne présentait pas la volonté de Dieu comme la norme objective pour tous. D'autre part, condamner le *comportement* d'une *personne* n'est pas condamner la personne ; c'est l'appeler à embrasser la vérité de l'amour.

L'amour n'est pas quelque chose d'arbitraire. L'amour n'est pas ce qui fait qu'une personne « se sent bien ». Aimer, c'est suivre le Christ et garder ses commandements (*cf.* Jn 15, 10). C'est ce qui constitue l'enseignement de l'Église. Et le vivre est une joie, pas un fardeau.

10. Pourquoi pense-t-on si souvent que l'Église voit le sexe d'un mauvais œil ?

Même le Catholique le plus fidèle à l'Église doit reconnaître que cette idée largement répandue – bien qu'erronée – n'est pas qu'une vue de l'esprit. Beaucoup trop de jeunes esprits impressionnables ont été formés (ou dé-formés) par le discours prude et réprobateur de telle religieuse, de tel prêtre bien intentionnés (du moins nous l'espérons) mais malavisés et mal structurés sur le plan sexuel. D'où vient cette « sexophobie » qui semble entacher si profondément l'Église catholique dans l'esprit des gens ?

Il ne fait aucun doute qu'elle est largement due à une mauvaise interprétation de l'enseignement de l'Église. Cependant, ce n'est pas faire tort à l'Église que d'admettre qu'elle est aussi largement due au fait que certains auteurs chrétiens ont trop souvent posé un regard dépréciatif sur le sexe.

Vous admettrez que la vision profondément ambivalente du corps et de ses fonctions, en particulier sexuelles et génitales, n'est pas un phénomène chrétien limité, mais un phénomène humain universel[11]. Sur ce point, certains auteurs chrétiens, comme beaucoup d'autres, ont échoué à apprécier pleinement la bonté et la beauté de la sexualité. Néanmoins, il est important de ne pas confondre l'esprit *de* l'Église et l'esprit (des personnes) *dans* l'Église.

Face aux nombreuses attaques, l'enseignement officiel de l'Église a toujours soutenu la bonté inhérente du corps et de la sexualité. L'Église est allée jusqu'à juger hérétiques tous les systèmes de pensée contraires à cette idée. Malheureusement, jusqu'au XXème siècle, les déclarations officielles sur le sujet ont été relativement brèves et de nature juridique. À ce titre, elles n'ont pas laissé dans le « conscient historique » de notre culture une impression aussi durable que certains longs écrits de penseurs catholiques largement influencés par des courants étrangers à l'esprit de l'Église. Ainsi, malgré les développements significatifs de l'enseignement du Magistère sur la sexualité et le mariage au siècle dernier, l'idée selon laquelle l'Église voit le sexe d'un mauvais œil subsiste toujours.

En ce qui concerne l'enseignement de l'Église lui-même, il semble que la mauvaise compréhension de l'estime accordée au célibat consacré, ainsi que la mauvaise interprétation du code ferme de l'Église en matière de morale, aient également contribué à répandre cette opinion dominante. Ceux qui suivaient les paroles du Christ en choisissant de rester célibataires « à cause du Royaume des Cieux » (Mt 19,12) étaient traditionnellement considérés comme ayant choisi la voie la plus sainte ou la plus « élevée ». Il existe une juste compréhension du célibat consacré (comme nous le verrons au chapitre 9) ; mais on s'est souvent mépris sur le sujet, pensant que ceux qui se marient et ont des relations sexuelles sont en quelque sorte moins saints, voire « impies ».

---

11. Pour illustrer cette ambivalence, il suffit de comparer le nombre de mots d'argot pour désigner le coude, d'un côté, les parties du corps qui différencient l'homme de la femme, de l'autre. Surprenant, n'est-ce pas ?

Le raisonnement est le suivant : si la virginité est si bonne, le sexe doit être très mauvais ; si s'abstenir de sexe rend pur et saint, avoir des relations sexuelles doit certainement rendre sale et impie.

En réalité, rien ne saurait être plus éloigné de l'esprit de l'Église lorsqu'elle promeut la vocation au célibat. L'Église tient cette vocation en grande estime justement parce qu'elle tient en grande estime ce qui est sacrifié pour Dieu, c'est-à-dire l'expression sexuelle génitale. Si le sexe était quelque chose de sale et d'impie, l'offrir en don à Dieu serait un sacrilège. Bien au contraire, le sexe étant l'un des plus précieux trésors que Dieu ait donnés à l'humanité, le lui offrir en retour est une authentique action de grâce (*eucharistia*), tout comme le recevoir des mains de Dieu et le vivre comme l'expression de l'alliance conjugale.

Il en va de même avec l'interprétation erronée du code de l'Église en matière de morale. Le raisonnement est le suivant : si l'Église dit que vous ne pouvez pas faire ceci ni cela – toutes choses que les gens ont clairement *envie* de faire –, alors l'Église *doit* certainement penser que le sexe est mauvais, même si elle accorde avec réticence la permission exceptionnelle d'« avoir des relations sexuelles » dans le but de procréer. Cette croyance selon laquelle l'Église enseignerait qu'on ne peut avoir des relations sexuelles que si on veut un bébé est fausse ; nous y reviendrons aux chapitres 5 et 6. Pour le moment, contentons-nous de clarifier un simple point. Dire : « Attention ! Fragile ! », voire : « Attention ! *Extrêmement* fragile ! », ne revient en aucun cas à dire : « Attention ! Mauvais ! ». De fait, quelles sont les choses auxquelles nous faisons le plus attention dans la vie ? Les choses qui ont le plus de valeur intrinsèque. C'est parce que le sexe a tant de valeur, parce qu'il est si précieux aux yeux du Christ et de son Église, que l'on doit y faire extrêmement attention.

Lorsque nous nous aventurons dans le domaine de la sexualité, nous entrons sur une terre sacrée. Seuls ceux qui sont correctement disposés peuvent comprendre le mystère.

Il y a ici un parallèle à faire avec un autre mystère sacré de l'Église : l'Eucharistie. Là aussi, l'Église a beaucoup de positions « fermes » : elle enseigne qui peut et qui ne peut pas recevoir l'Eucharistie, mais aussi comment et dans quelles dispositions spirituelles l'Eucharistie doit être reçue. Il serait absurde de conclure que l'Église voit le sexe d'un mauvais œil simplement parce que son enseignement moral sur le sujet est strict[12].

D'un point de vue historique, Dieu tend à accorder à l'Église ce dont elle a besoin au moment où elle en a besoin. Il a fallu attendre le XXème et son rejet généralisé de mœurs sexuelles séculaires pour que l'Église ait « besoin » d'approfondir sa compréhension de l'amour conjugal, de la sexualité et du mariage, au-delà des brèves déclarations qu'elle avait faites par le passé. C'est pourquoi, comme on l'a déjà dit, plus des deux tiers de ce qu'a officiellement dit l'Église catholique sur la sexualité et le mariage vient du pape Jean-Paul II.

Je vous l'accorde : l'Église a tendance à évoluer lentement. Mais une fois qu'elle aura assimilé la nouveauté et la profondeur avec lesquelles Jean-Paul II a repensé son enseignement sur le sujet, l'opinion qui veut que l'Église voie le sexe d'un mauvais œil ne manquera pas de disparaître une fois pour toutes.

11. L'Église doit s'en tenir à la religion et ne pas mettre son nez dans mes affaires

Lorsque l'Église parle de sexe, elle « s'en tient à la religion », justement. Le sexe est un événement religieux ! Selon Jean-Paul II, lorsque nous parlons du « signe » du sacrement de mariage, nous parlons de toute l'œuvre de la création et de la Rédemption[13].

La sexualité nous plonge dans le mystère chrétien. On ne peut pas y échapper : « Ne savez-vous pas que vos corps sont les membres du Christ ? » (1Co 6, 15).

En ne faisant qu'« une seule chair », les époux s'établissent eux-mêmes et établissent leur foyer comme *Église domestique*, une Église en miniature. L'Église n'entre donc pas sans autorisation dans la chambre conjugale ; ce sont les époux chrétiens eux-mêmes qui la font entrer avec eux.

Le sexe est sacré. Il est saint – n'en déplaise parfois à nos passions, déformées par le péché. Si nous pensons que le sexe sera « meilleur » si nous ne mettons pas Dieu dans le coup, nous nous fourvoyons complètement !

---

12. Je remercie Christopher Derrick pour son livre *Sex and Sacredness* (disponible en anglais uniquement aux éditions Ignatius, San Francisco, 1982), auquel j'emprunte un grand nombre des idées exprimées ici.

13. *Cf.* Jean-Paul II, *Homme et femme il les créa, op. cit.*, p. 536.

La joie de la sexualité – dans toute sa grandeur orgasmique – reflète la joie d'aimer comme Dieu aime. La joie de la sexualité – dans toute sa grandeur orgasmique – est faite pour être, d'une certaine manière, un avant-goût des joies du paradis : l'éternelle consommation du mariage du Christ et de l'Église. À travers l'Église, le Christ nous révèle son plan sur la sexualité non pas comme un « tue-la-joie », mais au contraire comme un « donne-la-joie » !

« Si vous gardez mes commandements, vous demeurerez en mon amour [...] Je vous dis cela pour que ma joie soit en vous et que votre joie soit complète » (Jn 15,10-11). Donc, si vous voulez connaître la sexualité la plus grandiose et la plus joyeuse possible, ouvrez grand les portes au Christ – y compris (et en particulier) celle de votre chambre !

12. Je trouve assez aberrant que de vieux célibataires cherchent à imposer une morale sexuelle aux autres... Que connaissent-ils du sexe ?

Premièrement, comme nous l'avons déjà dit, le pape et les évêques n'imposent absolument rien à personne. Ils témoignent simplement de ce que Dieu a révélé, avec l'autorité que le Christ leur a donnée. Nous sommes toujours libres de l'accepter ou de le refuser.

Deuxièmement, le message qu'ils donnent sur la morale sexuelle n'est pas le leur mais celui de Dieu. C'est Dieu qui a créé le sexe. Il sait pourquoi il l'a créé, ce pour quoi il est fait, combien il peut apporter de joie quand il est respecté et combien il peut apporter de tristesse quand on en use mal. Dans sa sagesse (qui est souvent très différente de la nôtre), Dieu a confié son plan sur la sexualité à ces « vieux célibataires ».

Pour reprendre notre comparaison, refuser arbitrairement de les écouter est aussi idiot que de mettre du gazole dans sa voiture, alors que l'autocollant du constructeur indique « Essence uniquement ».

Troisièmement, ceux qui pensent que des hommes célibataires ne peuvent rien connaître du sexe n'ont jamais lu les écrits de Jean-Paul II sur le sujet. Ma femme ne m'en voudra pas de dire que j'ai plus appris de ce « vieux célibataire » sur la nature, la beauté et la signification de la sexualité, que de n'importe qui d'autre au monde. Ses éclairages sont ceux d'un homme qui a sondé les profondeurs de son âme masculine pour donner un sens à sa sexualité. Et ce qu'il a découvert, c'est une lueur du divin. Mes propres expériences de vie, d'abord comme adolescent, puis comme jeune homme non chaste, et aujourd'hui dans mon mariage, ne font que confirmer ce qu'il dit.

Sur ce sujet, la vocation au célibat offre une perspective absolument nécessaire. Beaucoup de gens sont tellement intoxiqués par l'habitude d'assouvir leur désir sexuel que cet arbre leur cache la forêt. Il est vrai que, pour certains, s'abstenir de relations sexuelles toute leur vie peut être une manière de fuir leur sexualité (ce qui, bien sûr, n'est pas sain et n'est pas le signe d'un authentique appel au célibat consacré ; voir chapitre 9). Pour d'autres, en revanche, le choix du célibat à vie les porte à saisir d'autant plus profondément la vérité de la sexualité.

Le pape Jean-Paul II avait clairement choisi la seconde option. Le sacrifice qu'il a fait – ne pas avoir de relations sexuelles – est un gain pour nous, *pourvu que* nous ayons le courage de l'écouter.

13. Pourquoi l'Église est-elle à ce point obsédée par le sexe ?

Vous évoquez ici, je présume, la vigilante attention avec laquelle l'Église défend la morale sexuelle. L'Église ressent effectivement le besoin impérieux de défendre la vérité sur la sexualité. Pourquoi ? Pour toutes les raisons mentionnées précédemment, qui nous montrent combien la question de la sexualité est importante.

La sexualité n'est pas quelque chose de purement biologique ; elle concerne « la personne humaine dans ce qu'elle a de plus intime »[14]. Si notre compréhension de la sexualité est faussée, notre compréhension de *nous-mêmes* l'est aussi. Voyez comme la sexualité et le mystère de la vie sont entre-tissés… Sans sexe, il n'y aurait pas de vie.

La vérité profonde de la sexualité révèle en fait la vérité profonde de la vie : nous sommes appelés, par le don de la grâce de Dieu, à prendre part à la vie divine en aimant comme il aime ; et cet appel est gravé jusque dans notre corps d'homme et de femme, il est gravé dans notre sexualité. Pour paraphraser Jean-Paul II, la redécouverte de la signification sponsale du corps

14. *Familiaris Consortio*, n° 11.

signifie toujours la redécouverte de la signification de toute l'existence, de la signification de la vie[15]. Voilà pourquoi c'est une question si urgente.

L'instinct sexuel puise dans les pulsions et les désirs les plus puissants du cœur humain. Selon la manière dont ils sont orientés, ces pulsions et ces désirs ont le pouvoir de faire beaucoup de bien ou beaucoup de mal. En bref, créé par Dieu, l'instinct sexuel nous a été donné comme un « instinct d'amour » qui conduit à la vie. Mais lorsqu'il est coupé de la source de l'amour et de la vie (Dieu), il tend à devenir un « instinct de luxure » qui mène à la mort.

Les attitudes et comportements sexuels ont donc le pouvoir d'orienter non seulement les individus mais également les nations et les sociétés entières vers le respect de la vie – ou son mépris total. Assurément, lorsque la luxure est tissée dans la toile même d'une société, cette société ne peut être autre chose qu'une « culture de mort ».

Vous trouvez que j'exagère ? Notre pays tue à lui seul plus de quatre mille fœtus *chaque jour* pour satisfaire sa concupiscence sexuelle[16]. Et ce n'est que le début.

La sexualité désordonnée est une boîte de Pandore. Elle libère un grand nombre de maux sociétaux : de la pauvreté des familles « sans père » à la prolifération sidérante des maladies sexuellement transmissibles (certaines mortelles, comme le sida), en passant par les nouveau-nés trouvés dans les bennes à ordures et la violence croissante chez les adolescents, tout cela trouve ses racines dans l'effondrement des mœurs sexuelles qui maintenaient intacte la famille comme cellule fondamentale de la société. Quand les attitudes et les comportements sexuels vont mal, le mariage va mal. Quand le mariage va mal, la famille va mal. Quand la famille va mal, la société va mal. Pour paraphraser Jean-Paul II encore une fois, la vie humaine, sa dignité et son équilibre dépendent, à chaque moment de l'histoire, en tout lieu de la terre, de la manière dont l'amour est correctement ou non ordonné entre les sexes[17].

15. *Cf. Cf.* Jean-Paul II, *Homme et femme il les créa, op. cit.*, p. 257.

16. NdE : Ce chiffre concerne les États-Unis. Pour la France, il y a environ 550 avortements par jour (*cf.* Rapport de l'IGAS, 2009).

17. *Cf. ibid,* p. 239.

Nous ne construirons jamais une civilisation de l'amour et une culture de la vie tant que nous ne vivrons pas en conformité avec ce qu'est en vérité notre sexualité. Si l'Église est « obsédée » par le sexe, c'est parce qu'elle est obsédée par la défense de la dignité et de l'équilibre de la vie humaine, obsédée par la défense du plan de Dieu pour l'humanité, plan que notre sexualité a pour vocation de révéler.

3

À quoi disons-nous « oui » ?

Les fondamentaux du mariage dans l'Église

> Certaines personnes essaient de ridiculiser, voire de nier l'idée d'un lien fidèle qui durerait toute la vie. Ces personnes – vous pouvez en être sûr – ne savent pas ce qu'est l'amour.
>
> Jean-Paul II[1]

L'image de ma femme remontant la nef de l'église restera à jamais gravée dans ma mémoire. Elle était resplendissante, rayonnante de beauté féminine… Alors que j'étais debout près de l'autel, attendant de la recevoir, nos yeux se sont croisés et se sont remplis de larmes. C'était *le* moment ! En présence de Dieu, du prêtre de la paroisse, de nos familles et de tous nos amis les plus proches, nous allions nous donner l'un à l'autre pour toute notre vie, sans condition.

Pendant toute la durée de nos fiançailles, aussi étrange que cela puisse paraître à certains, il n'y a peut-être rien dont nous avons plus parlé que de

1. Jean-Paul II, "*The Love Within Families*", in *Origins* 16 (23 avril 1987), p. 799. Traduction proposée par le traducteur.

la vision catholique du mariage. Nous connaissions la nature et la signification de ce sacrement pour l'Église, et nous les désirions de tout notre cœur.

Aujourd'hui, mon travail consiste à préparer des fiancés au mariage. Or je réalise combien peu d'entre eux comprennent vraiment ce à quoi ils disent « oui ». Le mariage n'est pas ce que deux personnes veulent qu'il soit. Pour qu'une relation soit réellement conjugale, elle doit se conformer au plan de Dieu sur le mariage tel qu'il l'a fondé.

Les questions et objections de ce chapitre couvrent les « fondamentaux » du mariage dans l'Église, y compris les questions concernant le divorce et la nullité de mariage, ainsi que certains passages contestés de la Bible. La confusion et la résistance à l'enseignement de l'Église sur la sexualité provenant, pour une large part, d'une mauvaise compréhension de la signification du mariage, ce chapitre pose les bases des discussions de morale sexuelle qui feront l'objet des chapitres suivants.

1. Qu'est-ce au juste que le mariage pour l'Église catholique ?

Nous allons commencer par donner une définition basique, en reprenant ce que disent le concile Vatican II et le droit canonique, puis nous en expliquerons chacun des points.

> « Le mariage est la communauté intime, exclusive et indissoluble de vie et d'amour formée par l'homme et la femme, fondée par le Créateur et ordonnée au bien même des conjoints ainsi qu'à la génération et à l'éducation des enfants ; cette alliance a été élevée entre baptisés par le Christ Seigneur à la dignité de sacrement[2] ».

Communauté intime de vie et d'amour. Le mariage est la forme d'amitié humaine la plus étroite et la plus intime. Il implique qu'une personne partage toute sa vie avec son conjoint. Le mariage appelle les époux à un abandon mutuel si intime et si complet de leur être qu'ils deviennent « un », sans pour autant perdre l'unicité de leur personne.

Exclusive. En tant que don mutuel de deux êtres l'un à l'autre, cette union intime exclut toute autre union du même type avec quelqu'un

2. *Cf. Gaudium et Spes*, n° 48 ; *Code de droit canonique*, n° 1055.

d'autre. Elle exige la fidélité totale des époux. Cette exclusivité est également essentielle au bien des enfants du couple.

Indissoluble. Le mari et la femme ne sont pas unis par une émotion éphémère ou une inclination simplement érotique qui, cultivée pour elle-même, s'évanouit aussi rapidement que pitoyablement[3]. Ils sont unis par Dieu dans un lien d'amour indestructible à travers l'échange ferme et irrévocable de leurs consentements. Pour les baptisés, ce lien est scellé par l'Esprit Saint et, une fois consommé, devient absolument indissoluble[4]. Aussi l'Église n'enseigne-t-elle pas tant que le divorce – cet acte qui consiste à mettre un terme à un mariage valide – est *mauvais*, mais bien qu'il est *impossible*, indépendamment du statut civil d'un mariage.

Formée par l'homme et la femme. La complémentarité des sexes est essentielle au mariage. La confusion sur la nature du mariage est si répandue de nos jours que certains souhaiteraient proposer un « droit » légal au mariage pour deux personnes du même sexe. Or la nature même du mariage rend une telle proposition impossible (voir chapitre 8).

Fondée par le Créateur. Dieu est l'auteur du mariage. En nous créant homme et femme, il a inscrit cette vocation dans notre être même. Le mariage est gouverné par ses lois, fidèlement transmises par l'Église, son Épouse. Pour que le mariage soit ce qu'il a vocation à être, il doit se conformer à ces lois. Les êtres humains, par conséquent, ne sont pas libres de modifier la signification et les fins du mariage.

Ordonnée au bien même des conjoints. « Il n'est pas bon que l'homme soit seul » (Gn 2, 18). Ainsi, c'est pour leur propre bien, leur bénéfice, leur enrichissement et, en fin de compte, leur salut, qu'un homme et une femme unissent leur vie dans l'alliance matrimoniale. Le mariage est l'expression la plus basique (mais non l'unique) de la vocation à l'amour inscrite en tout homme et en toute femme, en tant que personnes créées à l'image de Dieu.

Ainsi qu'à la génération et à l'éducation des enfants. Les Pères du concile Vatican II ont déclaré : « Et c'est par sa nature même que l'institution du mariage et l'amour conjugal sont ordonnés à la procréation et à l'éducation

3. *Cf. Gaudium et Spes*, n° 49.

4. Même si un mariage n'est pas consommé, aucun pouvoir humain ne peut prétendre le dissoudre. L'Église cependant, dans de très rares cas, possède le pouvoir plus qu'humain conféré par Dieu de dissoudre un mariage non consommé.

qui, tel un sommet, en constituent le couronnement »[5]. Les enfants ne sont pas une addition au mariage et à l'amour conjugal mais jaillissent du cœur même du don réciproque des époux l'un envers l'autre, comme son fruit et son accomplissement. L'exclusion intentionnelle des enfants, par conséquent, contredit la nature et la finalité du mariage.

Alliance. Le mariage n'est pas seulement un contrat entre un homme et une femme : il est une alliance sacrée. Dieu a créé le mariage pour être l'image de et la participation à sa propre alliance avec son peuple. Ainsi, l'alliance matrimoniale appelle les époux à prendre part à l'amour *libre, total, fidèle* et *fécond* de Dieu. Contrairement à ce que pensent certains, le fait que l'Église ait récemment mis l'accent sur le mariage comme alliance n'exclut pas que ce dernier soit également un contrat. Certes, une alliance va au-delà des droits et responsabilités garantis par certains contrats et offre un cadre plus solide et plus sacré au mariage, mais le droit canonique continue d'utiliser à dessein ces deux termes pour décrire le mariage[6].

Dignité de sacrement. En vertu de leur baptême, le mariage d'époux chrétiens est un signe efficace de l'union entre le Christ et son Église et, en tant que tel, un canal de sa grâce (pour une discussion plus approfondie sur le sujet, voir la question suivante). Le mariage entre deux non-baptisés, ou entre un baptisé et un non-baptisé, est considéré par l'Église comme un mariage « bon et naturel ».

2. Qu'est-ce qui fait du mariage un sacrement ?

La réponse simple est : le baptême. Comme le dit Jean-Paul II : « Par le baptême, l'homme et la femme sont définitivement insérés dans [...] l'Alliance nuptiale du Christ avec l'Église. C'est en raison de cette insertion indestructible que [le mariage] a été élevé et assumé dans la charité nuptiale du Christ, soutenu et enrichi par sa force rédemptrice »[7].

Pourtant, des sept sacrements (baptême, confirmation, Eucharistie, réconciliation, sacrement des malades, ordination sacerdotale et mariage), le mariage semble, à première vue, celui qui ressemble le moins à un sacrement. Après tout, il est commun à toutes les cultures et à toutes les

5. *Gaudium et Spes*, n° 48.
6. *Cf. Code de droit canonique*, n° 1055.
7. *Familiaris Consortio*, n° 13.

religions ; il n'est pas contracté uniquement chez les chrétiens. Qu'est-ce qui fait donc de cette réalité si « terrestre » un sacrement ? Pour apporter une réponse plus approfondie à cette question, il nous faut d'abord mieux comprendre ce que sont les sacrements.

Si vous êtes allé au catéchisme dans votre enfance, vous vous souvenez peut-être avoir appris qu'un sacrement est « un signe extérieur institué par le Christ pour donner sa grâce »[8]. Pour la plupart des gens, cette définition de manuel scolaire échoue à exprimer combien les sacrements sont des réalités merveilleuses et profondes. À travers ces « signes visibles institués par le Christ », nous rencontrons en réalité le Dieu *éternel* dans le monde *temporel* et nous prenons part à sa vie divine.

Un abîme infini sépare le Créateur de sa créature. Le miracle des sacrements est qu'ils sont un pont au-dessus de cet abîme infini. Ils sont le point où le ciel et la terre « s'embrassent », où Dieu et l'humanité ne font *qu'une seule chair*.

Dieu est invisible, les sacrements nous permettent de le voir sous le voile de choses visibles. Dieu est intangible, les sacrements nous permettent de le toucher. Dieu est incommunicable, les sacrements sont notre communion avec lui.

Cette communion de Dieu et de l'humanité est une réalité vivante en la personne de Jésus-Christ. Ainsi, la vie sacramentelle de l'Église jaillit directement du dynamisme de l'Incarnation, mystère du Verbe fait chair, de Dieu fait homme. Dans le Christ, Dieu a épousé pour toujours notre chair et a fécondé le monde matériel par sa puissance salvatrice. De fait, comme l'a affirmé Tertullien, un auteur chrétien primitif, « la chair est la charnière du salut »[9].

Contre cette authentique spiritualité sacramentelle, il existe une vision spirituelle très répandue mais gravement erronée qui tend à dévaluer le corps, à le considérer avec suspicion, voire parfois à le traiter avec mépris. Le catholicisme, loin de dévaluer le corps, est profondément une religion des *sens*. Cela signifie que c'est dans et par *notre corps* (nos sens) que nous rencontrons le divin.

---

8. *Baltimore Catechism* (Catéchisme de Baltimore), n° 304. Traduction proposée par le traducteur.
9. Cf. Tertullien, *La résurrection de la chair*, chapitre 8.

Dieu ne se communique pas à nous par une sorte d'osmose spirituelle : il nous rencontre là où nous sommes, en tant que créatures terrestres possédant un corps. C'est cela, le grand don des sacrements.

Nous devenons vraiment participants de la vie divine lorsque *notre corps* est plongé dans l'eau (baptême), lorsque notre *corps* reçoit l'onction du saint-chrême et l'imposition des *mains* (confirmation, ordination, onction des malades), lorsque nous confessons nos péchés avec nos *lèvres* et *entendons* les *paroles* de l'absolution (réconciliation), lorsque nous *mangeons* et *buvons* le *Corps* et le *Sang* du Christ (Eucharistie) et, oui, lorsqu'un homme et une femme s'unissent pour toute la vie en devenant « une seule *chair* » (mariage).

L'étreinte conjugale elle-même a vocation à être une rencontre avec le Christ et une participation à la vie divine. Par leur union charnelle, les époux *traduisent* leur sacrement de mariage *en actes*. C'est le lieu où les paroles prononcées lors de l'échange des consentements prennent chair, de sorte que l'union charnelle en tant que telle devient, avec tout le reste de la vie conjugale, le signe visible du sacrement de mariage. Jean-Paul II l'exprime ainsi : « Comme signe visible, le sacrement se constitue avec l'être humain en tant que "corps" et par le fait de sa visible sa masculinité et sa féminité. Le corps en effet, et seulement lui, est capable de rendre visible ce qui est invisible : le spirituel et le divin. Il a été créé pour transférer dans la réalité visible du monde le mystère caché de toute éternité en Dieu et en être le signe visible »[10].

En langage clair, qu'est-ce que cela signifie ? Que Dieu a créé notre corps d'homme et notre corps de femme pour être dans le monde un signe qui révèle son mystère éternel, et que cela se produit plus spécifiquement lorsque le mari et sa femme unissent leurs corps pour ne plus faire qu'« une seule chair »[11]. Quel est ce mystère caché en Dieu depuis toute éternité ? En résumé (comme s'il était possible de résumer Dieu !), il s'agit de la vie trinitaire de Dieu et de son incroyable intention de nous faire partager cette vie, par le Christ, comme membres de l'Église. C'est *cela* que le mariage symbolise et révèle.

10. Jean-Paul II, *Homme et femme il les créa, op. cit.*, p. 105.

11. *Cf. ibid.*, p. 532.

Les sacrements sont des signes *efficaces*, ce qui signifie qu'ils communiquent réellement ce qu'ils symbolisent. Par conséquent, l'amour entre un homme et sa femme n'est pas simplement un symbole de l'amour du Christ et de l'Église : pour les baptisés, il en est une *réelle* participation. Comme le dit saint Paul, c'est un « mystère de grande portée » – ou, dans certaines traductions, un « grand sacrement » (*cf.* Ep 5, 32).

Parce que tous les sacrements sont censés nous faire pénétrer plus profondément dans les noces du Christ et de l'Église, Jean-Paul II décrit le mariage comme le « prototype », en quelque sorte, de tous les sacrements[12]. Comme le dit le *Catéchisme*, « toute la vie chrétienne porte la marque de l'amour sponsal du Christ et de l'Église. Déjà le Baptême [...] est un mystère nuptial : il est, pour ainsi dire, le bain de noces qui précède le repas de noces, l'Eucharistie »[13].

L'union des époux étant une porte d'entrée pour comprendre toute la vie chrétienne, Jean-Paul II a affirmé que le mariage, dans la mesure où il nous tourne vers l'union du Christ et de son Église, représente le « fondement de toute l'ordre sacramentel ». Voilà ce qui fait du mariage un sacrement : c'est la révélation originelle, dans le monde créé, du mystère éternel de Dieu.

3. La position de l'Église sur le divorce ne laisse aucune échappatoire aux femmes enfermées dans des relations violentes

En cas de relation violente, l'Église reconnaît sans hésiter la nécessité pour les époux de se séparer et, si besoin, d'obtenir le divorce civil[14]. Néanmoins, un tel décret ne peut *mettre un terme* à un mariage valide. Seule la mort le peut.

12. *Ibid.*, p. 542.

13. *CEC*, n° 1617.

14. NdE : L'Eglise enseigne que « le *divorce* est une offense grave à la loi naturelle » et explique en quoi (cf. *CEC*, n. 2384). Cela étant, « si le divorce civil reste la seule manière possible d'assurer certains droits légitimes, le soin des enfants ou la défense du patrimoine, il peut être toléré sans constituer une faute morale » (*CEC*, n. 2383).

4. Si l'Église croit que le mariage dure jusqu'à ce que la mort sépare les époux, pourquoi y a-t-il autant de demandes de nullité de mariage ?

Beaucoup de gens se trompent sur ce qu'est la nullité de mariage. Il ne s'agit pas d'une « version catholique du divorce ». Le divorce déclare que vous étiez mariés mais que vous ne l'êtes plus ; une déclaration de nullité est une déclaration officielle de l'Église selon laquelle *il n'a jamais existé de mariage valide* entre tel homme et tel femme.

Lorsqu'elle déclare la nullité d'un mariage, l'Église est cohérente avec son enseignement sur la permanence du mariage. Des mariages sacramentels valides et consommés ne peuvent, en aucune circonstance, être dissous. En revanche, s'il s'avère, en dépit de toutes les apparences, qu'un couple n'a jamais été marié de manière valide, alors leur relation n'a aucune force de lien.

Pourquoi tant de demandes de nullité sont-elles accordées de nos jours ? Il n'est pas impossible qu'il y ait parfois des abus du système. D'un autre côté, ce grand nombre de déclarations de nullité est peut-être un indicateur du nombre de couples qui ne se marient pas validement. Les officialités[15] aux États-Unis rapportent qu'un quart à un tiers de toutes les nullités déclarées sont dues à un « défaut de forme ». Cela signifie qu'un grand nombre de catholiques baptisés se marient *en dehors de l'Église catholique*. S'ils le font sans dispense, leur mariage est nul depuis le début (voir la question suivante).

En outre, les gens nés dans la deuxième moitié du XXème siècle ont grandi dans une culture qui a non seulement perdu la structure qui soutenait le mariage, mais qui promeut également de manière bruyante, incessante et persuasive des valeurs contraires au mariage. Il ne faut pas sous-estimer les effets de cette culture sur la capacité des personnes à contracter un mariage valide.

5. Qu'est-ce qui fait qu'un mariage est valide ?

Le mariage se fait par le consentement légitimement manifesté d'une épouse et d'un époux juridiquement capables. Entre autres choses, cela signifie que tous deux sont les ministres de leur sacrement de mariage. On

15. On nomme ainsi les tribunaux ecclésiastiques (NdT).

entend souvent : « C'est le père Untel qui nous a mariés ». Cette formulation est incorrecte. Le père Untel n'a marié personne. Le prêtre (ou le diacre) sert seulement de témoin officiel de l'Église[16].

C'est un point important. Le mariage n'est pas quelque chose qui « arrive » à un couple du simple fait que la mariée porte une robe blanche, que le marié porte un costume et qu'ils passent tous deux par les différentes étapes de la cérémonie de mariage. Le mariage n'« arrive » que si la mariée et le marié se l'administrent l'un à l'autre. S'ils ne le font pas, ils ne sont pas mariés, même s'ils ont eu une cérémonie. Bien entendu, si un couple catholique a eu une cérémonie de mariage conforme à ce qu'enseigne l'Église, on doit toujours supposer qu'ils se sont réellement administré le sacrement l'un à l'autre. L'Église part toujours du principe qu'un mariage est valide jusqu'à preuve du contraire.

Mais revenons à la question : qu'est-ce qui fait qu'un mariage est valide ? Pour fournir une réponse complète, un livre entier serait nécessaire. Plusieurs ont d'ailleurs été publiés sur le sujet. On ne peut en donner ici qu'un aperçu général.

Pour qu'un mariage entre catholiques soit établi de manière valide, les époux doivent :

1) ne pas avoir d'empêchements à se marier ;
2) suivre la forme correcte du sacrement ;
3) avoir la capacité d'échanger des consentements et le faire librement et sans condition ;
4) consentir à ce que l'Église entend par mariage, c'est-à-dire à la *fidélité*, *l'indissolubilité* et *l'ouverture à la fécondité*.

Reprenons chacun de ces aspects.

1) Les époux ne doivent pas avoir d'empêchements à se marier.

Les empêchements sont des interdictions issues de la loi divine ou naturelle et du droit canonique de l'Église. Ils sont au nombre de douze[17] :

16. Dans les Églises catholiques de rite oriental, cependant, le prêtre est considéré comme le ministre du sacrement de mariage (cf. *CEC*, n° 1623).
17. *Code de droit canonique*, n° 1083-1090.

- *l'âge* : un homme de moins de 16 ans et une femme de moins de 14 ans ne peuvent pas se marier validement. (Gardez à l'esprit que nous parlons de l'Église universelle ; si se marier à ces âges-là n'est pas recommandé dans la plupart des pays développés, c'est un usage courant dans certaines cultures).
- *l'impuissance* : incapacité définitive et perpétuelle à avoir des rapports sexuels.
- *le lien* : la préexistence d'un mariage valide contracté avec une autre personne.
- *la disparité de culte* : lorsqu'un baptisé dans l'Église catholique veut se marier avec un non baptisé (une dispense peut être accordée dans certains cas).
- *l'ordre sacré* : les personnes liées par les ordres sacrés, c'est-à-dire les diacres[18], prêtres et évêques, ne peuvent pas se marier.
- *les vœux religieux* : vœux publics perpétuels de chasteté dans un institut religieux (c'est-à-dire un institut de religieux ou de religieuses).
- *le rapt* : lorsqu'une personne a été enlevée dans le but d'être mariée.
- *le conjugicide* : lorsqu'un conjoint a été assassiné pour rendre l'autre « libre » de se marier.
- *la consanguinité* : liens de sang jusqu'au deuxième degré compris.
- *l'affinité* : lorsqu'il existe des relations par alliance en ligne directe (par exemple, un beau-père ne peut pas se marier avec sa belle-fille mais un homme peut épouser la sœur de sa femme décédée).
- *l'honnêteté publique* : lorsqu'une personne non mariée cohabitant avec quelqu'un souhaite contracter mariage avec un parent proche en directe ligne de la personne avec laquelle elle cohabite (par exemple, une femme vivant avec un homme ne peut épouser ni le père, ni le fils de ce dernier).
- *l'adoption* : lorsque des relations de famille sont établies par adoption jusqu'au degré mentionné ci-dessus.

18. Un homme marié peut être ordonné diacre permanent. Mais si la femme d'un diacre décède, celui-ci n'est pas libre de se remarier.

2) Les époux doivent respecter la forme propre du sacrement[19]

Celle-ci requiert la présence d'un témoin officiel (en général, un prêtre ou un diacre) qui reçoit leur consentement au nom de l'Église, ainsi que de deux autres témoins qui sont également présents pour l'échange des consentements. Les baptisés dans l'Église catholique qui se marient en dehors de l'Église (par exemple lors d'une cérémonie civile ou dans le lieu de culte d'une autre confession) le font donc de manière invalide. Si un Catholique désire se marier avec un non Catholique et a des raisons suffisantes pour organiser la cérémonie dans un lieu non catholique, une dispense peut être accordée.

3) Les époux doivent avoir la capacité d'échanger des consentements et le faire librement et sans condition[20]

Une personne doit être psychiquement capable de comprendre ce qu'implique l'engagement de mariage, et de s'y engager. Ainsi, de graves maladies de nature psychique peuvent invalider le consentement d'une personne. Si celui-ci est donné sous l'effet de la peur ou de la violence, il n'est pas valide non plus. Ainsi, la notion de « mariage forcé » est une contradiction dans les termes. Par ailleurs, les couples ne peuvent en aucun cas mettre de conditions à leur consentement, c'est-à-dire qu'ils ne peuvent pas se dire : « Je ne resterai marié que si… ». En donnant leur consentement, ils doivent partir du principe que, quoi qu'il arrive, ils sont mariés pour toujours.

4) Les époux doivent consentir à ce que l'Église entend par mariage, c'est-à-dire la fidélité, l'indissolubilité et l'ouverture à la fécondité

C'est essentiellement à ces trois promesses que la mariée et le marié disent « oui ». Ces promesses font tellement partie de ce qui *constitue* le mariage que si l'épouse ou l'époux ne donne pas son consentement à l'une des trois, tous deux ne sont pas réellement mariés.

6. Que signifie ne pas donner son consentement à ces promesses ?

Refuser son consentement implique un acte concret de la volonté en opposition à l'une quelconque de ces promesses. Cela signifie qu'au moment

19. *Code de droit canonique*, n° 1108.
20. *Code de droit canonique*, n° 1095, 1102, 1103.

du consentement, lorsque les lèvres de la personne disent « oui », sa volonté dit « non ». Ceci est à distinguer de l'angoisse, des questions ou même des doutes mineurs, qui sont des choses normales et ne remettent pas forcément en cause la sincérité du consentement de la personne. Regardons à présent chacune de ces promesses plus en détail ; cela nous aidera à comprendre ce à quoi les couples donnent leur consentement.

La fidélité

Par sa nature même, le mariage exige la fidélité de cœur, en esprit et en acte à l'égard de son seul et unique conjoint. Si les mariés ne s'engagent pas à cette fidélité, ils ne s'engagent pas dans le mariage. La notion de « mariage libre », par exemple, n'existe pas. La juxtaposition de ces deux termes est une contradiction en soi. Il est important de préciser, cependant, que les échecs ultérieurs dans ce domaine n'invalident pas en soi un mariage, dans la mesure où les deux époux se sont sincèrement engagés au moment du consentement à rester fidèles l'un envers l'autre.

L'indissolubilité

Le mariage établit un lien indestructible entre les époux pour toute la vie. Si ce n'est pas ce que les mariés ont l'intention d'établir, alors ils n'ont pas l'intention d'établir un mariage. Le mariage, c'est tout ou rien. Cela signifie que la notion de « mariage à l'essai », par lequel un homme et une femme voudraient « juste voir » si cela fonctionne, n'existe pas. Il en va de même, on l'a vu, pour le « mariage libre » : l'expression est une contradiction dans les termes. Une fois qu'un mariage valide a été consommé, le lien que Dieu établit entre les époux ne peut être rompu que par la mort.

L'ouverture à la fécondité

Les enfants découlent directement de l'amour sponsal dans sa nature même, à tel point que si un couple n'a absolument aucune intention d'avoir des enfants et les exclut *catégoriquement* de sa relation, il ne s'agit pas d'une relation matrimoniale. Le « mariage voulu sans enfant », qui devient de plus en plus populaire de nos jours, est contradictoire lui aussi.

7. Et si des époux pensent qu'ils ne feront pas de bons parents ? Êtes-vous en train de dire que l'Église ne les laissera pas se marier ?

Ce n'est pas que l'Église ne les « laissera » pas se marier ; c'est qu'un tel couple, en réalité, ne *veut* pas se marier. Ils veulent avoir une relation qui exclut intentionnellement les enfants, ce qui laisse supposer qu'ils le feront en rendant volontairement stériles leurs unions charnelles. Quel que soit le type de relation, ce n'est *pas* un mariage.

Dans sa définition, le mariage implique une relation sexuelle dans laquelle les époux sont ouverts à la possibilité que Dieu puisse les bénir avec des enfants. Les époux s'engagent à ne jamais rendre *intentionnellement* stériles leurs unions charnelles. Si un couple refuse de s'engager, ne serait-ce qu'une fois, dans une union charnelle sans contraception (c'est-à-dire ouverte aux enfants), alors il ne veut pas s'engager dans le mariage. C'est ainsi que doit se comprendre le refus intentionnel du bien que représentent les enfants.

Si la nature de l'engagement du mariage est réellement comprise, les personnes qui pensent qu'elles ne feront pas de bons parents doivent également admettre qu'elles ne feront pas de bons conjoints. L'amour d'abnégation nécessaire pour être une bonne mère ou un bon père est le même genre d'amour qui est requis pour être une bonne épouse ou un bon époux. Les gens qui ont grandi dans un pays développé ont parfois du mal à comprendre cela. En effet, la « mentalité contraceptive » largement répandue a donné à nos contemporains l'illusion que les enfants sont une addition superflue et facultative à une relation sexuellement active. Une telle mentalité est incompatible avec la vision catholique.

8. Et si un couple ne peut pas avoir d'enfants ?

Le mariage reste bon intrinsèquement, même sans enfants, à condition que ces derniers ne soient pas délibérément exclus. Ainsi, la stérilité non intentionnelle n'est *pas* un empêchement au mariage.

On confond souvent la stérilité avec l'empêchement de l'impuissance. Si l'impuissance constitue un empêchement dirimant[21], ce n'est pas parce que les époux ne peuvent pas avoir d'enfants, mais parce qu'ils ne peuvent pas avoir d'union charnelle. Qu'un enfant naisse ou non d'une union charnelle

21. Un empêchement est dirimant quand il rend la personne incapable de contracter validement mariage.

dépend de Dieu. Si *Dieu* permet que l'union des époux ne donne pas naissance à un enfant, leur mariage n'en est pas moins valide pour autant.

9. Je n'arrive pas à croire que l'Église puisse être sans cœur au point de refuser le sacrement de mariage aux personnes impuissantes. Il n'y a pas que le sexe dans le mariage !

De tous les empêchements au mariage, l'impuissance est celui qui semble déranger le plus. Cela vaut donc la peine de prendre le temps de l'expliquer.

C'est vrai, il n'y a pas que le sexe dans le mariage. Cependant, il est si essentiel à ce qu'*est* le mariage que, s'il n'y a jamais aucune possibilité d'union charnelle, il n'y a jamais possibilité de mariage. Pour clarifier un peu les choses, il doit s'agir d'une impuissance *définitive* et *perpétuelle*, ce qui, en réalité, est extrêmement rare.

Il est important de ne pas laisser ses sentiments obscurcir son raisonnement. Par exemple, très souvent, quand les gens entendent parler de l'empêchement au mariage que constitue l'impuissance, ils pensent immédiatement à la souffrance des vétérans de guerre dont les parties génitales ne fonctionnent plus. Certes, c'est une situation très triste et elle mérite notre compassion.

Néanmoins, cela ne change pas la vérité objective du fait lui-même. La compassion à l'égard des aveugles, par exemple, ne doit pas amener le gouvernement à délivrer des permis de conduire aux aveugles. C'est triste, mais les aveugles *ne peuvent pas* faire ce qu'exige la conduite. De la même manière, les personnes définitivement impuissantes ne peuvent pas faire ce qu'exige le mariage. Jésus lui-même le dit lorsqu'il parle de l'incapacité des « eunuques » – personnes incapables d'avoir des relations sexuelles – à se marier (*cf.* Mt 19, 12).

Cet empêchement n'est pas déraisonnable ; au contraire, il est très sensé. Réfléchissez-y. Qu'est-ce qu'un homme et une femme s'engagent à partager l'un avec l'autre, qui fait de leur relation un mariage plutôt qu'une simple amitié ? Qu'est-ce qu'un mari et sa femme partagent l'un avec l'autre de si unique et intrinsèque à leur relation que la vivre avec quelqu'un d'autre serait trahir la signification même du mariage ?

Qu'est-ce qui fait précisément du mariage l'« union intime, exclusive et indissoluble de la vie d'un homme et d'une femme, ordonnée au bien même des conjoints ainsi qu'à la génération et à l'éducation des enfants » ? L'union charnelle. L'union charnelle est l'élément qui définit l'amour conjugal. Cela ne signifie pas qu'il faille réduire le mariage à l'union charnelle *seulement* (pas plus que de réduire la conduite automobile à la *seule* vue). Mais écartez cette possibilité et vous n'avez plus de mariage.

Reconnaissons combien la culture prédominante rend difficile d'accepter cet empêchement. La révolution sexuelle a détaché le sexe de ses amarres sociales et psychologiques. Dans la mentalité moderne typique, le sexe n'exprime plus l'engagement du mariage ; il exprime simplement un désir de plaisir et d'intimité, ou pire, un simple besoin de satisfaction personnelle égoïste.

Le raisonnement qui affleure dans la question posée plus haut est le suivant : les personnes mariées ont des relations sexuelles, bien sûr, mais comme beaucoup d'autres personnes, et il n'y a rien de mal à cela, n'est-ce pas ? Par conséquent, si un couple ne pouvait s'unir sexuellement pour une raison ou pour une autre, quel effet cela aurait-il sur leur droit à se marier ? Aucun, dans la perspective de la mentalité moderne. Mais du point de vue de la vraie signification de la sexualité, cela aurait une conséquence directe, tellement directe que le mariage serait tout bonnement *impossible*.

Voici une comparaison un peu idiote, pour tenter de clarifier les choses. On ne peut pas réduire les cookies aux pépites de chocolat aux seules pépites de chocolat. Et pourtant, sans les pépites de chocolat, il ne s'agit plus de cookies aux pépites de chocolat. Les pépites de chocolat sont l'élément qui caractérise ce type de cookies. Il y a certes d'autres types de cookies, mais si *ces cookies-là* n'ont pas de pépites de chocolat, on ne peut pas parler de cookies aux pépites de chocolat.

De la même manière, sans la *possibilité* d'union charnelle, on ne peut pas honnêtement appeler « mariage » l'amour partagé par un homme et une femme. Cela ne signifie pas qu'ils sont incapables d'aimer ; cela signifie simplement qu'ils sont incapables de vivre ce type d'amour unique qu'est l'amour *conjugal*.

Il existe de nombreuses manières d'aimer, tout comme il existe de nombreux types de cookies. Il arrive que deux personnes aient un grand désir de faire des cookies aux pépites de chocolat mais que, par malchance, ils ne puissent pas se procurer de pépites de chocolat. La réalité toute nue, c'est qu'ils sont incapables de faire des cookies aux pépites de chocolat. Ils devront faire un autre type de cookies. Analogiquement, si un couple est hélas définitivement et perpétuellement incapable de vivre cet élément constitutif du mariage qu'est l'union sexuelle, la réalité est que leur amour – même s'il est par ailleurs intime, très beau et durable – ne peut pas être l'amour unique et spécifique qui constitue le mariage. On aura beau éprouver – et cela est compréhensible – tous les sentiments, toute la sympathie possible à l'égard de telle ou telle situation individuelle, cela ne changera rien à la réalité.

10. Le mariage est une union aussi bien spirituelle que physique. Qu'est-ce que cela fait si on ne peut pas avoir d'union charnelle ?

Le mariage comporte cette double dimension, c'est vrai. Pour autant, les deux réalités – physique et spirituelle – ne peuvent pas être séparées. Le faire serait tomber dans une hérésie très ancienne dans l'Église : le dualisme. Le dualisme crée un divorce, dans la nature humaine, entre ce qui est physique et ce qui est spirituel. Or, les êtres humains sont un composé indivisible de chair et d'esprit, de corps et d'âme. Nous ne sommes pas des personnes « dans » un corps dont nous pourrions nous dispenser. Chacun de nous est une *personne-corps*. Cela signifie que notre réalité spirituelle d'être humain est exprimée dans notre corps d'homme et de femme.

Les principes spirituel et physique sont si unis en nous que seule la mort peut les séparer. Et même, après la mort, l'âme se trouve dans un état non naturel jusqu'à ce qu'elle soit réunie à son corps par la résurrection finale, au retour du Christ. C'est seulement à ce moment-là que les âmes, au paradis, deviendront à nouveau *pleinement humaines* en tant que personne-corps – à l'instar du Christ et de sa sainte Mère, qui sont déjà corps et âme au paradis.

En raison de cette unité spirituelle et physique profonde de la personne humaine, il est erroné d'opérer une dichotomie nette entre l'amour « physique » et l'amour « spirituel » chez les êtres humains. Ce que nous faisons avec notre corps, nous le faisons aussi avec notre âme, et ce que nous faisons avec notre âme, nous ne pouvons le faire qu'à travers notre existence de personne-corps, d'êtres corporels. L'amour humain se manifeste à travers le corps humain.

Les émotions elles-mêmes – même si l'amour n'est pas réductible à une simple émotion – sont communiquées par notre corps. Nous ne pouvons tout simplement pas prier sans notre corps. Comme le dit Jean-Paul II, toute tentative de dissoudre l'unité personnelle de l'âme et du corps « atteint la création de Dieu dans les liens les plus intimes unissant nature et personne »[22]. La profonde unité spirituelle et physique qui caractérise l'être humain est le principe même de la vie sacramentelle de l'Église, y compris du sacrement de mariage. Car Dieu lui-même, qui est pur Esprit, a pris un corps afin de montrer aux hommes son amour : « Et le Verbe s'est fait chair » (Jn 1,14). *Tous* les sacrements sont des réalités *corporelles, physiques*.

C'est dans et à travers leur corps que le mari et la femme expriment l'amour propre au sacrement de mariage. Leur union en « une seule chair » – ou du moins la possibilité d'une telle union – n'est pas moins indispensable au sacrement de mariage que le pain et le vin le sont à l'Eucharistie, ou l'eau au baptême. C'est dans et à travers ces réalités physiques que les réalités spirituelles propres à chacun de ces sacrements sont communiquées. Sans la réalité physique du sacrement, il n'y a pas de sacrement.

11. Mes parents ont été mariés pendant plus de vingt-cinq ans, ils ont eu cinq enfants, mais ils ont quand même obtenu de l'Église une reconnaissance de nullité. Comment l'Église peut-elle décréter un beau jour, après tant de temps, que le mariage de mes parents n'a jamais existé ? Cela fait de moi un enfant illégitime !

Tout d'abord, clarifions le terme « légitimité ». Ce terme est utilisé par différents systèmes juridiques dans le monde pour garantir la paternité d'un enfant – l'identité de la mère étant généralement assez évidente. Du point de vue de la foi, cependant, Dieu est notre Père à tous. Donc, quelles que soient les circonstances de la conception, la notion d'« enfant illégitime » n'existe pas aux yeux de Dieu.

Par conséquent, une déclaration de nullité de mariage *ne* fait *pas* des enfants nés de cette relation des enfants illégitimes. C'est là une méprise courante qui nécessite d'être clarifiée une fois pour toutes. Par ailleurs, une déclaration de nullité accordée par l'Église n'affecte pas la reconnaissance juridique de la paternité des enfants par l'État. Juridiquement parlant, les enfants demeurent « légitimes ».

22. *Familiaris Consortio*, n° 32.

Une déclaration de nullité de mariage n'efface pas et ne peut pas effacer la relation de vos parents. À l'évidence, ils ont vécu ensemble pendant de longues années. Ils ont eu des bons et des mauvais moments. Ils ont conçu et élevé des enfants. Rien de tout cela n'est « effacé ». Certes, il est difficile d'accepter que, le jour de leur mariage, quelque chose a empêché vos parents de contracter un mariage valide. Mais une fois encore, il ne faut pas laisser nos sentiments obscurcir notre raisonnement.

On l'a vu, le mariage n'est pas quelque chose qui « arrive » à un couple du simple fait qu'il accomplit les différentes étapes de la cérémonie de mariage. Certaines choses – et même de nombreuses choses – peuvent empêcher un couple de contracter un mariage valide. Si la plupart des mariages invalides sont déterminés tels au cours des premières années de la relation, il peut arriver que des époux vivent ensemble pendant des années et élèvent des enfants avant de découvrir, bien plus tard, au terme d'une enquête minutieuse, que leur mariage n'a pas été validement contracté.

Les enfants nés de mariages déclarés nuls par l'Église ne doivent jamais désespérer. Il est dans la nature même de Dieu de tirer un bien de toutes les situations. De fait, les enfants sont le plus grand bien que Dieu tire de mariages déclarés a posteriori invalides.

12. Ma sœur, catholique, veut épouser un Protestant divorcé. Le prêtre a dit que celui-ci devait faire une demande de nullité et que, s'il ne l'obtenait pas, ils ne pourraient pas se marier. Pourquoi l'Église demande-t-elle aussi aux Protestants de passer par la procédure de demande de reconnaissance de nullité ?

Puisque seuls les Catholiques sont obligés d'observer la forme catholique du mariage, l'Église reconnaît le mariage de tous les non Catholiques et part du principe que, jusqu'à preuve du contraire, ce sont des unions valides. Elle va jusqu'à reconnaître comme sacramentel le mariage de deux Protestants baptisés, même si eux-mêmes ne croient pas que le mariage soit un sacrement, et même si leur mariage a été célébré en présence d'un juge de paix. Ainsi, votre sœur ne peut pas épouser un homme qui, dans les faits, est déjà marié validement à quelqu'un d'autre. Selon les propres paroles du Christ, ce serait commettre un adultère (*cf.* Lc 16, 18). Aux yeux de l'Église, le divorce civil ne change pas le statut marital réel de quelqu'un, qu'il soit catholique ou non.

S'il souhaite néanmoins poursuivre l'affaire, il est libre de faire une demande de reconnaissance de nullité pour déterminer si son premier mariage était valide. S'il est déclaré non valide, votre sœur sera libre de l'épouser.

Mais n'oubliez pas que les déclarations de nullité ne sont pas gagnées d'avance. Il doit être prouvé avec certitude morale que, le jour du mariage, quelque chose a empêché le couple de contracter un mariage valide. Il ne serait pas juste que votre sœur commence ne serait-ce qu'à envisager le mariage, tant qu'une déclaration de nullité n'a pas été accordée.

13. Pourquoi l'Église ne vit-elle pas avec son temps et n'admet-elle pas que certains mariages ne marchent pas, tout simplement ?

Il est évident pour tout le monde, l'Église y compris, que certains mariages « ne marchent pas ». Comme on l'a dit précédemment, dans des circonstances graves, l'Église encourage même la séparation de corps. Mais ce n'est pas du tout la même chose que d'accepter le divorce.

Pour l'Église, la défense de la permanence du mariage est de la plus haute importance. L'histoire nous montre que des nations entières se sont séparées de l'Église catholique à cause de disputes sur ce sujet-là. Pourquoi l'Église est-elle si obstinée ? Parce que le mariage est le point où « s'embrassent » l'amour humain et l'amour divin. Amoindrir d'une manière ou d'une autre la permanence de l'amour conjugal revient à amoindrir la permanence de l'amour de Dieu. En tant que sacrement, le mariage est une vraie participation à l'amour du Christ pour son Épouse, l'Église.

Dans ces conditions, admettre le divorce revient à dire que le Christ a abandonné son Église. C'est *impossible* ! Le Christ n'abandonnera jamais son Épouse, jamais ! C'est cela qui est en jeu.

« Mais nous ne sommes pas Dieu, disent les gens. Comment pouvons-nous aimer comme le Christ aime ? » Par nous-mêmes, nous ne le pouvons pas, mais « pour Dieu tout est possible » (Mt 19, 26). Ce n'est pas une coïncidence si ces paroles du Christ, tirées de l'Évangile selon saint Matthieu, apparaissent peu de temps après son enseignement sur la permanence du mariage (*cf.* Mt 19, 1-11). Sitôt que les disciples apprennent de la bouche du Maître ce que le mariage exige d'eux, ils concluent que, dans ces conditions, il est préférable de ne pas se marier du tout (*cf.* Mt 19, 10). Jésus répond alors : « Tous ne comprennent pas ce langage, mais seulement ceux-là à qui c'est donné » (Mt 19, 11).

À qui s'adresse cet enseignement sur la permanence du mariage ? Aux hommes et aux femmes qui restent esclaves de leurs faiblesses ? Non ! Aux hommes et aux femmes qui ont reçu la force d'aimer comme le Christ aime, grâce à l'Esprit Saint ! C'est la bonne nouvelle de l'Évangile. L'amour du Christ a été déversé dans notre cœur par l'Esprit Saint (*cf.* Rm 5, 5). Cela veut dire que les époux *peuvent* s'aimer comme le Christ aime.

Ce qui est vraiment en jeu ici, c'est la foi. Croyons-nous à la bonne nouvelle de l'Évangile ? Croyons-nous qu'il est possible de s'aimer l'un l'autre comme le Christ aime ?

Admettre la possibilité du divorce, c'est dire que le Christ ne peut pas nous sauver du péché. Malheur à nous si un jour nous disions cela ! La permanence du mariage est une réalité objective dont l'Église doit témoigner si elle veut dire la vérité.

14. Jésus lui-même n'a-t-il pas dit que le divorce était acceptable en cas d'adultère ?

C'est ce que l'on appelle couramment la « clause d'exception ». Elle apparaît dans l'évangile de Matthieu (5, 32 et 19, 9), lorsque Jésus interdit le divorce, sauf en cas de *porneia*. Ce terme grec est parfois traduit par « prostitution », « impureté », « comportement obscène », mais aussi, avec moins d'exactitude, « adultère ». De nombreux spécialistes de la Bible pensent que la clause d'exception renvoie à des mariages qui n'étaient pas de vrais mariages parce qu'ils avaient été contractés dans le cadre de relations consanguines qui les interdisaient (*cf.* Lv 18, 6-16). On escomptait alors que des chrétiens se retrouvant dans ce type de relations incestueuses « divorceraient ».

La clause d'exception n'apparaît pas dans les passages équivalents chez Luc (16, 18) et Marc (10, 11-12). Dans la première épître aux Corinthiens (7, 10-11), l'interdiction du divorce est présentée comme un commandement inconditionnel du Seigneur à ses disciples. C'est ainsi que l'Église, en tant qu'autorité instituée par le Christ pour enseigner sur ces sujets, l'a toujours compris.

Pour le Christ, enseigner qu'on peut divorcer en cas d'adultère de l'un ou de l'autre époux ne rimerait à rien. Sinon, il suffirait à quelqu'un qui voudrait divorcer de tromper son conjoint. L'interprétation couramment présentée du terme *porneia* est donc beaucoup plus plausible.

15. Mon frère est un bon Catholique. Il aime sa nouvelle femme et il aime Dieu. Mais il ne peut pas recevoir la communion parce qu'il n'a pas obtenu la reconnaissance de nullité de son premier mariage. Il se sent exclu et mal aimé par l'Église. Pourquoi l'Église catholique est-elle si dure et insensible sur le sujet ? Les autres Églises accueillent tout le monde, quelle que soit la situation des gens !

L'amour du Christ accueille tout le monde. Si l'Église échoue à montrer à ses membres l'amour du Christ, alors, en effet, elle a tout raté. Mais de la même manière, reconnaissons que si elle n'arrive pas à encourager ses membres à vivre l'amour du Christ, elle a également tout raté.

Il y a ici une certaine tension : l'amour du Christ accueille inconditionnellement tous les pécheurs, et en même temps, dans son amour pour nous, le Christ est intransigeant avec notre péché. Comme avec la femme adultère, il ne nous condamne pas mais il nous appelle à ne plus pécher (*cf.* Jn 8, 10-11).

Accueillir une personne ne signifie jamais accueillir les choix objectivement mauvais qu'elle a faits. Le Christ a dit : « Quiconque répudie sa femme et en épouse une autre commet un adultère à son égard » (Mc 10, 11). Dans ces conditions, si le (« premier ») mariage de votre frère était valide, en vivant aujourd'hui une relation sexuellement active avec quelqu'un d'autre, il commet de fait un adultère à l'égard de sa (« première ») femme.

Le Christ, notre Époux divin, nous montre ce que signifie l'union sexuelle en nous faisant, sur la Croix, le don éternel de son corps, que nous recevons de manière sacramentelle dans l'Eucharistie. L'union sexuelle des époux participe du don eucharistique que le Christ fait de lui-même. En ce sens, l'union sexuelle de deux personnes qui ne sont pas mariées contredit directement l'amour eucharistique du Christ. C'est d'autant plus vrai lorsque l'un des partenaires sexuels – ou les deux – est marié à quelqu'un d'autre.

C'est pour cette raison qu'un(e) Catholique qui continue à avoir des unions charnelles avec quelqu'un, alors qu'il est de fait marié à quelqu'un d'autre, n'est pas en mesure de recevoir la communion. D'un point de vue objectif, cette personne vit en contradiction directe avec la signification de l'Eucharistie. Dans l'Eucharistie, nous consommons avec le Christ un mariage mystique par lequel il se donne entièrement à nous, et où nous nous donnons entièrement à lui, en lui promettant une fidélité totale. Si nous n'avons pas l'intention d'être fidèle aux enseignements du Christ, il serait hypocrite de recevoir l'Eucharistie.

Il est vraiment important de faire ici la distinction entre persister volontairement dans un « état de péché » objectif et avoir du mal à résister au péché. La fidélité au Christ est difficile. C'est un combat pour tout le monde.

L'Eucharistie n'est en aucun cas réservée à ceux qui sont « parfaits ». Si c'était le cas, personne n'irait communier. Mais le minimum requis, lorsque nous recevons l'Eucharistie, est de dire au Christ que nous sommes désireux de lutter pour vivre selon sa volonté, en résistant à tout ce qui lui est contraire.

Échouerons-nous parfois ? Sans aucun doute. Telle est la condition de l'homme déchu. C'est pourquoi le Christ nous donne le sacrement de réconciliation.

16. « Femmes, soyez soumises à vos maris. » Chaque fois que j'entends ce verset des Écriture, cela me hérisse le poil ! Pourquoi devrais-je écouter ce que dit la Bible sur le mariage, alors qu'elle rabaisse autant les femmes ?

Le verset auquel vous faites référence se trouve dans l'épître aux Ephésiens (5, 22). Si cela vous hérisse le poil, j'approuve votre réaction. Pourquoi ? Parce que vous pensez probablement que ce passage signifie : « Les femmes sont des paillassons qui doivent se laisser marcher dessus par leur mari ». Si c'est bien ainsi que vous comprenez cette parole de saint Paul, ce serait inquiétant qu'il ne vous hérisse pas le poil !

Mais ce n'est *pas* ce que signifie ce verset. Lorsque nous le replaçons dans son contexte (Ep 5, 21-33), l'interprétation courante est complètement renversée. Malheureusement, dès que les gens entendent ce verset-là, ils n'écoutent plus le reste de ce que dit saint Paul.

Il faut le reconnaître : tout au long de l'histoire, des hommes ont utilisé ce verset biblique pour justifier leur désir de dominer les femmes. Mais saint Paul ne justifie en aucun cas cette attitude. Il sait que c'est un résultat du péché (*cf.* Gn 3, 16) ; c'est pour cela que, dans ce passage, il cherche à restaurer le plan de Dieu tel qu'il était à l'origine, avant le péché. Il le fait en soulignant ce que le mariage était destiné à manifester à l'origine : le mariage du Christ et de l'Église. Saint Paul ne fait que tirer les conséquences de cette analogie.

Il commence en invitant maris et femmes à *être soumis les uns aux autres* « dans la crainte du Christ » (v. 21), dans la crainte du « grand mystère » auquel les époux participent en étant l'image de l'union du Christ et de l'Église. Dans cette analogie, le mari représente le Christ, et la femme, l'Église. Ainsi, dit-il, de même que l'Église est soumise au Christ, de même les femmes doivent l'être à leurs maris (*cf.* v. 24).

J'aimerais à présent expliquer le mot « soumission ». Formé de « sous » et de « mission », il signifie être envoyé avec le pouvoir d'accomplir un service spécifique. Les femmes sont donc appelées à se mettre elles-mêmes « sous » la « mission » de leurs maris.

Quelle est la mission du mari ? « Maris, aimez vos femmes comme le Christ a aimé l'Église : il s'est livré pour elle » (v. 25). Comment le Christ a-t-il aimé l'Église ? En mourant pour elle. Le Christ a dit qu'il n'était « pas venu pour être servi mais pour servir » et pour donner sa vie pour son Épouse (Mt 20, 28).

Par conséquent, que signifie, pour une femme, « se soumettre » à son mari ? Cela signifie laisser son mari l'aimer. Femmes, mettez-vous sous la mission de votre mari qui consiste à vous aimer comme le Christ a aimé l'Église. Comme le dit Jean-Paul II, « la soumission de la femme au mari, entendue dans le contexte du passage entier (5, 22-33) de l'épître aux Éphésiens, voudrait dire surtout *éprouver l'amour*. D'autant plus que cette *soumission* se réfère à l'image de la soumission de l'Église au Christ, qui consiste à coup sûr à *goûter* son amour »[23].

Quelle femme ne souhaiterait pas recevoir un tel amour de la part de son mari ? Quelle femme ne voudrait pas se soumettre à son mari, si celui-ci prenait vraiment au sérieux sa mission de l'aimer comme le Christ a aimé l'Église ? Trop souvent, ce sont les maris qui veulent que leur femme prenne à cœur ce passage des Écritures. Je pense que c'est à nous, les hommes, qu'il incombe de le faire en premier.

23. Jean-Paul II, *Homme et femme il les créa, op. cit.*, p. 506.

17. Jésus n'a-t-il pas dit qu'il n'y avait pas de mariage après la résurrection ? Pourquoi ? Est-ce que cela signifie que ma femme et moi ne serons plus ensemble au Ciel ?

Au chapitre 22 de l'Évangile selon Matthieu (voir aussi Mc 12 et Lc 20), les Sadducéens, un groupe de juifs qui ne croient pas à la résurrection des morts, viennent voir Jésus. Ils ont mijoté un scénario-piège qui, pensent-ils, va l'acculer à nier lui aussi la résurrection. Voici le scénario. Un homme avait une femme et il mourut. Un de ses frères l'épousa pour donner une descendance à son frère décédé, mais il mourut à son tour. L'histoire se répéta jusqu'à ce que les sept frères eussent tous épousé, l'un après l'autre, la même femme. Les Sadducéens demandent alors à Jésus de qui la femme sera l'épouse à la résurrection.

Le Christ répond : « Vous êtes dans l'erreur, en ne connaissant ni les Écritures ni la puissance de Dieu. À la résurrection, en effet, on ne prend ni femme, ni mari » (v. 29-30).

Pour beaucoup, cette réponse du Christ a un goût amer. Pourquoi ? Parce que nous ne connaissons ni les Écritures ni la puissance de Dieu. Si c'était le cas, nous nous réjouirions à ces paroles. L'affirmation du Christ n'est pas une dévaluation du mariage ; il souligne plutôt la finalité ultime et la signification de ce merveilleux sacrement.

Dans cette vie, le mariage a pour but de nous conduire au Paradis où nous célébrerons pour toujours les « noces de l'Agneau » (Ap 19, 7), le mariage du Christ et de l'Église. C'est le plus grand désir du cœur de l'homme : vivre dans la béatitude éternelle de l'intimité « sponsale » avec Dieu lui-même. Aussi merveilleux que puisse être le mariage dans cette vie, il n'est qu'un signe, un avant-goût, un *sacrement* de cette joie à venir. Le mariage terrestre est simplement une préparation au mariage céleste.

C'est la même chose avec tous les sacrements. Ils nous préparent au Ciel. Au Ciel, il n'y aura plus de sacrements parce qu'ils se seront tous réalisés. Les êtres humains n'auront plus besoin de signes pour leur indiquer le paradis, puisqu'ils y seront. Imaginez des panneaux de signalisation. Si votre destination est Denver, une fois arrivé vous n'avez plus besoin d'un panneau pour vous indiquer la direction !

Serez-vous avec votre épouse au paradis ? Bien sûr, si vous acceptez tous les deux la proposition de mariage du Christ et que vous vivez dans la fidélité au Seigneur dans cette vie. En fait, tout être humain qui accepte l'invitation au repas des noces célestes sera en communion la plus intime avec tous les autres.

C'est ce que nous appelons la « communion des saints ». Au paradis, tout ce qui nous séparait et nous divisait sur la terre sera supprimé. En tant qu'unique Épouse du Christ, nous vivrons tous dans une *communion* céleste *de personnes*. En tant qu'unique Épouse du Christ, nous vivrons dans le bonheur extatique de l'union consommée avec notre Époux, le Christ, notre Seigneur. Nous *connaîtrons* Dieu et le verrons tel qu'il est, face à face (*cf.* 1 Co 13, 12). Comme le dit le *Catéchisme*, l'Église « aspire à être, dans la gloire du ciel, unie au Christ, son Époux », où elle « [se] réjouira avec [son] Bien-aimé, dans un bonheur et un ravissement qui ne pourront jamais finir »[24].

24. *CEC*, n° 1821.

4

Avant de dire « oui »

La chasteté en dehors du mariage

> La personne qui ne décide pas d'aimer pour toujours éprouvera de grandes difficultés à aimer vraiment, ne serait-ce qu'un seul jour.
>
> Jean-Paul II[1]

Il est temps de passer à présent aux « choses sérieuses » de la morale sexuelle. Si ce chapitre traitera principalement des questions et objections intéressant les personnes non mariées, nous aborderons également des sujets qui concernent tout autant les gens mariés. Donc, même si vous êtes déjà marié, ne passez pas tout de suite au chapitre suivant.

Dans une discussion sur la morale, on ne peut éviter de parler de choses à faire ou à ne pas faire. Mais ne nous trompons pas : la morale ne doit pas être considérée comme une manière *minimaliste* d'être disciple du Christ. L'idée n'est pas de savoir jusqu'où nous pouvons nous aventurer sans nous rendre coupables d'un mal.

1. Jean-Paul II, "*The Love within families*", p. 799. Traduction proposée par le traducteur.

Si telle est notre perspective, nous serons incapables d'accueillir l'enseignement de l'Église comme une bonne nouvelle. Au contraire, nous le considérerons avec suspicion. Nous n'y verrons qu'un code moral arbitraire qui interdit les choses que nous voulons *vraiment*, qu'un fardeau imposé de l'extérieur qu'il est difficile, voire impossible, de porter victorieusement. C'est ce que nous ressentirons presque inévitablement si nous ne faisons pas la rencontre personnelle du Christ, une rencontre qui change la vie.

Celui dont le cœur a été transformé par le Christ ne cherche pas à « s'en tirer » le mieux possible. Il cherche toujours ce que veut dire suivre le Christ, modèle d'amour et de don de soi. Il ne voit pas l'enseignement de l'Église comme quelque chose d'imposé mais le reconnaît pour ce qu'il est : la vérité de l'amour que Dieu a inscrite dans notre être même.

Lorsque le Christ est désiré pour ce qu'il est, les enseignements de son Église ne sont pas suspectés ou vus comme autant d'obligations d'*être à la hauteur*. Ils sont considérés avec confiance comme la norme *en-deçà* de laquelle il ne faut pas *tomber* si l'on cherche le véritable amour, la vraie joie, l'authentique épanouissement. Cet éclairage étant fait, il est bon de prier, au moment d'aborder ces questions importantes :

Seigneur Jésus,
aide-moi à voir que les enseignements moraux de ton Église ne sont pas les normes impersonnelles et imposées d'un code moral arbitraire, mais qu'elles sont ton projet même inscrit dans mon cœur d'homme/de femme, projet par lequel je peux découvrir la signification de la vie et de l'amour. Attendris mon cœur pour que je puisse recevoir et vivre la vérité qui me rend libre.
Amen.

1. Qu'est-ce que la chasteté ?

Le terme « chasteté » tend à être connoté négativement, c'est vrai. Il a besoin d'être réhabilité. Pour beaucoup, il est synonyme d'une approche répressive de la sexualité, d'un : « Tu ne dois pas faire ça, un point c'est tout ». La réalité est tout autre : la chasteté est une vertu positive car elle ordonne nos désirs, nos pensées et nos attitudes sexuelles à la vérité de l'amour authentique.

La chasteté n'est pas d'abord un *non* au sexe illicite. Elle est avant tout un grand *oui* à la vraie signification de la sexualité, à la bonté d'être créés homme et femme à l'image de Dieu. La chasteté n'est pas répressive. Elle est au contraire totalement libératrice. Elle nous libère de notre tendance à utiliser les autres pour notre satisfaction personnelle et nous permet de les aimer comme le Christ nous aime. Par conséquent, la vertu de chasteté est essentielle si nous voulons découvrir et accomplir la vraie signification de notre être et de notre existence.

2. Pourquoi deux adultes consentants qui s'aiment ne pourraient-ils pas avoir des relations sexuelles ? Après tout, quelle différence cela fait-il d'avoir un certificat de mariage ?

Deux adultes consentants qui ne sont pas mariés sont *capables* d'avoir des relations sexuelles. La question est : est-ce *bon* pour eux de le faire ? Que se disent-ils en ayant des relations sexuelles ? Est-ce que cela correspond à la vraie signification de l'amour ? Est-ce cela, aimer ?

L'amour n'est pas quelque chose d'arbitraire. L'amour n'est pas ce que je veux qu'il soit. L'amour ne se réduit pas à éprouver des sentiments pour quelqu'un. L'amour n'équivaut pas à une attirance sexuelle ou à un désir sexuel à l'égard de quelqu'un. L'amour n'est pas quelque chose qui « arrive » aux gens. L'amour est une décision.

Je ne dis pas cela pour minimiser l'importance du rôle des émotions et de l'attirance. Comme l'a dit Jean-Paul II, elles sont la « matière première » de l'amour. Mais c'est une erreur de les considérer comme la « forme accomplie »[2] de l'amour. Il faut permettre à la grâce divine de donner une forme à cette matière première et de la modeler en un choix libre pour le bien de la personne aimée. Bien sûr, ce concept est étranger à notre culture contemporaine. Une scène de *L'homme qui murmurait à l'oreille des chevaux*, le film de Robert Redford, illustre bien ce que je veux dire. Une citadine stressée et malheureuse dans son couple réalise qu'elle est « tombée amoureuse » d'un cowboy décontracté et divorcé. Elle déclare alors : « Je ne voulais pas que ça arrive ». Quels que soient les sentiments qu'elle éprouvait pour ledit cowboy, voilà bien la preuve qu'il ne s'agissait pas de sentiments d'amour.

Par définition, l'amour *choisit* toujours *librement* de se sacrifier pour le bien de l'aimé. L'amour sexuel est un choix libre de se livrer au bien-aimé

2. *Amour et Responsabilité*, p. 128.

en un don de soi total, fidèle et fécond. L'union charnelle parle ce langage, le langage de l'amour de Dieu. C'est le langage du lien conjugal, le langage des consentements échangés. Tout le reste n'est qu'une piètre contrefaçon de ce que notre cœur désire vraiment.

Le langage a vocation à exprimer la vérité. Dire des mensonges est un abus et ne peut jamais être qualifié d'amour. Le « langage » du corps a lui aussi vocation à exprimer la vérité. Jean-Paul II parle même du « prophétisme du corps ». Le corps est un « prophète » parce qu'il parle le langage de Dieu, qui est amour.

Nous devons cependant veiller à faire la distinction entre les vrais et les faux prophètes[3]. Deux « adultes consentants » qui ont des relations sexuelles sans être engagés dans le mariage sont de « faux prophètes ». Avec leur corps, ils disent : « Je suis à toi pour toujours, librement, totalement et dans la fécondité », mais en réalité, ce n'est pas vrai. Ils se mentent l'un à l'autre.

Deux adultes consentants qui s'aiment *vraiment* et veulent exprimer cet amour dans l'union charnelle sont deux adultes qui veulent consentir au mariage. Par amour l'un pour l'autre, par décision de ne jamais se mentir l'un à l'autre, ils ne parleront pas le « langage » de leurs corps dans l'union charnelle, tant que ce langage ne sera pas l'expression de l'engagement qu'ils *auront pris* en échangeant leurs consentements.

Quelle différence apporte un certificat de mariage ? En soi, pas grand-chose. C'est seulement un bout de papier. Mais ce bout de papier indique que Dieu a établi le lien du mariage entre les époux. Et c'est ce lien qui fait toute la différence ! Lorsque les mariés échangent leurs consentements devant l'Église, il ne s'agit pas simplement de la reconnaissance officielle de quelque chose qui existe déjà entre eux. Au moment où ils échangent leurs consentements, les mariés vivent une transformation fondamentale. Ils *deviennent mari et femme* en ce lieu et à cet instant – et seulement en ce lieu et à cet instant. Ce qui n'existait pas cinq minutes auparavant existe désormais : un lien conjugal scellé par l'Esprit Saint, un lien qu'une fois consommé rien ne pourra jamais dissoudre, sauf la mort.

La relation sexuelle est l'expression de *ce* lien. C'est le signe visible de cette réalité invisible. Si ce lien n'existe pas entre un homme et une femme, leur relation sexuelle est complètement vidée de sa raison d'être.

---

3. *Cf.* Jean-Paul II, *Homme et femme il les créa, op. cit.*, p. 579.

Indépendamment de la passion, des émotions ou des sentiments qui peuvent être mis en jeu, ces unions charnelles ne peuvent jamais être des actes d'amour authentique. Si le couple comprend ce que signifient la sexualité et le mariage, s'il vit en respectant cette signification, avoir des relations sexuelles avant que Dieu ait établi le lien du mariage entre eux – avec leur consentement – est *impensable*[4].

Un couple qui a des relations sexuelles régulières avant le mariage et ne voit rien de mal à cela, montre qu'il n'a pas compris la signification de la sexualité et du mariage. Dans ces conditions, il est très probable que ce couple ne parvienne pas à saisir du tout la signification du lien conjugal. L'un et l'autre auront tendance à réduire le mariage à un bout de papier – un « certificat » – et continueront à avoir des relations sexuelles comme ils l'ont toujours fait.

Le fait qu'ils soient désormais mariés ne fait pas automatiquement de leur union sexuelle ce qu'elle est appelée à être. Le sexe remplit sa vocation uniquement s'il exprime l'engagement à un don de soi libre, total, fidèle et fécond. Bon nombre de couples mariés ont des relations sexuelles qui, en réalité, sont une violation des consentements qu'ils ont échangés. Le fait que cela se produise après le mariage ne rend pas la chose légitime.

Au lieu de réduire la discussion à une opposition entre sexe *avant le mariage* et sexe *après le mariage*, il est plus exact de parler d'une opposition entre sexe *non conjugal* et sexe *conjugal*. Pour des personnes non mariées, il est impossible d'avoir des relations sexuelles conjugales ; elles n'ont pas de lien conjugal à exprimer, pas de consentements à renouveler. D'un autre côté, l'existence d'un lien conjugal ne garantit en rien que la relation sexuelle sera conjugale. Il n'empêche que ce lien est absolument requis pour qu'elle puisse l'être.

---

4. « Tout cela est bien sérieux », me direz-vous. Oui, c'est très sérieux ! « Peu de gens voient les choses ainsi », me direz-vous encore. Vous avez raison. En matière de sexualité, notre culture nous bombarde continuellement de messages aux antipodes de celui-ci. Et les Catholiques, comme les autres Chrétiens, n'y ont pas échappé.
Une étude que j'ai menée dans l'archidiocèse de Denver indique que 91 % des couples qui suivent un parcours de préparation au mariage dans l'Église catholique ont ou ont eu des relations sexuelles avant le mariage. La même étude indique que cet état de fait provient davantage d'une méconnaissance de la vision de l'Église sur la sexualité que d'un refus de celle-ci. Lorsqu'elle est présentée et expliquée, la majorité des personnes y répondent positivement.
En effet, le message de l'Église n'est pas une condamnation. C'est un appel à vivre une vie nouvelle dans le Christ. C'est une invitation. C'est attirant. C'est ce que désire le cœur humain parce que c'est la vérité à laquelle aspire tout cœur humain.

3. J'ai été dans une école catholique pendant douze ans et je n'ai jamais entendu ce que vous dites là. Pourquoi ?

C'est une question que l'on me pose très souvent lors des conférences que je donne. La réponse est complexe. Ce que l'on peut déjà dire, c'est que de nombreux éducateurs dans l'Église ont eux-mêmes été leurrés, à un degré plus ou moins grand, par la mentalité prédominante. Il est assez courant que des enseignants ouvertement en désaccord avec l'enseignement de l'Église occupent des postes importants au sein des séminaires, des écoles supérieures et des universités catholiques. Le même problème existe dans beaucoup de lycées, collèges et écoles primaires catholiques, ainsi que dans les programmes paroissiaux d'éducation religieuse.

Ce n'est pas être alarmiste que de dire qu'il existe une crise au sein de l'Éducation catholique. En réponse à cette crise, Dieu a béni son Église en lui donnant un pape qui a fait plus que tout autre pape de l'histoire pour défendre et expliquer l'enseignement catholique sur la sexualité. Jean-Paul II a apporté à l'Église une vision de la dignité et de la signification du corps humain et de l'union sexuelle jamais formulée auparavant. Même si ceux qui l'écoutent semblent être peu nombreux, je pense que nous sommes sur le point de vivre une nouvelle révolution sexuelle et que les idées révolutionnaires de ce pape imprégneront un jour le tissu de la communauté catholique et, de fait, de toute la société. Ce n'est qu'une question de temps.

C'est ce que confirme George Weigel dans sa biographie de Jean-Paul II. Il décrit la théologie du corps du pape comme une « bombe à retardement [théologique] qui pourrait exploser, avec des effets spectaculaires, au cours du troisième millénaire de l'Église. Quand cela arrivera, peut-être au XXIème siècle, la théologie du corps sera probablement regardée comme un tournant, non seulement dans la théologie catholique, mais aussi dans l'histoire de la pensée moderne »[5].

Moi-même je suis frustré de ne pas avoir connu la richesse et le bon sens de l'enseignement de l'Église, et ce malgré mes douze années d'école catholique. Pour une large part, le message se résumait à : « Ne faites pas ça ». Moyennant quoi, qu'est-ce que j'ai fait ? Tout le contraire, bien entendu !

Si on m'avait enseigné combien la vision catholique de la sexualité et du mariage est merveilleuse et belle, peut-être aurais-je pensé que cela valait

5. George WEIGEL, *Jean-Paul II, Témoin de l'espérance*, paris, JC Lattès, 2000, p. 427.

la peine d'attendre. Peut-être cela m'aurait-il épargné la douleur que j'ai infligée, à moi-même et aux autres. Malgré cela, quand je parle d'un Dieu miséricordieux qui peut nous pardonner, nous guérir et nous relever, ce n'est pas de la théorie. Je l'ai vécu et je continue de le vivre, avec la grâce de Dieu, pour grandir et m'approcher de la lumière jour après jour.

4. Comment puis-je retrouver cette vision de la sexualité, si je suis déjà passé à côté ?

À la lumière de la rédemption que le Christ nous a obtenue, rien n'est complètement « fichu ». Rien de ce que nous avons pu faire ne saurait être plus puissant que le Croix du Christ. Lorsqu'il est mort, il a pris avec lui toute notre humanité blessée par le péché et il est ressuscité des morts afin que nous puissions vivre une vie nouvelle (*cf.* Rm 6, 4).

Jésus « s'est fait péché » afin que nous puissions devenir justice de Dieu (*cf.* 2 Co 5, 21). Cela signifie que « le renouvellement de [notre] jugement est toujours possible (*cf.* Rm 12, 2). La conversion est toujours possible. Il est toujours possible, quelle que soit la profondeur du fossé dans lequel nous nous trouvons, de faire demi-tour, de marcher vers la lumière et de connaître la vie nouvelle.

Je me permets de paraphraser les paroles de saint Paul aux Romains. Je vous exhorte donc, frères, par la miséricorde de Dieu, à offrir votre sexualité en sacrifice vivant, saint, agréable à Dieu. Et ne vous modelez pas sur le monde présent, mais que le renouvellement de votre jugement vous transforme et vous fasse discerner quelle est la volonté de Dieu pour votre sexualité, ce qui est bon, ce qui lui plaît, ce qui est parfait (librement adapté de Rm 12, 1-2). Vivre selon le plan de Dieu vous donnera la joie et le bonheur que vous avez cherchés toute votre vie.

Tout le reste est imposture.

Oui, les enseignements du Christ sont difficiles ! Il ne faut jamais sous-estimer cette difficulté. Combien parmi nous sont capables, par leurs propres forces, d'aimer leurs ennemis ? J'ai déjà assez de mal à aimer mes amis ! Combien parmi nous sont capables, par leurs propres forces, de ne *jamais* laisser la convoitise prendre pied dans leur cœur ?

Il semble y avoir ici un dilemme fondamental : le Christ nous dicte sa volonté… pour nous faire prendre conscience que nous sommes incapables de la faire. Mais lorsque les disciples expriment leur incapacité, que répond Jésus ? « Pour les hommes c'est impossible, mais pour Dieu tout est possible » (Mt 19, 26).

Prions donc :

Seigneur, aide-moi, je t'en prie. Donne-moi la grâce de te faire confiance de tout mon être – avec tout ce que je suis, corps et âme. Je te donne mes espoirs et mes peurs, mes réussites et mes échecs, mes forces et mes faiblesses, mes péchés, mes aspirations et mes désirs. Je dépose tout cela à tes pieds. Aide-moi à être l'homme, la femme que tu as voulu que je sois en me créant. Renouvelle mon jugement pour que je puisse voir le grand don que tu nous as fait de la sexualité et du mariage, tels que tu les as créés. Je sais que je ne peux pas faire ta volonté par moi-même mais j'ai confiance que tu peux combler mes manques. Amen.

5. Nous sommes fiancés. Dans notre cœur, nous savons que nous nous sommes déjà engagés l'un envers l'autre pour la vie. Pourquoi ne pas exprimer cet engagement dans la relation sexuelle ?

Regardons à nouveau ce qu'exprime l'union sexuelle. Elle est l'expression visible (physique) du lien conjugal invisible (spirituel). C'est dans l'union sexuelle que les paroles de l'échange des consentements prennent chair. Elle fait partie intégrante du signe du sacrement de mariage qui, pour les catholiques, n'a lieu que lorsque les mariés ont échangé des consentements valides, en présence d'un prêtre ou d'un diacre et de deux témoins. Il ne s'agit pas seulement d'exprimer le sentiment que l'on s'est « déjà engagé » dans son cœur.

Ce sentiment est compréhensible. Je me souviens combien je me sentais engagé envers Wendy lorsque nous étions fiancés. Il est vrai de dire que les fiancés, à un certain niveau, sont « déjà engagés ». Engagés en vue de quoi ? En vue de se marier, autrement ils ne seraient pas en train de projeter un mariage. Mais les fiancés doivent également reconnaître qu'*ils ne sont pas encore mariés*, autrement ils ne seraient pas en train de projeter un mariage.

Combien je me sentais engagé envers Wendy lorsque nous étions fiancés importe peu : elle n'est pas devenue ma femme tant que l'Esprit Saint n'a pas établi le lien du mariage entre nous. Cela ne s'est pas produit lorsque je l'ai demandée en mariage et qu'elle a dit oui. Cela ne s'est pas produit lorsque nous avons rencontré le prêtre pour discuter des dates de la cérémonie et de la préparation au mariage. Cela ne s'est pas produit lorsque nous avons réservé le lieu de réception et envoyé les faire-part. Cela ne s'est pas produit non plus à la répétition à l'église, la veille au soir.

Tout cela indiquait clairement que nous avions pris l'engagement de nous marier, mais ce n'était pas encore un engagement absolu et irrévocable. Nous étions tous les deux libres de faire marche arrière à tout moment, jusqu'à l'instant précis où nous avons échangé nos consentements à l'église. C'est à ce moment-là que l'Esprit Saint a établi entre nous le lien du mariage. Lorsque nous avons consommé notre mariage, nous savions que nous scellions et achevions là le lien spirituel établi entre nous un peu plus tôt dans la journée.

C'est cela, la joie du sexe sacramentel ! Attendez le grand jour ! Si vous avez déjà des relations sexuelles, il n'y aucune raison de ne pas vous arrêter. Allez vous confesser (si vous êtes catholique) et attendez que votre union physique soit une sincère expression du lien spirituel du mariage. C'est l'une des *meilleures* choses que vous puissiez faire pour préparer ce merveilleux sacrement.

6. Mon futur fiancé et moi-même avons tous les deux des parents divorcés. Avant de prendre un engagement sérieux, nous avons donc décidé d'emménager ensemble pour voir si nous sommes compatibles. Dans notre situation, cela semblait être la meilleure chose à faire. Pourquoi l'Église dit-elle que nous « vivons dans le péché » ?

À première vue, « faire un essai » avant l'engagement sérieux et permanent du mariage semble être une bonne idée. Néanmoins, comme l'a solidement établi une recherche sociale en plein développement, « vivre ensemble » est plus souvent une préparation au divorce qu'une préparation au mariage. Les études indiquent un risque de divorce beaucoup plus élevé chez ceux qui vivent ensemble avant le mariage que chez les autres[6].

6. Larry Bumpass et James Sweet, *Cohabitation, Marriage, and Union Stability : Preliminary Findings*, Center for Demography and Ecology, University of Wisconsin, 1995, art. n° 95 ; Alfred DeMaris et Vaninadha Rao, *"Premarital Cohabitation and Subsequent Marital Stability in the United States : A Reassessment"*, *Journal of Marriage & the Family* 54 (1992), p.179-190. NdE : Voir aussi Myriam Terlinden, *Vivre ensemble ou se marier ?*, Éd. de l'Emmanuel, 2013.

Ce phénomène ne peut se comprendre pleinement que dans le contexte plus large d'un abandon généralisé de l'enseignement chrétien sur la signification de la sexualité. Un couple qui cohabite « vit dans le péché » non pas tant parce qu'elle et lui vivent sous le même toit, mais parce que, dans la plupart des cas, tous deux ont pris la décision publique d'avoir des relations sexuelles en dehors du mariage. Même si cohabiter avant le mariage pose d'autres questions, le problème essentiel réside dans la mauvaise compréhension et le mauvais usage du sexe qu'un tel choix révèle. C'est pour cela que ceux qui sont sexuellement actifs sans cohabiter ont eux aussi beaucoup plus de chances de divorcer. Une étude, par exemple, montre que les couples qui ont commencé par avoir des relations sexuelles avant le mariage ont trois fois plus de chances de divorcer que ceux qui ont attendu jusqu'après la cérémonie de mariage[7].

La société a confisqué à la plupart d'entre nous les outils qui permettent de comprendre et d'embrasser la vraie signification de la sexualité. Nous grandissons dans un monde qui a presque complètement rompu le lien inhérent établi par Dieu entre l'union sexuelle et le mariage. Pour beaucoup, l'idée que des fiancés puissent se marier en étant vierges semble archaïque. De fait, il n'est pas rare que le mari et la femme aient eu chacun plusieurs partenaires sexuels avant de se rencontrer.

Rien de tout cela n'est hors de portée de l'amour rédempteur et guérisseur du Christ. Il n'empêche, un homme et une femme qui s'engagent dans le mariage en ayant déjà eu des relations sexuelles, que ce soit l'un avec l'autre ou bien avec un(e) autre, s'ils n'abordent pas cette question, rencontreront *inévitablement* des difficultés et ne sauront peut-être jamais que la douleur qu'ils traversent est le résultat des blessures causées par ces relations sexuelles illicites. Ce n'est pas une coïncidence si la hausse spectaculaire du taux de divorce correspond à la hausse spectaculaire des relations sexuelles hors mariage. Voici quelques raisons plausibles qui, selon moi, peuvent expliquer cette corrélation :

- Se laisser aller à une relation sexuelle dissoluble, sans engagement à une fidélité perpétuelle, et fermée à la vie[8], ne peut pas préparer un

7. J. D. Teachman, J. Thomas et K. Paasch, "*Legal Status and the Stability of Coresidential Unions*", in *Demography,* nov. 1991), p. 571-583.

8. Les relations sexuelles avant le mariage impliquent presque toujours un recours aux moyens contraceptifs. Même si un couple qui a des relations sexuelles sans être marié avait le désir de concevoir un

couple à entrer dans une relation sexuelle (mariage) qui exige l'indissolubilité, la fidélité de toute une vie et l'ouverture à la fécondité. En choisissant régulièrement d'adopter ce comportement, le couple démontre qu'il est en réalité *mal préparé* à l'engagement du mariage, parce qu'il est « entraîné » sur le plan psychologique à pratiquer l'opposé.

• L'amour authentique est prêt à tout sacrifier pour le bien du bien-aimé. Surtout, il n'incite pas l'autre à faire le mal. Avoir des comportements gravement désordonnés et encourager la personne que l'on aime à les partager est une attitude diamétralement opposée à l'amour authentique. Au minimum, cela manifeste une ignorance flagrante de la signification et de l'exigence de cet amour qui doit être le fondement du sacrement de mariage.

• La volonté d'avoir des relations sexuelles avant le mariage dénote une acceptation implicite des relations sexuelles en dehors du cadre du mariage. Il n'est donc pas surprenant que les études indiquent un taux d'adultère beaucoup plus élevé chez les couples ayant eu des relations sexuelles avant le mariage[9] – l'adultère étant, comme chacun sait, l'une des principales causes de divorce.

• L'activité sexuelle avant le mariage installe une habitude de recherche du plaisir personnel qui nourrit certains vices (luxure, orgueil, égoïsme, malhonnêteté, méfiance, paresse et autres), ceux-là mêmes qui sapent et, s'ils ne sont pas traités, détruisent la relation saine entre mari et femme.

• L'amour requis pour le sacrement de mariage demande beaucoup de pureté, d'humilité, de désintéressement, d'honnêteté, de confiance et d'esprit de sacrifice. Ces vertus peuvent être instaurées *uniquement* en embrassant la vertu de chasteté, c'est-à-dire le respect en actes de la vérité et de la signification de la sexualité en dehors *et au sein* du mariage.

enfant, il ne pourrait pas être considéré comme pleinement « ouvert à la vie ». L'ouverture à la fécondité est par essence conjugale, c'est-à-dire qu'elle reconnaît le droit de l'enfant à être conçu par des parents qui se sont déjà engagés, par le mariage, à l'élever dans un environnement stable et aimant.

9. *Cf.* "*Sexual Exclusivity Among Dating, Cohabiting, and Married Women*", *Journal of Marriage & the Family* 58 (1996), p. 33-47.

- L'intimité sexuelle brouille le jugement d'un couple sur sa relation, l'empêchant de parvenir à l'évaluation objective essentielle au discernement d'une authentique vocation au mariage.

- Par leur choix, les couples qui cohabitent et ceux qui sont sexuellement actifs par ailleurs se privent de la plénitude de la grâce de Dieu dans leur vie. Sans cette grâce, il est impossible pour un homme et une femme de s'aimer l'un l'autre comme ils sont appelés à le faire, c'est-à-dire en imitant le Christ.

Tous ces facteurs contribuent à détruire les hommes et les femmes en tant qu'individus, ainsi que toute relation qu'ils partagent. Si ces points ne sont pas abordés, essayer d'établir un mariage revient à construire une maison sur du sable (*cf.* Mt 7, 26). Mais cela ne doit pas être cause de désespoir.

Que la liste de nos péchés soit longue ou non n'a pas d'importance. Le Christ n'est pas venu pour nous condamner mais pour nous sauver. Le Christ peut nous pardonner. Le Christ peut nous restaurer. Le Christ peut guérir nos blessures. Le Christ peut nous apprendre comment aimer. Mais il ne peut tout cela que si nous le laissons faire.

Donc, si vous voulez vraiment être préservés du divorce, tournez-vous vers le Christ et demandez sa grâce. Il vous la donnera sans réserve pour que vous viviez *maintenant* selon la vérité de la sexualité et du mariage. Il n'y a pas de meilleure garantie pour réussir votre mariage que de vous entraîner à l'avance aux vertus nécessaires à la réussite d'un mariage. Il n'est jamais trop tard pour commencer. Allez-y !

7. Mon petit ami et moi sommes très amoureux et très attirés l'un par l'autre. Nous ne sommes pas « allés jusqu'au bout » mais nous avons du mal à voir où se trouve la ligne à ne pas franchir. Et d'abord, y a-t-il une ligne ?

Vous vous souvenez peut-être de votre curé, d'un professeur de catéchisme ou de votre maman traçant une ligne sur l'échelle des expressions physiques de l'amour et vous disant : « Si tu franchis cette ligne, tu pèches ». Loin de moi d'ignorer la nécessité de telles « lignes » physiques, mais souvent elles ne rendent pas justice à la complexité de notre cœur humain.

C'est dans notre cœur que nous faisons l'expérience du combat entre amour et concupiscence. C'est là que nous décidons quelle force en nous influencera nos actions. Donc, avant de tracer une ligne à ne pas franchir sur l'échelle des gestes physiques de l'amour, il faut la tracer dans notre cœur. Cette ligne s'applique à *tout le monde*, dans *toute* situation et dans *toute* relation amoureuse, que l'on soit marié, fiancé ou que l'on fréquente quelqu'un.

Dans son livre intitulé *Amour et Responsabilité*, Jean-Paul II parle du principe moral qui doit guider tous les comportements humains. Il l'appelle la « *norme personnaliste* ». Formulée de manière négative, elle dit que les personnes ont une si grande dignité qu'il n'est *jamais* acceptable, en aucune circonstance, de les *utiliser* comme un moyen pour une fin. Formulée de manière positive, la *norme personnaliste* dit que la seule réponse juste à donner à une autre personne est la réponse de l'*amour*.

Dans l'esprit de Jean-Paul II, le contraire de l'amour n'est donc pas la haine. C'est l'*utilisation*. C'est sur ce point que réside le combat pour la pureté dans les manifestations physiques de tendresse. Nous devons résister à toute tentation de traiter les autres comme un moyen pour la satisfaction personnelle de nos désirs, et apprendre à les aimer pour leur bien[10].

Une fois de plus, cela souligne la nécessité d'une profonde conversion de notre cœur. Sans la perspective du plan originel de Dieu et sans la rédemption dans le Christ, tout ce que nous connaissons – ou presque –, ce sont les déformations que le péché a causées en nous. Il nous semble totalement « normal » d'utiliser les autres pour notre propre plaisir physique ou émotionnel, et nous appelons cela de l'« amour ». Notre société entretient cette attitude en l'encourageant impudemment à tous les coins de rue.

C'est en cela que consiste l'essence des déformations de la relation entre l'homme et la femme[11]. Si nous voulons découvrir et connaître l'amour véritable, nous devons gagner dans notre cœur la bataille contre la luxure, contre tout désir d'utiliser les autres pour notre satisfaction personnelle.

---

10. On n'a *jamais* le droit d'utiliser quelqu'un, même si cette personne est prête à ou *veut* être utilisée. Être conscient ou non de sa dignité humaine ne change rien à celle-ci. Si une personne n'a pas conscience de sa dignité, nous avons un devoir d'autant plus impérieux de la lui montrer par notre amour.

11. *Amour et Responsabilité*, p. 35.

Et cette victoire, bien sûr, ne peut être réalisée qu'avec l'aide de la grâce de Dieu.

Les manifestations physiques d'affection, où qu'elles se situent sur l'échelle – se tenir la main, s'embrasser ou avoir des relations sexuelles – sont censées être les signes extérieurs d'authentiques réalités intérieures. Lorsque les signes extérieurs expriment d'authentiques réalités intérieures, on goûte une satisfaction physique et émotionnelle correspondante, allant du tendre réconfort de se tenir la main à l'intensité explosive de l'orgasme dans l'union charnelle.

Ces joies sont données par Dieu. Elles figurent au nombre des joies promises par le Christ lorsqu'il nous appelle à aimer comme il nous aime, pour que sa joie soit en nous et que notre joie soit complète (*cf.* Jn 15, 11). Ainsi, ceux qui aiment comme le Christ aime et qui expriment cet amour par une manifestation d'affection appropriée à l'état de leur relation, doivent recevoir comme un don de Dieu la joie qui jaillit de cette expression.

À l'inverse, nous franchissons la ligne dans notre cœur lorsque nous recherchons cette satisfaction physique et émotionnelle comme une fin en soi, lorsque nous traitons l'autre non pas comme une personne créée pour son propre bien mais comme un moyen pour parvenir à nos fins égoïstes. Cela arrive bien trop facilement, même quand nous ne franchissons pas « la ligne rouge » sur l'échelle des gestes physiques.

Par exemple, des époux ne franchissent pas la ligne rouge lorsqu'ils s'unissent sexuellement. C'est une geste approprié à leur relation. Mais s'ils ont une relation sexuelle *uniquement* parce que « cela fait du bien » et non parce que chacun veut dire à l'autre ce que signifie l'union charnelle (« Je me donne à toi librement, totalement, fidèlement, et oui, je suis ouvert aux enfants »), ils ont franchi la ligne rouge dans leur cœur. De la même manière, deux personnes qui se fréquentent ne franchissent pas la ligne rouge sur le plan physique lorsqu'ils se tiennent la main ou qu'ils s'embrassent ; mais s'ils le font *uniquement* parce que « cela fait du bien » et non parce qu'ils veulent exprimer ce que ces gestes veulent dire, ils ont franchi la ligne rouge dans leur cœur.

Certes, se tenir la main ou s'embrasser n'a pas une signification aussi universelle ou divine que l'union charnelle. Cependant, ces gestes signifient (ou devraient signifier) au minimum : « Je te respecte profondément en tant que personne, j'ai une tendre affection pour toi et je veux te dire que tu es bon(ne) ». Ils ne devraient jamais être l'expression d'un désir d'« obtenir quelque chose » de l'autre pour ses fins à soi. Ils devraient, au contraire, être l'expression d'un désir désintéressé d'honorer l'autre pour son propre bien.

Discerner les réactions intérieures de notre cœur peut être déroutant et difficile. Étant nous aussi marqués par le péché, nous savons très bien que des éléments de recherche de soi sont mêlés à d'authentiques désirs d'aimer. Le reconnaître n'étouffe pas les gestes de tendresse. Au contraire, cela conduit à les accomplir avec toujours plus de pureté.

Une telle authenticité dans les gestes d'affection – que ce soit se tenir la main ou s'unir charnellement dans le mariage – n'est possible que si nous livrons toute notre personne sexuée d'homme ou de femme à l'amour transformant du Christ. Sans cette offrande de nous-même, nous serons inévitablement enfermé, à un degré ou à un autre, dans l'habitude d'utiliser les autres. Et parce que nous ne connaissons pas autre chose, nous ferons la tragique erreur d'appeler cela de l'« amour ».

8. N'existe-il pas, quand même, des limites physiques à ne pas franchir ?

Si, mais les poser ne doit pas être une excuse pour ne pas mener le combat dans notre cœur. Compter uniquement sur des limites extérieures est une solution de facilité qui conduit à esquiver ce combat. À l'inverse, si nous menons ce combat intérieur honnêtement et courageusement, notre cœur *saura* quelle ligne ne pas franchir et il refusera de la franchir, pour notre bien et celui de la personne aimée.

Ceci étant dit, voici quelques propositions de « limites » physiques. Je vous les donne uniquement comme un moyen pour vous aider à évaluer honnêtement ce qui habite votre cœur.

Un exemple évident de ligne à ne pas franchir pour un couple non marié, c'est la relation charnelle. Si deux personnes affirment que, après avoir sondé leur cœur avec honnêteté et courage, elles ont conclu qu'elles pouvaient avoir des relations sexuelles pour exprimer authentiquement leur relation, elles se dupent elles-mêmes. Certes, elles peuvent connaître quelque chose de l'amour dans l'union charnelle, car même dans nos expressions déformées de l'amour, il reste toujours un écho de sa vérité. Mais il est faux de dire que l'acte en lui-même est un acte d'amour. En réalité, il n'est qu'un acte utilitaire.

De la même manière, pour un homme et une femme non mariés, les gestes physiques qui visent à provoquer l'excitation en vue de l'union (caresses des parties génitales, des seins, mais aussi certains baisers prolongés) ne sont pas des expressions d'affection appropriées. Lorsqu'il est moralement impossible de s'unir, ce n'est pas faire preuve d'amour que d'exciter l'autre au point de susciter en lui l'envie irrésistible de l'union sexuelle. S'il faut fixer des limites physiques pour garder son cœur dans la rectitude, voici ce que nous pouvons dire : si dans un couple non marié l'homme ou la femme est amené à la limite de l'orgasme, a atteint l'orgasme ou est excité au point d'être tenté de se masturber, ce couple a déjà franchi la ligne rouge depuis *un bon moment* et a sérieusement besoin d'examiner son cœur et ses motivations.

Comme le dit un proverbe, il est stupide – entendez : mauvais, peu attentionné, inapproprié – de démarrer le moteur d'une voiture si vous ne savez pas conduire. Or quelqu'un qui a atteint l'orgasme ou est tenté de se masturber n'a pas seulement démarré le moteur : il l'a fait tourner un bon moment déjà...

Ce qui est en jeu ici, ce n'est pas d'adapter notre comportement à un code moral arbitraire, mais de transformer notre cœur en profondeur. L'enjeu, c'est que notre cœur n'« aime » plus comme le monde « aime », mais comme le Christ aime. Derrière toutes nos expressions sexuelles déformées, nous recherchons quelque chose d'authentique. Nous recherchons l'amour, la proximité physique, l'intimité, la joie et le plaisir – en un mot : le bonheur.

Et pourtant, combien peuvent témoigner – moi y compris – du vide, de la culpabilité, de l'isolement et du désespoir qui suivent une expérience sexuelle illicite ? Combien échouent à trouver ce qu'ils recherchent vraiment ? Notre quête du bonheur sera vaine tant que nous n'aurons pas réalisé que ce que nous recherchons ne se trouve qu'en Celui qui nous a créés.

Croyez-le ou non, Dieu nous a donné la passion sexuelle et le désir pour nous orienter vers lui. La concupiscence sexuelle et sa satisfaction ne sont qu'une pâle copie de l'amour passionné authentique et de la paix qui envahit notre âme lorsque nous le découvrons. Si, par une conversion constante du cœur, nous remettons nos convoitises au Christ en lui permettant de les transformer, nous vivons progressivement nos désirs sexuels comme désir d'aimer comme il aime. Plus nos gestes d'affection deviennent à l'image du Christ, plus nous découvrons ce que nous avions cherché en vain auparavant.

La plus simple manifestation de tendresse – un regard, une caresse ou un doux baiser – donne alors plus de joie et d'épanouissement que la plus intense des « rencontres » sexuelles illicites. Pourquoi ? Parce qu'elle est authentique. Elle est réelle. Elle est honnête. Elle exprime la vérité. Elle est appropriée au stade où nous en sommes de la relation. Elle ne cherche pas à *obtenir* quelque chose : elle cherche à donner et à *manifester*. Elle ne s'intéresse pas à sa satisfaction personnelle : elle se contente d'aimer l'autre pour lui-même et à recevoir le même amour en retour.

Une telle liberté et une telle authenticité ont un prix élevé : le prix de la croix du Christ. La luxure, l'orgueil, la recherche de soi doivent mourir en nous, si nous voulons nous élever à l'amour, l'amour vrai, l'amour pur, l'amour que nous recherchons tous sans cesse. Si nous choisissons de ne pas prendre notre croix et de ne pas suivre le Christ (*cf.* Mt 10, 38), il ne nous restera plus qu'à tenter désespérément de camoufler le vide et la déception de notre âme par le plaisir fugace d'orgasmes où nous nous utilisons l'un l'autre. Seul le cœur le plus endurci peut continuer à feindre de trouver le réconfort dans le « sentiment de bien-être » que procurent de telles expériences.

9. Il y a quand même une différence, en matière de chasteté, entre les couples qui se fréquentent et les couples fiancés, non ?

Comme le dit le *Catéchisme*, « les fiancés sont appelés à vivre la chasteté dans la continence. [...] Ils réserveront au temps du mariage les manifestations de tendresse spécifiques de l'amour conjugal »[12]. Néanmoins, il est juste de reconnaître qu'il existe un degré d'intimité approprié pour les couples fiancés, et non pour les couples qui « se fréquentent » seulement.

N'oubliez pas que les manifestations physiques de tendresse sont des signes extérieurs censés exprimer des réalités intérieures. Il y a dans le cœur des fiancés une réalité intérieure qui n'est pas présente dans le cœur de ceux qui ne le sont pas. Comme le suggère le père Paul Quay dans son bel ouvrage intitulé *Le sens chrétien de la sexualité* : « Ceux qui sont fiancés, du fait qu'ils sont engagés l'un à l'autre, même si ce n'est pas totalement,

12. *CEC*, n° 2350.

ont assez de raisons de se manifester leur amour mutuel par une étreinte ou des baisers prolongés [...] du moment, bien sûr, que cela ne conduit aucun d'entre eux au péché, qu'ils ne soient pas poussés au bout [jusqu'à l'orgasme ou la tentation de se masturber, par exemple[13]], et que leurs fiançailles ne s'éternisent pas[14] ».

Il est évident que ce conseil ne doit pas être interprété comme la permission de « pousser le bouchon » trop loin. Il suppose un engagement chrétien mature et une expérience de la liberté à laquelle nous sommes appelés en Jésus Christ (*cf.* Ga 5, 1) : la liberté d'aimer, de voir ce qui est bon, vrai et beau et de le désirer de tout son cœur.

Une telle liberté choisit *toujours* le bien des autres, en rejetant absolument toute tentation de violer ce bien. Des fiancés qui possèdent cette maturité dans la liberté sont capables d'exprimer leur affection sans craindre que l'un n'utilise l'autre pour sa propre satisfaction personnelle, sans craindre que l'un ou l'autre ne pousse le bouchon pour voir s'il ne peut pas « obtenir » plus.

À vous qui êtes sceptiques je veux dire qu'une telle liberté est vraiment possible. Je parle en connaissance de cause. Cela demande, bien sûr, une communication ouverte et sincère. Cela demande, comme nous y invite saint Paul, de veiller à ne jamais utiliser notre liberté pour satisfaire les désirs insatiables de notre nature blessée par le péché (*cf.* Ga 5, 13). S'il est vrai que nous ne devons jamais sous-estimer nos faiblesses (la conversion est une nécessité constante), nous ne devons pas sous-estimer non plus la puissance libératrice de la croix.

Malheureusement, on nous a appris à nous considérer comme des animaux incapables de se maîtriser. Certains couples pensent ainsi que, s'ils veulent rester chastes, ils ne doivent pas passer trop de temps seuls l'un avec l'autre avant le mariage. Ils ont peur, s'ils *sont* seuls, de ne pas être capables de dire non au sexe. Mais la liberté, ce n'est pas cela ! Ne nous remettons pas sous le joug de l'esclavage (*cf.* Ga 5, 1) !

Si un homme et une femme savent qu'ils se comporteront mal en étant seuls l'un avec l'autre, ils doivent éviter de se trouver dans cette situation, c'est bien clair. (Dans le langage catholique classique, cela s'appelle « éviter

13. Cette précision est de Christopher West.

14. Paul Quay, *Le sens chrétien de la sexualité*, Paris, Téqui, 1999, p. 121.

l'occasion prochaine du péché ».) Il est juste de faire l'éloge de ceux qui font des sacrifices pour éviter les tentations. Mais si la seule chose qui empêche un couple d'avoir des relations sexuelles avant le mariage est l'absence d'occasion, qu'est-ce que cela dit du désir de leur cœur ? Désirent-ils *vraiment* le bien ? Sont-ils vraiment *libres* ?

La liberté est essentielle à l'amour conjugal authentique. Si des fiancés ne sont pas capables d'exprimer leur affection d'une manière authentique, vraie et *libre* (en un mot : chaste), les choses ne changeront pas, comme par enchantement, une fois mariés. Sans cette liberté – qui ne peut être acquise qu'en expérimentant la rédemption profonde de notre sexualité dans le Christ –, l'activité sexuelle d'un couple, même marié, restera utilitaire, à un degré ou à un autre.

Prions :

> *Seigneur Jésus, viens au plus profond de mon être. Transforme mes désirs sexuels en désirs d'amour. Rends-moi chaste. Accorde-moi de connaître cette liberté pour laquelle tu es mort afin de me libérer. Amen.*

10. L'Église enseigne-t-elle vraiment que la masturbation n'est pas une bonne chose ? Est-ce aussi valable pour des adolescents qui ne font ainsi que découvrir et expérimenter leur corps ?

Oui, la masturbation est toujours un acte objectivement désordonné (pour plus d'explications sur le *pourquoi*, voir la question suivante). Néanmoins, la responsabilité des personnes peut être atténuée par l'immaturité affective, la force des habitudes contractées, l'état d'angoisse ou d'autres facteurs psychiques[15].

Il est parfaitement naturel pour des adolescents d'éprouver une certaine curiosité par rapport à leur corps qui change. Et les poussées d'hormones peuvent constituer une tentation forte d'essayer la masturbation. C'est compréhensible. Mais cela ne change pas ce fait objectif : la masturbation est un acte désordonné. Elle n'est pas conforme à notre dignité d'hommes et de femmes appelés à aimer comme Dieu aime.

15. *Cf. CEC*, n° 2352.

Si l'on doit faire preuve de compassion pour ceux qui sont enfermés dans des habitudes masturbatoires, diluer la vérité sur cet acte ne rend service à personne. En agissant ainsi, nous ne faisons que maintenir les gens enchaînés. Le Christ nous a rachetés. Cela signifie qu'il est possible de vivre selon la pleine vérité de notre sexualité.

11. La plupart des psychologues considèrent la masturbation comme une chose normale et saine. Ils vont même jusqu'à dire qu'il est malsain de *ne pas* se masturber. Pourquoi l'Église ne comprend-elle pas cela ?

Il faut bien réaliser que sans la perspective du plan originel de Dieu sur l'humanité, sans la révélation du Christ venu dans le monde pour restaurer ce dessein divin, nous regarderions inévitablement le désir sexuel à travers le prisme de notre humanité blessée par le péché. De *ce* point de vue-*là*, la masturbation semble être en effet une chose « normale », et même « saine ».

C'est « normal » d'être excité sexuellement, « normal » aussi de vouloir « relâcher » la tension sexuelle, non ? Si une partie de votre corps vous démange, vous n'allez pas attendre que cela vous rende fou, n'est-ce pas ? Vous allez vous grattez. De fait, seuls des excentriques pourraient choisir d'endurer la démangeaison plutôt que de se gratter… Cela pourrait donc devenir « malsain » de laisser la tension sexuelle s'accumuler sans la « relâcher », non ?

Il y a une certaine logique dans un tel raisonnement. En fait, il est pratiquement impossible de comprendre pourquoi la masturbation n'est pas une bonne chose si l'on reste dans ce paradigme. Si l'on veut comprendre la question de la masturbation, mais aussi la vérité de la sexualité et le vrai sens de l'amour et de la vie, il faut opérer un renversement de paradigme.

Nous sommes les héritiers d'une vision du monde – le rationalisme moderne – qui s'est enfermée sur elle-même. Nous sommes tous des nombrilistes. Nous ne savons pas regarder au-delà du physique et du visible vers le spirituel et l'invisible. Nous ne savons pas porter le regard au-delà du temporel et de l'immanent vers l'éternel et le transcendant. On regarde les étoiles et, au lieu de méditer sur la magnificence du Créateur, on réduit l'univers à des équations mathématiques. On rencontre un autre corps et, plutôt que de voir en lui une personne créée à l'image et la ressemblance de Dieu, on y voit une *chose* à utiliser et à consommer pour sa satisfaction personnelle. On rencontre les eaux profondes du désir sexuel et, plutôt que d'y voir un appel à participer au mystère divin en nageant avec un « autre » dans les eaux pures de l'amour donateur de vie, on plonge la tête la première dans son propre marécage, où l'eau est stagnante et peu profonde, et on reste coincé dans la vase d'un isolement complaisant.

Comme je l'ai fait remarquer, le sexe est symbole d'autre chose. Il est fait pour signifier efficacement l'amour libre, total, fidèle et fécond de Dieu. Il a vocation à être participation à la Communion divine des Personnes. Oui, le sexe est fait pour nous orienter au-delà des étoiles vers la Réalité ultime : Dieu. La masturbation, même s'il est facile de tomber dedans et d'en faire une habitude, ne fait que nous renvoyer à nous-mêmes. Elle exprime une vision du monde vidée de l'*altérité* transcendante de Dieu. Elle symbolise l'apitoiement sur soi-même, la peur de s'abandonner à un autre et l'isolement stérile.

C'est l'antithèse de notre appel à être image de Dieu dans une communion interpersonnelle donatrice de vie. La masturbation est le parfait exemple de l'inversion du désir sexuel causé par le péché originel. Qu'est-elle en effet, sinon un assouvissement sexuel égoïste et égocentrique ?

Une telle pratique est très révélatrice de la manière dont on conçoit sa propre sexualité, et, par-là, sa propre personne. Elle révèle une anxiété à l'égard de soi et des autres, une frustration intérieure par rapport à la vérité de son être, et un refus ou une incapacité à se donner sincèrement à un autre. La vie fantasmatique qui accompagne souvent la masturbation révèle quant à elle une insatisfaction et un retrait de la réalité.

Si quelqu'un qui a des problèmes de masturbation veut un jour se marier chrétiennement, il est absolument essentiel qu'il ou elle surmonte cette habitude par la persévérance, la prière, les sacrements, la grâce de Dieu, et peut-être les conseils d'un directeur spirituel avisé. Pourquoi ? Parce que si son élan sexuel est conditionné par le désir de se faire plaisir plutôt que de se donner à l'autre, si le plaisir de l'orgasme est séparé dans son esprit du risque d'aimer un « autre » et de la responsabilité de sa fertilité, le fait d'exprimer son consentement à l'église ne changera pas grand-chose, voire rien du tout, à ce conditionnement.

Un homme qui a pris l'habitude de se masturber, par exemple, risquera de ne faire que transférer cette impulsion égoïste sur sa femme. Il aura alors une relation sexuelle avec un rêve plutôt qu'avec la femme réelle qu'il a épousée. Est-ce cela l'amour ? Ce comportement peut-il être une expression du lien conjugal et un renouvellement des promesses du mariage ?

Les psychologues qui promeuvent la masturbation, tout comme ceux qui acceptent leurs conseils, ont été dupés. Supplions Dieu, demandons-lui la grâce de transpercer nos peurs, nos angoisses, nos frustrations intérieures. Acceptons de le laisser remettre à l'endroit tout ce qui est à l'envers en nous, même si cela fait mal.

Alors seulement nous connaîtrons la vraie joie et la vraie satisfaction que nous recherchons, la satisfaction d'avoir tout sacrifié en prenant le risque d'aimer, la satisfaction d'avoir attendu le grand amour, la rencontre avec un « autre » qui nous prépare à l'ultime rencontre avec l'Autre ultime : Dieu.

12. Que suis-je censé faire de tous mes sentiments et désirs sexuels si je ne peux pas avoir de relations et si je ne dois pas me masturber ? Parfois, j'ai l'impression que je vais éclater…

C'est le moment d'aborder la différence entre la *répression* et la *rédemption* du désir sexuel. En général, ceux qui essaient de mener une vie chaste font l'erreur d'« étouffer » leurs désirs sexuels ou de les ignorer en les cachant sous le tapis. Le problème, c'est qu'ils reviennent immanquablement, et généralement avec plus de force que la première fois.

Les sensations et les désirs sexuels sont extrêmement puissants. Les réprimer *n'*est *pas* la réponse. Pour connaître la vraie liberté et mettre notre sexualité au service de l'amour authentique, nous devons expérimenter la rédemption de notre sexualité. Nos désirs sexuels doivent être transformés dans le Christ, de sorte que nous puissions les vivre tels que Dieu a voulu qu'ils soient vécus à l'origine (voir chapitre 1).

À cause de la rupture que le péché originel a introduite entre le corps et l'âme, nous avons tous hérité de désirs sexuels désordonnés[16]. Ils peuvent s'avérer difficiles, voire parfois apparemment impossibles à contrôler. Nous devons donc nous demander : est-ce moi qui maîtrise mes désirs sexuels, ou bien est-ce l'inverse ? Si ce sont eux qui me contrôlent, alors je ne suis pas libre.

16. Le désordre des passions causé par le péché originel est appelé *concupiscence*. La concupiscence, dans son sens le plus large, excède le seul désordre de l'appétit sexuel. La concupiscence nous incline vers le péché mais n'est pas un péché en soi car elle n'est pas librement choisie. Il s'agit simplement d'un « fait » propre à la nature humaine pécheresse.

Nous devons également nous demander : quel est le sens ou le caractère de tel désir sexuel ? Est-il au service de l'amour authentique ou est-il simplement au service de ma satisfaction égoïste ?

Lorsque les désirs, passions et tentations sexuelles se présentent – et ils se présentent inévitablement –, au lieu d'essayer de les ignorer ou de les « étouffer » en les enfouissant profondément, il faut les faire sortir. Non pas au sens de les assouvir mais de les élever et de les mettre dans les mains du Christ, notre Rédempteur. Sur ce point, je vous invite à dire une prière comme celle-ci (par exemple) :

> *Seigneur Jésus, je te donne mes désirs sexuels. S'il te plaît, défais en moi ce que le péché a fait, afin que je puisse connaître la liberté et vivre le désir sexuel tel que tu l'as voulu. Amen.*

Plus nous inviterons le Christ dans nos passions et désirs pour qu'il les purifie, plus nous découvrirons que nous sommes capables de les maîtriser. Alors, de plus en plus, nous vivrons notre sexualité non pas comme le désir d'obtenir une satisfaction égoïste, mais comme le désir de nous donner en imitant le Christ. Ce n'est pas facile. Cela peut même être un combat spirituel intense (*cf.* Ep 6, 12). Laisser le Christ nous purifier implique de mourir réellement à nos passions, d'être crucifié avec le Christ pour pouvoir être ressuscité avec lui dans une vie nouvelle (*cf.* Rm 6), vie dans laquelle nous nous découvrons de plus en plus capables d'aimer comme il aime. Tel est le sens de notre sexualité.

En fait, si notre libido déformée par le péché nous pousse avec force vers le plaisir égoïste obtenu aux dépens des autres, Dieu, avec plus de force encore, veut que notre libido rachetée nous entraîne à aimer les autres comme le Christ aime. Le désir sexuel est fait pour nous mener vers l'accomplissement de l'Évangile. C'est pour cela que le pape Jean-Paul II décrit l'impulsion sexuelle comme « une orientation des tendances humaines, naturelle et congénitale, selon laquelle l'homme se développe et se perfectionne intérieurement »[17].

L'amour vrai, la vraie liberté sont possibles. Mais nous n'y parviendrons pas du jour au lendemain. Elles peuvent nécessiter un chemin long et

17. *Amour et Responsabilité*, p 38.

difficile. Néanmoins, comme le dit Jean-Paul II, le Christ nous appelle à apprendre avec persévérance et cohérence la signification de la sexualité. Il nous appelle à interpréter les réactions intérieures de notre cœur pour être à même de distinguer entre l'attirance sexuelle voulue par Dieu et la concupiscence.

Même si ces différents mouvements du cœur peuvent, dans une certaine limite, se confondre entre eux, le Christ nous appelle à les discerner. Encore une fois, ce discernement est difficile, mais, comme le précise Jean-Paul II, « cette tâche peut se réaliser et elle est vraiment digne de l'homme »[18].

Que faites-vous donc de vos désirs sexuels et de vos passions ? Donnez-les au Christ et laissez-le accomplir le miracle de la rédemption en vous. La seule chose qui risque d'éclater, c'est votre conception de la sexualité. Dans le plan de Dieu, la sexualité est encore plus grandiose que ce que nous, êtres humains blessés, pouvons imaginer.

Il ne faut pas oublier une autre chose importante : cette rédemption ne concerne pas uniquement ceux qui n'ont pas d'« exutoire légitime » à leurs désirs sexuels. Elle est pour tout le monde, les personnes mariées y compris. En aucun cas le mariage ne légitime d'utiliser l'autre pour « soulager » ses désirs sexuels désordonnés. Les époux eux aussi doivent expérimenter la rédemption de leur sexualité s'ils veulent que leurs unions soient ordonnées à l'*amour*, et non à la *convoitise*.

Voici quelques prières supplémentaires qui pourront vous aider dans vos efforts quotidiens pour grandir dans la vraie liberté d'une sexualité rachetée.

- Prière pour la pureté du cœur
  Seigneur, tu m'as créé(e) à ton image et à ta ressemblance comme homme (comme femme). Aide-moi à accepter et à recevoir ma sexualité comme un don de ta part. Tu as inscrit dans mon être même, dans ma sexualité, l'appel à aimer comme tu aimes, dans un don de moi sincère, et tu as fait de l'union de l'homme et de la femme en « une seule chair » dans le mariage un signe de ta propre vie et de ton amour dans le monde. Accorde-moi la grâce de toujours résister aux mensonges qui assaillent continuellement ce grand don qu'est la sexualité. Donne-moi la pureté du cœur pour que je puisse

18. Jean-Paul II, *Homme et femme il les créa, op. cit.*, p. 266.

voir l'image de ta gloire dans la beauté des autres, et qu'un jour je te voie face à face. Amen.

- Prière contre les tentations de convoitise
  Cette femme (cet homme) a été créé(e) à l'image et à la ressemblance de Dieu. Je ne dois jamais la (le) regarder comme un moyen pour ma satisfaction personnelle. Seigneur Jésus, accorde-moi la grâce de voir l'image de ta gloire dans la beauté de cette femme (de cet homme) et ordonne mes désirs sexuels à la vérité de l'amour. Je renonce à toute tendance à utiliser les autres pour mon propre plaisir, et j'unis mes souffrances aux tiennes sur la Croix. Amen.

13. Si j'ai des éjaculations nocturnes, dois-je me sentir coupable ?

Non. Il n'y a pas de faute morale dans ce cas. Éjaculer involontairement pendant son sommeil et se stimuler intentionnellement pour atteindre l'orgasme sont, par nature, deux choses complètement différentes.

14. Pornographie : où est le problème ?

La pornographie est attirante. Il ne sert à rien de nier cette réalité, de ne pas en tenir compte. Au contraire, il faut se demander pourquoi. Pourquoi la pornographie est-elle si attirante ? Comment se fait-il qu'elle puisse atteindre notre âme et avoir sur nous une emprise telle qu'elle semble nous aspirer avec une force irrésistible ?

Je parle en tant qu'homme, bien sûr. La pornographie visuelle est un phénomène qui concerne majoritairement les hommes. Elle exploite les mécanismes d'excitation sexuelle des hommes plus que ceux des femmes. C'est ce qui explique que le magazine *Playgirl*[19] soit beaucoup plus acheté par les hommes homosexuels que par les femmes hétérosexuelles. La plupart des femmes ne sont pas « émoustillées » en regardant des photos d'hommes nus[20].

---

19. L'équivalent, pour les femmes, du magazine *Playboy* destiné aux hommes (NdT).

20. Il existe malgré tout une sorte d'équivalent féminin de la pornographie : les romans d'amour « érotiques ». Le fait que les femmes soient beaucoup plus attirées par ces romans que par la pornographie révèle clairement quelque chose du psychisme féminin. Pour la plupart des femmes, les images seules ne suffisent pas. Elles ont besoin de l'histoire, de la romance enchanteresse, de la montée de l'émotion et du drame.

Pornographie : où est le problème ? Une fois encore, si nous restons enfermés dans notre perspective et nos désirs blessés par le péché, la réponse est : nulle part. C'est complètement « normal ». C'est « naturel ». Mais si nous laissons retentir dans notre cœur l'écho, même le plus faible, du plan originel de Dieu sur la sexualité, la pornographie illustre parfaitement à quel point nous nous en sommes écartés.

Si nous voulons un jour découvrir l'amour vrai, la vraie joie, le vrai bonheur, nous devons redécouvrir la « signification sponsale du corps » et vivre en conséquence (voir chapitre 1). Nous devons mourir à notre convoitise et faire l'expérience de la rédemption de notre corps, de notre sexualité dans le Christ. C'est la seule voie vers l'épanouissement humain véritable.

Cette rédemption n'est pas un élément mineur ou annexe du message évangélique. La rédemption du corps *est* le message évangélique. Comme le dit Jean-Paul II, la redécouverte de la signification sponsale du corps signifie toujours la redécouverte de la signification de toute l'existence, de toute la vie[21]. « C'est précisément cela la perspective de tout l'Evangile, de tout l'enseignement et même de toute la mission du Christ »[22].

Où donc est le problème avec la pornographie ? Le problème, c'est qu'elle nous prive de la signification même de la vie. Elle est un message anti-évangélique parce qu'elle cherche à nourrir précisément ces désirs sexuels déformés *contre* lesquels nous devons lutter pour découvrir le véritable amour.

Si la concupiscence est un feu que nous devons laisser le Christ éteindre, la pornographie est l'essence qui en attise la flamme. Aucun effort de rationalisation, aucune excuse du genre : « C'est normal », ou : « Les hommes resteront toujours les hommes », ne pourra changer ce qu'est la pornographie et l'influence qu'elle a sur la manière dont les hommes considèrent les femmes (et dont les femmes se considèrent elles-mêmes)[23]. Si les hommes

---

Même si socialement ces romans sont plus acceptables que la pornographie, ils n'en sont pas moins une distorsion de la relation entre l'homme et la femme. Sous des formes différentes, les deux font appel au désir blessé de satisfaire son besoin sexuel. La pornographie satisfait chez les hommes la pulsion d'être stimulé physiquement et visuellement, tandis que les romans d'amour satisfont chez les femmes la pulsion d'être stimulée émotionnellement et sentimentalement. Aucun de ces deux recours n'est sain. Aucun des deux ne nous construit dans la vérité ; au contraire, ils nous enlisent dans le mensonge.

21. Jean-Paul II, *Homme et femme il les créa*, *op. cit.*, p. 257.

22. *Ibid.*, p. 270.

23. Dans nos cultures, la plupart des hommes sont tellement conditionnés par la pornographie et, d'une manière générale, par l'image de la femme véhiculée par les médias, que les femmes subissent une immense pression pour être à la hauteur et séduisantes. La plupart de ces images de femmes ne

veulent être des hommes, ils doivent apprendre à aimer les femmes. Ils doivent apprendre à les voir non pas comme des *choses* destinées à leur satisfaction sexuelle, mais comme des *personnes* créées à l'image de Dieu.

La pornographie ne fait que nourrir en l'homme blessé par le péché son inclination à traiter les femmes comme des choses faites pour le satisfaire sexuellement. Tant qu'un homme reste pris dans les griffes de la pornographie, il se rend incapable d'aimer les femmes comme il convient. Tant qu'il reste dans ses griffes, il ne peut espérer avoir une relation saine et pure avec une femme. Il ne peut espérer se marier dans la sincérité, la fécondité et la fidélité. Les hommes qui s'adonnent à la pornographie s'émasculent eux-mêmes.

Non pas que le corps nu soit mauvais, ni que voir des images du corps nu soit mal. Ce qui est mal, c'est la convoitise qui gît dans le cœur humain et le désir de la nourrir. Ce qui est mal, c'est de présenter le corps humain d'une manière qui incite intentionnellement à la luxure et réduit l'être humain à un objet pour satisfaire la convoitise.

Comme antidote, je vous propose de regarder les corps nus peints par Michel-Ange dans la chapelle Sixtine. Au moment de la restauration de cette chapelle, le pape Jean-Paul II a demandé que soient enlevés les pagnes peints par des clercs pudibonds pour cacher le sexe de certains personnages. Pourquoi cela ? Parce que Jean-Paul II était persuadé qu'un artiste qui comprend la signification sponsale du corps humain peut le peindre nu et nous aider à voir la vraie beauté de notre être, créé dans sa masculinité et dans sa féminité à l'image de Dieu.

Cette conscience de la dignité du corps, Michel-Ange l'avait clairement. Tel *n'*est clairement *pas* le cas de Hugh Hefner ou de Larry Flint[24]. Au fond,

---

sont même pas réelles : elles sont retouchées par ordinateur pour enlever toute « tache » (en fait, toute trace d'une humanité normale).
Les femmes en sont réduites à essayer de se conformer à un canon de « beauté » absolument inatteignable. La hausse de certains troubles des comportements alimentaires chez les femmes, et même chez les jeunes filles, est un exemple manifeste des effets de la culture pornographique sur le psychisme féminin. En termes clairs et nets, la pornographie dégrade terriblement les femmes.
Le groupe de musique Tears for Fears a écrit une chanson, « *Woman in Chains* » (Femme enchaînée), qui exprime remarquablement bien la manière dont les désirs sexuels des hommes affectent les femmes. Il vaut la peine d'en méditer les paroles, notamment celles-ci : « Au plus profond de ton cœur / demeurent des blessures / que le temps ne peut guérir [...] Ce monde est devenu fou / il tient les femmes enchaînées ».

24. Hugh Hefner est le fondateur et propriétaire du magazine *Playboy*. Larry Flint est un producteur de vidéos et de magazines pornographiques.

dans la perspective de Jean-Paul II, le problème de la pornographie n'est pas qu'elle révèle trop d'une personne : c'est qu'elle n'en révèle pas assez.

Il y a dans l'âme humaine un désir profond et insatiable de connaître et de comprendre la signification du masculin et du féminin. Malheureusement, rares sont ceux qui apprennent à exprimer et à satisfaire de manière chaste et appropriée ce besoin qui vient de Dieu. Privé de la vérité, il est hélas très facile de succomber aux mensonges et de chercher à satisfaire ses besoins légitimes et sa curiosité sous des formes terriblement déformées.

C'est pour *cela* que la pornographie attire autant. C'est pour cela qu'il y a plus de sexshops que de McDonald's aux États-Unis. C'est pour cela que la grande majorité du trafic sur Internet est pornographique. C'est pour cela que l'industrie de la pornographie, pour les seuls États-Unis, rapporte plusieurs milliards de dollars par an.

L'antidote à la pornographie, c'est de remplir par la vérité ce profond besoin intérieur de connaître le sens de la sexualité. En découvrant la vérité de la sexualité, le profond mystère du plan de Dieu tel qu'il se révèle à travers nos corps, nous découvrons ce que nous avons cherché toute notre vie. Si la vérité de la sexualité habite notre esprit et notre cœur, les mensonges ne nous attirent plus parce que nous les voyons tels qu'ils sont : des contrefaçons virtuelles et vides.

Loué soit Dieu ! La vraie beauté des vrais hommes et des vraies femmes comble et éblouit bien plus le regard que les images pornographiques modifiées par ordinateur. Demandons à Dieu de nous donner les yeux pour le voir. Prions pour obtenir la vertu de pureté, que Jean-Paul II décrit comme la gloire de Dieu révélée dans notre corps[25]. « Heureux les cœurs purs car ils verront Dieu »... dans le corps humain (*cf.* Mt 5, 8).

Si vous consommez de la pornographie et êtes enfermé dans cette habitude, si vous avez été exposé un jour ou l'autre à la pornographie et cherchez à vous défaire de ses effets, si vous êtes la femme, la fiancée ou la petite amie d'un homme qui consomme de la pornographie, ne désespérez pas. Demandez de l'aide. Vous découvrirez qu'il y a de l'espoir et que vous pouvez être guéri.

25. *Cf.* Jean-Paul II, *Homme et femme il les créa, op. cit.*, p. 313.

5

Vivre le « oui »

La chasteté dans le mariage

> Toute la vie dans le mariage est un don ; mais cela devient particulièrement évident lorsque les époux, s'offrant mutuellement dans l'amour, réalisent cette rencontre qui fait des deux « une seule chair ».
>
> Jean-Paul II[1]

Si vous êtes marié, allez bientôt vous marier ou souhaitez vous marier un jour, vous devez répondre à chacune des questions suivantes :

- Avez-vous l'intention de rester fidèle aux promesses de votre mariage ?
- Si difficile que soit cette fidélité, avez-vous l'intention de rester fidèle aux promesses de votre mariage *envers et contre tout* ?
- Quelles que soient les remises en question auxquelles vous serez peut-être confronté, avez-vous l'intention de rester fidèle aux promesses de votre mariage *envers et contre tout* ?

1. *Lettre aux familles*, n° 12.

• Quel que soit le nombre de sacrifices et de grâces de Dieu qui vous seront nécessaires pour rester fidèle, avez-vous l'intention de rester fidèle aux promesses de votre mariage *envers et contre tout* ?

J'imagine que vous avez répondu *oui* à toutes ces questions. Elles ne demandent rien de plus que ce à quoi vous vous êtes déjà engagé – ou envisagez de vous engager un jour – à l'église : vivre votre « oui » sincèrement et réellement, dans le bonheur et dans les épreuves, envers et contre tout, quel qu'en soit le prix, jusqu'à la mort. Deux questions supplémentaires :

• À votre avis, un ménage dans lequel les époux sont régulièrement infidèles à leurs promesses de mariage est-il en bonne santé ?

• À l'inverse, un ménage dans lequel les époux renouvellent régulièrement leurs consentements l'un envers l'autre, renforçant ainsi leurs promesses de mariage, est-il en bonne santé ?

Jusqu'à présent, ce livre a principalement démontré que la sexualité n'est elle-même que dans la mesure où elle s'enracine dans le « oui, je le veux » de l'échange des consentements. (Vous pouvez relire le chapitre 3 pour vous remémorer ce à quoi vous dites « oui »). Tout le reste n'est qu'une piètre contrefaçon de l'amour auquel nous aspirons et que nous méritons en tant qu'hommes et femmes créés à l'image et à la ressemblance de Dieu. Le présent chapitre vise à expliquer ce que signifie concrètement être fidèle aux promesses de son mariage dans la relation sexuelle conjugale. Les deux chapitres suivants prolongeront la discussion.

Pour commencer, il ne fait aucun doute que la fidélité aux exigences de l'amour est un défi. Mais *laissez-vous prendre au défi* ! Je vous y encourage de tout cœur. Ayez le courage moral d'être fidèle aux exigences de l'amour, quel qu'en soit le prix, quelle qu'en soit la difficulté, quel qu'en soit le sacrifice. Ayez le courage de tenir bon le *oui* que vous avez répondu, du moins je l'imagine, aux questions ci-dessus. Et ayez le courage d'être cohérent, où que cette cohérence vous emmène.

Allez jusqu'au bout ! Ne vous dérobez pas. Ne tirez pas votre révérence. Ne vous cherchez pas d'excuses. Ne « cérébralisez » pas. Autorisez-vous à ressentir l'angoisse que suscite ce « oui » aux exigences de l'amour. En traversant cette angoisse, vous découvrirez la quiétude de la liberté que le Christ nous a donnée (*cf.* Ga 5, 1).

1. Pourquoi les couples mariés doivent-ils vivre la chasteté, alors que la période des fiançailles est terminée pour eux ?

Il est courant, et cependant erroné, de croire que l'Église appelle à la chasteté *jusqu'au* mariage. Quelqu'un qui a vraiment compris ce qu'est la vertu de chasteté l'aura constaté sans peine : la question posée sous-entend que les personnes mariées n'auraient pas besoin de s'aimer l'une l'autre. La chasteté n'est pas la même chose que l'abstinence. Comme nous l'avons vu, la chasteté est la vertu qui libère toutes nos pensées sexuelles, tous nos désirs sexuels et tous nos comportements sexuels de la recherche de nous-même, pour les ordonner à la vérité de l'amour authentique. Donc, si les époux veulent vraiment s'aimer l'un l'autre, la vertu de chasteté n'est pas une option : c'est une condition absolue !

Tout le monde est appelé à être chaste parce que tout le monde est appelé à aimer. La manière dont la chasteté s'exprime dépend bien sûr de l'état de vie de chacun. Pour les personnes non mariées, cela signifie l'abstinence sexuelle parce que c'est cela que l'amour authentique requiert d'elles.

Pour les personnes mariées, cela signifie que toutes les expressions sexuelles doivent être une expression sincère de l'engagement du mariage. Tout comportement qui contredirait le don de soi libre, total, fidèle et potentiellement fécond que les époux se font mutuellement à l'église, serait un affront à la signification même de la sexualité. En d'autres termes, il trahirait la chasteté.

2. Je suis marié depuis seize ans et je n'ai jamais pensé que la chasteté pouvait exister *dans* le mariage, ni vu la sexualité comme un renouvellement des promesses du mariage. Que signifie concrètement la chasteté dans le mariage ?

Indépendamment de l'âge ou du nombre d'années de mariage, il n'est jamais trop tard pour grandir dans la connaissance de la vraie signification de la sexualité, et en vivre. Nous avons un Dieu patient et miséricordieux qui veut nous rapprocher toujours plus de lui, établir une relation sponsale avec nous. Pour les couples mariés, grandir dans la sacramentalité authentique de leur relation sexuelle est une des principales manières de se rapprocher de Dieu, et l'un de l'autre.

L'effort pour faire de la relation charnelle une vraie union des personnes, un vrai sacrement de l'amour de Dieu (plutôt qu'un simple moyen de satisfaction égoïste) constitue ce que Jean-Paul II appelle « le problème interne de tout mariage »[2]. Ce sacrement de l'amour qu'est l'Eucharistie nous en offre une analogie. La communion eucharistique – analogiquement parlant, bien sûr – est aussi la consommation d'un mariage : le mariage avec le Christ. Si nous ne recevons pas le Corps du Christ valablement, nous mangeons et buvons notre propre condamnation parce que nous nous moquons de ce qu'est l'Eucharistie (*cf.* 1 Co 11, 27-29). Nous faisons les gestes mais nous ne *signifions* pas ce que nous exprimons.

De la même manière, si le mari et la femme reçoivent chacun le corps de l'autre dignement dans la relation sexuelle, leur union sexuelle devient la source même de la vie, de la sainteté et de la joie dans leur mariage. Mais si les époux se contentent de faire les gestes et ne *signifient* pas ce qu'ils disent – ou, pire encore, si d'une manière ou d'une autre ils essaient d'*annuler* ce que l'acte signifie – leur union sexuelle devient la source d'une inquiétude fondamentale au sein de leur couple, une inquiétude qui, avec le temps, subtilement ou non, va manger leur relation de l'intérieur. Une fois encore, ce n'est pas une coïncidence si la hausse spectaculaire du taux de divorce aux États-Unis coïncide avec l'abandon généralisé de l'éthique sexuelle chrétienne. On n'estimera donc jamais assez l'importance de la vertu de chasteté dans le mariage.

Comment la vivre pratiquement ? Pour répondre à cette question, il faut considérer chacun des éléments constitutifs de l'engagement du mariage. Un mariage valide doit être : 1) libre ; 2) total ; 3) fidèle ; et 4) ouvert aux enfants. Tels sont les engagements que les époux doivent renouveler lorsqu'ils s'unissent sexuellement. Prenons-les un par un.

Libre

Tout ce que fait un époux ou une épouse pour manipuler ou contraindre son conjoint à avoir des relations sexuelles, est une violation de la liberté de leur union. Le « viol conjugal » en est un exemple évident. Mais sans aller

2. *Amour et Responsabilité*, p. 212.

jusqu'à cette situation extrême, la vraie liberté de l'amour est également violée lorsque les époux utilisent le sexe comme un moyen en vue d'une autre fin.

Par exemple, le sexe peut être utilisé pour acquérir le pouvoir ou le contrôle dans la relation. Il peut être offert comme une « récompense » ou refusé en forme de « punition ». Aucune de ces attitudes ne dit : « Je veux me donner à toi librement pour signifier ta bonté et manifester notre engagement de mariage ».

La liberté est également violée, voire inexistante, lorsque la relation sexuelle n'est considérée que comme une réponse à un « besoin » compulsif de satisfaction. La liberté signifie qu'un choix se présente à vous et que vous pouvez dire oui ou non. Si vous n'êtes pas libre de dire non, votre oui est vidé de sa signification. Nous sommes appelés à grandir dans la maîtrise de nous-mêmes, de sorte que ce ne soit pas nos passions qui nous maîtrisent, mais nous qui maîtrisions nos passions.

Total

Dans l'acte sexuel, l'orgasme exprime haut et fort : « Prends-moi. Je suis totalement à toi. Je ne retiens rien. » Ce moment d'extase reflète notre abandon sans réserve à l'autre et la réception sans réserve de l'autre. Dans la mesure où nous tenons sciemment et intentionnellement une partie de nous-mêmes à l'écart de notre conjoint pendant l'acte sexuel, nous ne pouvons pas parler d'un don *total* de nous-mêmes.

Il arrive par exemple qu'un des époux soit distant ou froid à l'égard de l'autre. Les deux époux peuvent également délibérément refuser d'être transparents et vulnérables l'un avec l'autre. Il arrive aussi qu'ils ne se donnent pas du tout l'un à l'autre dans l'orgasme ; c'est le cas, par exemple, quand l'un ou l'autre des époux recherche intentionnellement l'orgasme séparément de l'acte normal d'union charnelle.

Les gestes par lesquels les époux se préparent l'un l'autre à l'union génitale (préliminaires), dans la mesure où ils sont faits par amour et non de manière concupiscente, sont honorables et bons. Mais la stimulation des parties génitales de l'autre dans le but d'atteindre l'orgasme en dehors de l'acte normal d'union sexuelle n'est rien d'autre qu'une masturbation mutuelle. Il n'y a dans ce cas ni don de soi, ni communion conjugale. Ces actes ne sont pas non plus ouverts à la conception.

Il est nécessaire de clarifier ici un point important. L'orgasme masculin est lié par nature à la possibilité de concevoir une nouvelle vie (puisqu'il vient avec l'éjaculation). Le mari ne doit donc jamais *intentionnellement* éjaculer en dehors du vagin de sa femme – étant entendu qu'une éjaculation accidentelle n'implique aucune faute morale. L'orgasme féminin, quant à lui, n'étant pas nécessairement lié à la possibilité de concevoir une nouvelle vie, il ne demande pas, dans l'absolu, à avoir lieu pendant la pénétration, pourvu qu'il se produise dans le contexte d'une union sexuelle normale, c'est-à-dire complète.

Idéalement, l'orgasme de la femme doit se produire en même temps que celui de son mari. Dans les réflexions qu'il a menées sur le sujet avant d'être élu pape, Jean-Paul II a exhorté le mari à apprendre à contrôler son orgasme afin de permettre à sa femme d'atteindre le sien en même temps que lui. Cet altruisme, dit-il, est une vertu de l'époux au service de l'harmonie conjugale[3]. Cela dit, si malgré les efforts sincères de l'un et l'autre la femme est incapable d'atteindre l'orgasme pendant la pénétration, la stimuler pour qu'elle l'atteigne par la suite (si elle le désire) est un vrai acte d'amour de la part du mari. Dans ce cas, la stimulation n'est pas en soi masturbatoire puisqu'elle a lieu dans le contexte d'une union sexuelle complète.

Fidèle

Les époux doivent être fidèles l'un envers l'autre, non seulement en acte mais aussi en pensée. Par exemple, le fait de fantasmer sur quelqu'un d'autre pendant les relations sexuelles avec son conjoint est une entorse évidente à la fidélité. En effet, au moment où les époux devraient exprimer leur ferme fidélité l'un envers l'autre, ils commettent en réalité « l'adultère dans [leur] cœur » avec quelqu'un d'autre (*cf.* Mt 5, 28). C'est une des raisons pour lesquelles l'usage de la pornographie est si dévastateur pour un couple marié. Il ne fait que nourrir et alimenter ce type d'infidélité.

Ouvert aux enfants

Dans son encyclique *Humanae Vitae*, en 1968, le pape Paul VI a réaffirmé l'enseignement constant de l'Église catholique selon lequel « tout acte matrimonial doit rester ouvert à la transmission de la vie ». Cela veut

3. *Ibid.*, p. 261 et 264.

dire que les époux ne doivent jamais rien faire *de leur propre volonté* pour fermer une union charnelle, quelle qu'elle soit, à la transmission de la vie.

Cela signifie que l'usage d'une quelconque méthode de contraception est une violation directe des consentements de mariage échangés par un couple. Cet enseignement de l'Église catholique est sans doute le plus contesté et le moins bien compris aujourd'hui. C'est pourquoi le chapitre 6 sera entièrement consacré à éclaircir cette question.

3. Êtes-vous en train de dire qu'on ne peut avoir une relation sexuelle avec sa femme que quand on veut avoir un bébé ?!

Non. Je dis que les seules fois où ma femme et moi avons une relation sexuelle, c'est lorsque nous voulons renouveler notre engagement de mariage. Il est faux de dire que l'Église catholique enseigne que le sexe est *seulement* destiné à avoir des bébés, ou que la seule raison légitime d'avoir des relations sexuelles, c'est l'enfant. Certains penseurs catholiques (comme saint Augustin) ont pu – à tort – donner cette impression.

D'autre part, la formule très ancienne selon laquelle la procréation est la « première finalité » de l'union sexuelle, a souvent été interprétée comme si la procréation était la *seule* finalité ou la seule *bonne* finalité de l'union sexuelle. Mais tel n'a jamais été l'enseignement officiel de l'Église. Pour Jean-Paul II, si la volonté d'avoir un enfant constitue la seule raison des relations sexuelles, on risque d'utiliser son conjoint comme un moyen pour atteindre cette fin, au lieu de l'aimer comme une personne[4].

Je me souviens très clairement du jour où le prêtre nous a demandé, à ma femme et à moi-même, si nous acceptions de recevoir avec amour les enfants que Dieu nous donnerait. Nous avons tous les deux répondu « oui » individuellement. La fidélité à nos promesses de mariage demande donc que nous n'*entravions* jamais *intentionnellement* la possibilité de procréer lorsque nous choisissons d'exprimer ces promesses dans l'union charnelle. En d'autres termes, un couple marié n'a pas à décider : « Nous avons des relations sexuelles dans le seul but d'avoir un enfant » – cela pourrait même, en fait, être contraire à l'amour. Pour être fidèle à ses promesses de mariage, il doit dire : « En ayant une relation sexuelle, nous savons qu'un bébé pourrait en être le fruit et nous acceptons, le cas échéant, de recevoir de Dieu

4. *Cf. Amour et Responsabilité,* p. 221.

ce bébé avec amour». Comme Jean-Paul II le dit, «cet état de conscience suffit pour être d'accord avec le véritable amour»[5]. Le chapitre 6 proposera une discussion détaillée sur cette question.

4. Quelqu'un m'a dit que pour l'Église il n'est pas bien d'avoir des rapports bucco-génitaux, même pour les couples mariés. Est-ce vrai?

Je constate que beaucoup de consciences troublées cherchent des conseils avisés sur cette question. Je suis même prêt à parier que de nombreux lecteurs, en ouvrant ce livre, sont allés directement chercher cette question… (Si vous en êtes, lisez le reste du livre pour mieux comprendre le contexte de la réponse qui suit).

Qu'enseigne donc l'Église? Vous ne trouverez pas de déclaration officielle du Magistère sur cette question précise. Cela dit, les principes déjà soulignés dans ce livre permettent de donner des réponses solides.

Dans la vision de l'Église sur le corps et la sexualité conjugale, il n'est dit nulle part que les parties génitales sont des membres sur lesquels on ne pourrait pas déposer de baisers, dans le cadre de préliminaires intimes entre le mari et la femme avant l'union charnelle. Mais le terme de «rapports bucco-génitaux», en général, n'indique pas que cela; très souvent, il fait référence à des actes dans lesquels l'orgasme est recherché et atteint *en dehors* d'une union sexuelle complète. De fait, nombreux sont les couples qui considèrent ce type de rapport comme une *alternative* souhaitable à l'union sexuelle normale. Dans ce cas, non, ce n'est pas bien, même pour les couples mariés. Cela dit, la clarification que nous avons faite à propos de l'orgasme féminin s'applique également ici: l'orgasme mutuel (ou, au moins, l'orgasme pendant la pénétration) reste l'idéal à viser, mais il n'est pas mauvais en soi que la femme parvienne à l'orgasme suite à une stimulation buccale, pourvu qu'elle se produise dans le contexte d'une union sexuelle complète.

Le rapport bucco-génital (*i.e.* allant jusqu'à l'éjaculation) *n'*est tout simplement *pas* conjugal. Il ne produit aucune *communion des personnes* entre les époux. Il n'est la consommation de rien. Il implique une rupture entre le plaisir de l'orgasme et la responsabilité de la fertilité. Il encourage

5. *Ibid.*

une tendance du mari à chosifier sa femme. Pour ces raisons il ne symbolise et n'exprime pas l'amour libre, total, fidèle et fécond de Dieu (et il ne le peut pas). Il ne symbolise pas et ne saurait symboliser le lien du mariage ; il ne renouvelle pas et ne saurait renouveler les consentements échangés par le couple.

Il faut ajouter que si les contacts bucco-génitaux, comme préliminaires à une union sexuelle, ne sont pas mauvais *en soi*, de tels gestes requièrent cependant le plus grand degré de pureté et de révérence pour ne jamais en venir à dégrader ce qui est bon dans l'intimité conjugale. Une telle pureté *est* possible. Cela dit, en posant ces gestes intimes, il est très facile – en particulier pour les hommes – de franchir la ligne entre aimer l'autre et le convoiter, entre souligner la bonté du corps de l'autre et chercher à assouvir mes désirs primaires à ses dépens. Comme le dit le proverbe : « Du sublime au ridicule, il n'y a qu'un pas. » S'ils veulent éviter cette dégringolade, les époux doivent toujours savoir combien il est facile de franchir ce pas[6].

Il va sans dire qu'un conjoint qui n'est pas à l'aise avec ce genre de gestes ne doit jamais se sentir obligé de s'y livrer. (Une fois de plus, ce sont généralement les maris qui exercent une pression en ce sens sur leur femme). Exercer une pression sur son conjoint pour lui faire faire quelque chose qui le met mal à l'aise – même quand ce quelque chose n'est pas objectivement mauvais – dénote un manque de respect à son égard. C'est une indication claire que la limite entre l'amour authentique et la recherche de soi a déjà été franchie depuis longtemps.

5. Qu'en est-il des pratiques anales ?

Encore une fois, un époux ne doit jamais éjaculer ailleurs que dans le vagin de son épouse. Ce rappel étant fait, que peut-on dire de la pénétration anale comme forme de préliminaire à une union normale ?

En appliquant de manière légaliste le principe du « tant que cela mène à une union sexuelle normale… », certains pourraient conclure qu'en matière de préliminaires, tout est bon. Mais les époux qui s'aiment vraiment ne cherchent pas à « en profiter le plus possible », à s'aventurer jusqu'à l'extrême limite entre le respect des règles et leur « transgression » ; ils

6. *Cf.* John Harvey, "Expressing Marital Love During the Fertile Phase", *International Review of Natural Family Planning*, hiver 1981, p. 207.

cherchent à symboliser et à renouveler leur engagement de mariage aussi sincèrement que possible.

Ceux qui justifient la pénétration anale comme forme possible de préliminaire à l'union sexuelle ne peuvent pas ne pas tenir compte de certaines considérations importantes. D'abord, le rectum est tapissé de bactéries dangereuses pour les organes de reproduction masculins et féminins. Ensuite, l'anus et le rectum n'étant biologiquement pas conçus pour accueillir un pénis, la pénétration peut causer des dommages temporaires ou permanents.

D'un point de vue esthétique, une telle pratique implique en outre un contact avec les excréments humains. Ce contact est tolérable lorsqu'il est nécessaire, mais il n'a rien de joyeux, de beau ou de plaisant. Or, l'intimité conjugale est censée être joyeuse, belle et plaisante pour les deux époux. Est-ce vraiment aimer sa femme que de lui faire subir non seulement des risques pour sa santé, mais aussi de l'inconfort, voire de la douleur ?

Au sens strict, il n'existe peut-être rien pour condamner la pénétration anale – sans éjaculation – et la décréter immorale absolument et dans tous les cas. Mais du point de vue du bien des personnes, et pour toutes les raisons mentionnées ci-dessus, il est très difficile de justifier cette pratique comme acte d'amour préliminaire à une étreinte conjugale. C'est un acte qui provient bien plus de la concupiscence désordonnée que d'un désir authentique de symboliser et de renouveler l'engagement du mariage.

6. Tout cela est bien mécanique… Comme si l'expression de l'amour se réduisait à de la plomberie ! Comme s'il s'agissait d'insérer le bon membre dans le bon orifice !

Si vous avez une vision fractionnée du corps et de l'âme, une vision dans laquelle l'élément spirituel de notre humanité est la « vraie personne » et le corps une simple « coquille », alors oui, toutes ces considérations semblent assez mécaniques. Cette vision dualiste de la personne humaine fait logiquement conclure que l'« amour » s'exprime sur un « plan purement spirituel » et n'a nul besoin de se préoccuper du bon positionnement de tel ou tel partie du corps. Cette logique tient, certes, mais elle est basée sur une vision hérétique de la personne humaine, une vision absolument irréconciliable avec l'anthropologie chrétienne, avec la vision chrétienne de la nature humaine.

Comme nous l'avons dit dans les précédents chapitres, le corps est la révélation de la personne. Nous ne sommes pas des personnes *dans* un corps : nous sommes des personnes-corps. Le corps *exprime* l'âme. Il rend visible l'invisible. Ce que nous faisons avec notre corps, nous le faisons avec *notre être*. Ce que nous faisons avec notre corps révèle les sentiments de notre cœur.

Ce que nous faisons avec notre corps peut permettre de savoir si nous exprimons un amour authentique ou si nous ne faisons que le singer.

De ce point de vue, ce dont nous parlons n'est pas simple affaire de mécanique – s'assurer que nous mettons certaines parties du corps à la bonne place. Nous parlons d'un époux et d'une épouse qui, à travers tout leur corps et toute leur âme, s'aiment l'un l'autre comme Dieu aime, dans une communion de personnes donatrice de vie. Nous parlons d'un époux et d'une épouse qui expriment leur engagement de mariage et deviennent le signe sacramentel de l'union du Christ et de son Église.

Qu'est-ce qui opère cette communion sacramentelle ? Uniquement cet acte par lequel les époux deviennent « une seule chair ». Uniquement cette union fécondante des organes génitaux, accomplie « de manière humaine », dans laquelle la possibilité d'une nouvelle vie est toujours laissée entre les mains du Créateur[7].

Quand on a bien compris l'indivisibilité du corps et de l'âme – le corps exprime la personne –, on comprend que cette union des organes génitaux n'est pas la simple union de certaines parties du corps, mais le moyen par lequel deux personnes-corps sont image de Dieu en devenant *un* dans une communion donatrice de vie.

Cet enseignement révolte la plupart des gens. Cela a aussi été mon cas lorsque je l'ai entendu pour la première fois. *Qu'est-ce qu'il y a de mal à rechercher l'orgasme en dehors de l'union charnelle, dans la mesure où je le fais avec ma femme ?* pensais-je alors. Mais une autre question a aussitôt émergé : pourquoi *recherchais*-je l'orgasme en dehors de l'union charnelle normale avec ma femme ? En sondant honnêtement mon cœur, il m'a bien fallu conclure que je voulais le plaisir associé à l'orgasme, mais pas le risque de devenir père. C'était la seule réponse à cette question.

7. *Cf. Code de droit canonique*, n° 1061.

C'est le Christ qui nous enseigne ce qu'est l'amour. L'amour authentique suppose de s'abandonner à la volonté du Père. Il implique d'être prêt à accepter toute une vie de responsabilité.

L'amour vrai implique le risque. Il implique le sacrifice, la douleur, en un mot la souffrance. Si nous pensons autrement, c'est que nous n'avons pas passé assez de temps devant un crucifix. L'Époux divin livre son corps pour son Épouse. Or les maris sont appelés à aimer leur femme « comme le Christ a aimé l'Église » (Ep 5, 25).

En général, quelle est notre réaction ? « Non, je ne veux pas. Je veux le plaisir sans la responsabilité, sans le risque, sans la souffrance ». Personnellement, j'ai fini par comprendre très clairement que je résistais à l'enseignement de l'Église parce qu'il m'« acculait » à accepter, comme il se doit, la Croix du Christ.

J'ai entendu un jour un évêque expliquer que le mariage supposait quatre bagues : la bague de fiançailles (*engagement ring*), les deux alliances (*wedding ring*) et « l'anneau de souffrance » (*suffer-ring*)[8]. Comme le dit le père Paul Quay, « c'est précisément ce lien entre l'amour vrai et la souffrance que rejette le péché sexuel[9] ». Quand on est de bonne volonté, on ne peut pas ne pas voir la vérité de cette affirmation. Si nous rejetons la Croix du Christ, si nous refusons de prendre le risque d'aimer comme le Christ aime, nous trouverons au bout du compte cela même contre quoi nous avons résisté : la souffrance. Mais la souffrance que l'on goûte en résistant à la Croix est stérile, vide et désespérante, tandis que la souffrance née de l'acceptation de la Croix mène à la joie de la Résurrection, à la joie de l'amour et de la vie nouvelle.

Ô Dieu, prends pitié. Prends pitié de moi pour toutes les fois où je résiste à la souffrance de la Croix. Aide-moi à ne plus te fuir. Aide-moi à arrêter de résister au risque et à la responsabilité de l'amour. Donne-moi la grâce d'embrasser ta croix dans ma vie. Donne-moi la grâce d'aimer mon conjoint comme tu aimes ton épouse l'Église. Je compte sur toi pour me donner ta force dans ma faiblesse. Amen.

8. Ce jeu de mots est difficile à rendre en français. En anglais, *ring* signifie « bague », *suffer*, « souffrir », et *suffering*, « souffrance » (NdT).

9. Paul Quay, *op. cit.*, p. 133.

7. Est-il vrai que pour les Catholiques la « position du missionnaire » est la seule position acceptable pour avoir une relation sexuelle ?

Pour les lecteurs qui ne connaissent pas ce terme, la « position du missionnaire » désigne l'union sexuelle au cours de laquelle la femme est allongée sur le dos, et son mari étendu sur elle. Même si les explications varient, il semble que cette position ait été nommée ainsi parce les missionnaires la promouvaient, parmi les indigènes qu'ils évangélisaient, comme étant la « bonne » position, décourageant le recours à d'autres positions jugées dépersonnalisantes et animales.

Si aucune position n'est mauvaise en soi, ces missionnaires (pour autant que l'histoire soit vraie) pointaient néanmoins quelque chose d'important. Il est révélateur, par exemple, que pénétrer sa femme par l'arrière soit qualifié de pénétration « à la manière des chiens » (*doggy-style*). Ce nom évoque une approche de la sexualité qui n'a rien de personnel. Cela ne signifie pas que cette position soit mauvaise en soi mais que s'unir face à face promeut réellement le caractère personnel de l'union des époux.

Si vous vous rappelez notre discussion sur le livre de la *Genèse*, Adam a découvert qu'il était différent des animaux spécifiquement dans sa *sexualité*, dans l'appel qu'il reçoit à aimer à travers son corps. Or, quelle a été la première conséquence du péché originel ? Adam et Ève se sont cachés l'un de l'autre et de Dieu.

Ce qu'ils ont fait était en-deçà de leur dignité d'êtres humains. Dans un certain sens, en péchant, ils se sont abaissés au niveau des animaux. Dans la relation sexuelle, le mari et la femme doivent faire tout leur possible pour promouvoir une union vraiment personnelle et intime, et non s'abaisser à la simple satisfaction de leurs instincts, comme le font les animaux.

J'ai entendu dire un jour qu'intimité signifiait « vois en moi ». Si le mari et la femme ont peur de se montrer leur visage pendant l'union charnelle, c'est que quelque chose ne va pas. Ils devraient être capables de se regarder les yeux dans les yeux, précisément au moment où ils sont le plus vulnérable, au moment même de l'orgasme, et se réjouir du mystère qu'ils goûtent à se *connaître* l'un l'autre si intimement. Chaque personne est un mystère inépuisable. Si l'on aborde la relation sexuelle dans le but d'apprendre à *connaître* de plus en plus pleinement le mystère de son conjoint en tant que personne (comme Adam a *connu* sa femme Ève, *cf.* Gn 4, 1), la question de la position devient superflue.

8. Qu'y a-t-il de mal à essayer de mettre du piquant dans sa vie sexuelle en y introduisant un peu de variété ?

Allumer des bougies, créer une ambiance agréable, porter une nuisette affriolante, changer de lieu et de position, tout cela peut apporter quelque chose. Peu de couples le nieront. Mais une union sexuelle réellement « bonne » n'a rien d'*essentiel* à voir avec tout cela.

La relation sexuelle qui comble le plus est celle où un mari et sa femme se livrent inconditionnellement l'un à l'autre – et se reçoivent l'un l'autre –, dans une révélation complètement nue et sincère de leurs *personnes*. Si la relation charnelle n'approfondit pas le mystère inépuisable de l'autre, les « partenaires » vont à coup sûr s'ennuyer au lit. La manière dont la société nous formate à considérer le sexe cultive un tel ennui. D'où les milliers d'*Arts de bien faire l'amour* que l'on trouve aujourd'hui sur le marché et qui sont destinés à aider les couples à mettre du piquant dans leur vie sexuelle.

Pour la plupart, ces manuels proposent des choses qui transforment la chambre conjugale en plateau de film pornographique, au lieu d'aider les couples à faire l'expérience de Dieu et à participer à son amour. Si un homme a besoin que sa femme soit habillée comme une star du porno pour être « excité » ; si un couple a besoin de trouver sans cesse de nouvelles positions, impliquant toujours plus de contorsions, pour éviter l'ennui ; si les époux doivent devenir de simples acteurs jouant un script fantasmé par l'un ou de l'autre dans le but d'être « performants » ; si un couple est toujours occupé à chercher de nouvelles « techniques » pour augmenter son plaisir physique, au lieu de mettre toujours plus de tendresse à consolider l'union conjugale, cela veut dire que quelque chose ne tourne pas rond[10].

---

10. Dans *Amour et Responsabilité* (p. 259-267), Jean-Paul II fait une distinction entre la « technique » et la « qualité » des rapports conjugaux. Le terme même de « technique » implique une approche artificielle ou dépersonnalisante de l'intimité sexuelle. Une vraie « qualité des rapports conjugaux », à l'inverse, mène au vrai épanouissement parce qu'elle permet à l'homme comme à la femme d'entrer dans le « monde » de l'autre et de le connaître. La tendresse désintéressée (altruiste) dans les relations conjugales, dit Jean-Paul II, offre « la faculté de pénétrer les états d'âme et les expériences de l'autre et peut jouer un grand rôle dans les efforts pour harmoniser les rapports conjugaux ».
Par exemple, cette tendresse désintéressée amène le mari à comprendre que le plaisir sexuel monte plus progressivement chez sa femme que chez lui ; cette même tendresse lui inspire alors de contrôler ses réactions, de manière à permettre à sa femme d'atteindre l'orgasme en même temps que lui. Sans cette tendresse, le mari risque de chercher uniquement à soumettre sa femme aux *desiderata* de son corps à lui. Dans l'union sexuelle, les époux s'efforcent donc, toujours par amour, de se synchroniser pour pouvoir se conduire l'un l'autre à la plénitude de la joie. On est très loin de la tentative hédoniste de maximiser le plaisir.

Si vous voulez vraiment « prendre votre pied », commencez par inviter Dieu, qui *est* amour, dans votre chambre. (Ne vous inquiétez pas, il ne sera pas gêné : c'est lui qui a créé le sexe !) Laissez la lumière allumée. Renouvelez de manière consciente vos consentements avec le langage de vos corps. Signifiez ce que vous dites et dites ce que vous signifiez.

Prenez le risque de livrer tout votre être de manière *inconditionnelle* à votre conjoint. Recevez-le, recevez-la de manière *inconditionnelle*. Ce faisant, regardez-vous dans les yeux, profondément et continûment, et, au moment même où vous explosez dans l'extase d'une vraie communion de vos personnes, remerciez Dieu pour la joie que vous ressentez d'avoir été créés à son image.

9. Faire l'amour moralement ôte toute spontanéité à la chose ! Pourquoi même les couples mariés ne peuvent-ils pas se laisser aller à la passion du moment ?

Nous avons beaucoup parlé de la nécessité de changer de paradigme pour comprendre la vérité et la signification de la sexualité. Nous avons évoqué la nécessité de considérer le plan originel de Dieu, le désordre de nos passions causé par le péché originel et la rédemption de notre sexualité dans le Christ. Si un mari et sa femme suivent spontanément leurs passions désordonnées, leur amour sera obscurci par la recherche de soi. Ils finiront inévitablement par se servir l'un de l'autre.

Il est clair que l'enseignement de l'Église empêche *ce* type de spontanéité-*là*, et c'est juste. Mais, dans le même temps, le Christ nous appelle à une spontanéité différente, une spontanéité qui comble davantage, une spontanéité qui éclot lorsqu'on a d'abord fait ensemble l'effort de s'entraîner à la vérité de l'amour. Intérioriser sans cesse notre rédemption dans le Christ transforme le caractère même de nos désirs sexuels.

Plus nous ferons l'expérience de cette transformation, plus nous désirerons nous donner sincèrement ; nous le ferons alors avec un raffinement et une noblesse qu'aucune convoitise ne saura jamais susciter. Les couples *doivent* suivre la passion d'un tel mouvement, avec joie et dans un complet abandon. Ce faisant, c'est spontanément qu'ils s'abandonneront l'un à l'autre, conformément aux exigences de l'amour.

À ce propos, j'ai entendu un jour une comparaison éclairante. Quelqu'un qui n'a pas de formation peut « naturellement » taper sur le clavier d'un piano et goûter la satisfaction d'avoir fait du bruit. Mais, au bout du compte, il n'aura fait que cela : du bruit, quelque chose d'insignifiant. À l'inverse, lorsqu'un pianiste concertiste caresse « naturellement » les touches, il produit des sons d'une beauté capable d'élever l'âme au ciel, et même au-delà. Or, nous le savons tous, derrière la beauté de la musique il y a toute une vie de discipline, d'entraînement et d'efforts pour perfectionner son art.

L'effort nécessaire pour faire « naturellement » de la belle musique dans l'union sexuelle n'est pas moins exigeant. Il faut toute une vie pour devenir un « amant professionnel », et cela implique beaucoup de souffrance. Mais la joie qui en découle est si magnifique que le « bruit » des orgasmes égoïstes ne pourra jamais soutenir la comparaison.

10. Tout cela est bien lourd… Le sexe ne peut-il pas être *fun*, tout simplement ?

Le sexe, *c'est* « du lourd », justement ! Rien ne nous oblige autant que le sexe à nous préoccuper des « choses » primordiales de la vie. La manière dont nous comprenons, pensons et vivons notre sexualité a des conséquences éternelles.

Le sexe étant au sens propre la force la plus créatrice du monde visible (il n'y a rien de plus grand que le pouvoir de coopérer avec Dieu à la création de la vie humaine), il est aussi la force la plus destructrice qui soit lorsqu'il est mal employé. Le sexe nous confronte aux désirs les plus basiques et les plus puissants de notre âme. Il nous force à nous colleter avec la tension qui existe entre nos aspirations les plus élevées et nos inclinations les plus basses. Il m'oblige à choisir le bien ou le mal, l'amour ou ce qui lui est opposé, servir Dieu et les autres (mon conjoint et nos enfants potentiels) ou me servir moi-même.

Jean-Paul II va jusqu'à dire que l'union sexuelle est « une épreuve de la vie et de la mort ». « En s'unissant comme mari et femme, observe-t-il, [les époux] se trouvent dans la situation où les forces du bien et du mal se combattent et se mesurent réciproquement »[11].

Eh bien ! Ça, c'est vraiment « du lourd » ! Et en même temps, lorsque nous cessons de fuir la gravité de la sexualité et choisissons, au contraire, d'embrasser sa grandeur et sa portée éternelle, nous nous rendons compte

11. Jean-Paul II, *Homme et femme il les créa, op. cit.*, p. 610.

qu'elle ne *pèse* plus sur nous. Savoureux paradoxe ! Nous faisons l'expérience de ce que signifiait le Christ lorsqu'il a dit : « Chargez-vous de mon joug [...] et vous trouverez soulagement pour vos âmes. Oui, mon joug est aisé et mon fardeau léger » (Mt 11, 29-30).

Vivre la vérité de la sexualité est une expérience qui procure une joie intense. Rien n'est comparable à la satisfaction de vivre en accord avec celui à l'image de qui nous avons été créés. Rien n'est comparable à la joie d'un mari et de sa femme qui embrassent la vérité – avec tous ses risques, toutes ses ramifications, toutes ses responsabilités – lorsqu'ils s'étreignent dans l'intimité de leur union.

N'en déplaise aux médias, le sexe n'est pas fait pour être *fun*. Nos organes génitaux ne sont pas des « jouets sexuels ». Décrire l'union conjugale comme un divertissement est erroné. J'utiliserais plutôt l'expression sublime de « béatitude extatique ». Ce n'est pas un cliché de dire qu'une relation sexuelle vraie et sincère a un petit goût de paradis sur terre. Comme le dit le *Catéchisme de l'Église catholique*, « dans les joies de leur amour et de leur vie familiale, [Dieu donne aux époux], dès ici-bas, un avant-goût du festin des noces de l'Agneau »[12].

Vous voulez la meilleure vie sexuelle possible ? Donnez votre vie et votre sexualité à Jésus-Christ. Si mon conseil vous semble étrange ou vous met mal à l'aise, c'est que vous subissez l'influence de gens qui ne savent pas grand-chose, voire n'ont aucune idée de la signification de la vie, de la sexualité et de la mission du Christ dans le monde.

11. Je suis marié depuis treize ans. J'ai beau savoir que le sexe est bon, voire sacré, il me donne quand même l'impression d'être sale. Qu'est-ce qui cloche chez moi ?

Vous n'êtes pas le seul dans ce cas. Même parmi ceux qui s'efforcent de vivre la vérité, ce fossé entre savoir théorique et expérience pratique est courant. La connaissance intellectuelle n'est pas suffisante en elle-même pour désincruster les idées profondément établies et souvent inconscientes que nous avons de la sexualité.

Nous devons remonter jusqu'à leur source et, aidé par la grâce de Dieu, les déraciner. Très souvent, nous découvrons que nos idées et notre ressenti

12. *CEC*, n° 1642.

d'adultes sur le sexe ont beaucoup à voir avec les impressions que nous avons reçues sur notre corps et la sexualité durant l'enfance et l'adolescence, que ce soit de la part de nos parents, de nos frères et sœurs, de nos voisins, de la pornographie, des médias, de nos expériences sexuelles.

Dans mes conférences, je demande souvent combien de personnes dans l'assistance ont entendu parler de sexualité par leurs parents. Moins de 5 % lèvent la main. C'est tragique.

Dès le plus jeune âge, les enfants éprouvent de la curiosité vis-à-vis de leur corps et du sexe. Si cette curiosité n'est pas correctement orientée et satisfaite à la maison par une discussion saine, ouverte, honnête et adaptée à leur âge, le sexe devient un gros « interdit » sombre et caché, et les enfants vont inévitablement chercher à satisfaire leur curiosité en secret et de manière déformée.

Je parle d'expérience. Je me souviens encore du jour où j'ai été exposé à la pornographie pour la première fois. J'avais environ six ou sept ans. Aujourd'hui encore, ces images continuent de refaire surface dans mon esprit. Je me souviens des blagues salaces que des petits camarades se racontaient et que je ne comprenais pas. Je me souviens d'un baby-sitter qui s'était mis tout nu devant mon frère et moi, et nous avait encouragés à faire de même. Je me souviens de toutes sortes de remarques obscènes de garçons plus âgés, à propos des filles et de certaines parties de leur corps.

Je me rappelle avoir « fait des expériences » avec les enfants du quartier et avoir regardé des garçons attraper des filles, à la piscine municipale, et les toucher à travers leur maillot de bain. Je me rappelle avoir été choqué et fasciné à la fois lorsqu'un garçon plus âgé m'avait raconté en détail ce qu'il avait fait avec une fille de sa classe. Je me souviens encore de presque tout ce qu'il a dit ce jour-là.

C'étaient là mes premières impressions sur le sexe. Elles m'ont profondément affecté. Et je n'avais pas encore atteint la puberté. Je n'avais aucune idée de ce que je devais faire lorsque j'ai eu mes premières poussées d'hormones. Un régime régulier de pornographie, de masturbation et de « pelotage » a suffi jusqu'à ce que j'entame, à seize ans, une relation sexuellement active qui dura quatre ans.

Pourquoi est-ce que je vous raconte tout cela ? Parce qu'il se peut bien que vous ayez les mêmes souvenirs d'enfance et d'adolescence que moi. Il faut prendre le risque d'en parler. Si nous ne regardons pas en face les expériences négatives qui nous ont modelés, nous ne serons jamais capables de vivre dans la liberté de la vérité, ni de connaître la sexualité telle qu'elle a été voulue.

Les souvenirs douloureux et les blessures nées de pensées et de relations tordues ne disparaissent pas quand on se marie. Il n'est pas rare que même ceux qui veulent vraiment vivre leur sexualité conformément au dessein de Dieu soient hantés, au moment même où ils s'unissent avec leur conjoint, par des souvenirs d'expériences sexuelles passées. Les personnes qui ont été exposées à la pornographie constatent très souvent que ces images se présentent et déambulent dans leur esprit aux moments les moins souhaitables : pendant les temps de prière, à la messe (y compris au moment de la communion) et au moment des unions sexuelles.

Si j'évoque ma propre expérience, c'est aussi pour attester que quand je parle de la puissance du Christ qui peut nous transformer, guérir nos blessures et nous sauver de nos péchés, ce n'est pas qu'un joli concept spirituel : c'est quelque chose que j'ai vécu et continue à vivre tous les jours. *Le Christ, Fils de Dieu, est réel.*

Il est vraiment devenu l'un de nous. Il est vraiment mort pour nous et ressuscité des morts. Il est vraiment venu pour restaurer le plan originel de Dieu sur la vie et l'amour. Il nous a vraiment rachetés. Il peut vraiment nous guérir. Il peut vraiment nous donner la vie nouvelle… *si* nous mettons notre foi en lui et si nous le *laissons* faire.

Examinez votre vie passée. Dans quelles circonstances avez-vous entendu parler de sexe pour la première fois ? Comment voyiez-vous votre corps au moment de la puberté ? Est-ce que les autres se moquaient de vous ? Avez-vous été exposé à la pornographie ? Avez-vous été maltraité ou abusé sexuellement ? Vous masturbiez-vous ? Avez-vous eu des relations sexuelles à l'adolescence ? Quels effets ces expériences ont-elles eu sur vous ?

L'objectif ici n'est pas simplement de déterrer des vieux dossiers, mais d'apporter la lumière du Christ dans les endroits sombres de notre vie pour qu'il puisse nous guérir[13].

13. Parler de ses expériences avec un directeur ou un conseiller spirituel est très utile. Il existe également différents programmes (certains meilleurs que d'autres) spécialement conçus pour aider les adultes à traiter les blessures sexuelles et relationnelles de leur passé, afin de construire des relations saines dans le présent et à l'avenir.
Si l'on a abusé de vous sexuellement, je vous recommande vivement de demander l'aide d'un professionnel.

Je me souviens qu'à une période de ma vie j'avais écrit sur un morceau de papier toutes les expériences sexuelles que j'avais eues, toutes les saletés que j'essayais vainement d'oublier depuis longtemps, et j'étais allé les confesser à un prêtre en qui j'avais confiance. Après, j'avais brûlé le papier et l'avais regardé partir en flammes. Cela a été un vrai moment de guérison pour moi et un vrai tournant dans ma vie.

Lorsque Wendy et moi avons su que nous voulions nous marier, je lui ai demandé pardon de ne pas m'être réservé pour elle. Qu'est-ce que cela avait à voir avec elle, me direz-vous ? Nous sommes faits pour nous unir sexuellement avec notre conjoint uniquement. Les relations sexuelles que nous avons eues avec d'autres personnes – même si elles ont eu lieu bien avant la rencontre avec notre conjoint – peuvent être qualifiées d'adultères « anticipés ». Ayons le courage de faire tomber une à une toutes les excuses que nous nous trouvons, et nous saurons que c'est vrai.

Ce n'est pas un hasard si les gens sont hantés par leur passé. Ce n'est pas un hasard s'ils se sentent mal à l'aise, lors des réunions d'anciens élèves, en revoyant, en présence de leur conjoint, celles ou ceux avec qui ils ont eu des relations sexuelles quand ils étaient jeunes. *Et pour cause : ces expériences n'auraient pas dû se produire.*

Mais Dieu soit loué de nous pardonner ! Dieu soit loué de nous restaurer ! Dieu soit loué de nous guérir !

Ne dissimulez pas le passé en le glissant sous le tapis, comme s'il n'y avait aucun problème. Donnez-le entièrement au Christ et laissez-le mourir avec lui sur la Croix. Demandez pardon à votre conjoint si vous avez été infidèle « par anticipation ». Si vous avez des flashbacks d'expériences passées, donnez-les au Christ. Les souvenirs resteront peut-être mais le Christ peut supprimer leur brûlure et vous apprendre à les utiliser comme une occasion de prier pour les personnes auxquelles vous avez fait du tort, et de leur pardonner le tort qu'elles vous ont fait. C'est le chemin de la guérison. C'est le chemin non seulement pour découvrir que la sexualité est bonne et sacrée, mais pour l'*expérimenter* comme telle.

Pour beaucoup, et je suis du nombre, c'est un long chemin. C'est un chemin douloureux. Mais beaucoup moins douloureux que le chemin inverse. « À qui irions-nous, Seigneur ? Tu as les paroles de la vie éternelle » (*cf.* Jn 6, 68).

Seigneur, tu me connais. Rien de ma vie ne t'est caché. Tu connais tout ce qui, dans ma vie, m'a écarté de la vérité de ton plan sur ma sexualité. Qu'il s'agisse de torts que j'ai commis moi-même ou que d'autres ont commis à mon encontre, je te les donne tous. Lumière du Christ, brille dans les ténèbres ! Vérité du Christ, chasse tous les mensonges ! Mort du Christ, prends tous mes péchés ! Résurrection du Christ, recrée-moi pour que je connaisse, vive et expérimente la bonté et la sainteté de ma sexualité ! Amen.

12. Ma mère m'a dit que lorsqu'elle s'est mariée la première fois, un prêtre lui a dit qu'elle était obligée de se « soumettre » sur commande aux besoins sexuels de son mari. Qu'en est-il aujourd'hui ?

Je sais bien que, malheureusement, on a pu dire cela à votre mère. L'Église se bat depuis longtemps pour corriger les erreurs nées de mauvaises interprétations de l'admonition de saint Paul exhortant les femmes à se soumettre à leur mari (voir chapitre 3, question 16). Vous avez là un exemple, un grave exemple, de ces mauvaises interprétations. Les paroles de saint Paul signifient tout sauf une bénédiction des désirs désordonnés des hommes qui voudraient utiliser leur femme pour leur propre satisfaction sexuelle.

L'Église n'a *jamais* enseigné que les hommes étaient libres d'utiliser leur femme. Au contraire, elle a constamment rappelé que les maris devaient aimer leur femme comme le Christ a aimé l'Église. Y compris au lit.

Même si elles ne le reconnaissent peut-être pas clairement, de nombreuses femmes nourrissent un profond ressentiment contre leur mari pour les avoir traitées, un jour ou l'autre, comme un moyen de jouissance. (Ne pensons pas que la fameuse « migraine » soit sans cause sérieuse). Cette attitude hédoniste du mari engendre souvent un terrible cercle vicieux, dévastateur pour un couple : le mari veut sa relation sexuelle pour des raisons égoïstes ; sa femme résiste car elle ne veut pas être utilisée ; le mari se plaint encore plus que sa femme ne veut pas « coucher » avec lui ; devant les plaintes et les requêtes de celui-ci, la femme se rétracte encore plus.

Le problème est encore aggravé dans la mesure où la plupart des hommes rejettent la faute sur leur femme, alors qu'en réalité une grande partie du problème vient d'eux. Quel désordre le péché a apporté dans l'harmonie originelle de la relation sexuelle !

Cela marche dans les deux sens, bien sûr. L'équilibre de l'amour authentique dans la relation sexuelle doit être maintenu par le mari *et* par la femme. Néanmoins, comme l'a affirmé Jean-Paul II, « c'est surtout à l'homme qu'incombe une responsabilité particulière, comme s'il dépendait beaucoup plus de lui que l'équilibre soit maintenu ou rompu, et même – s'il a été rompu – qu'il soit éventuellement rétabli »[14].

Maris, si votre femme rejette régulièrement votre désir d'union sexuelle, mon conseil est le suivant. Sondez votre cœur : votre désir sexuel est-il de vous donner à votre épouse et de renouveler votre engagement de mariage ? Ou bien est-ce simplement un désir de vous « soulager » à ses dépens ?

Laissez vos désirs sexuels être crucifiés avec le Christ afin qu'ils soient ressuscités et transformés en désir d'aimer votre épouse comme le Christ aime son Épouse. Si votre femme sait dans son âme que c'est *cela* que vous désirez, elle désirera tout aussi intensément se donner à vous, et elle n'aura plus de « migraine »...

13. L'Église n'a-t-elle pas enseigné que l'une des finalités spécifiques du mariage était de relâcher la tension sexuelle ?

Les formules traditionnelles de l'Église soulignent qu'il y a trois finalités au mariage : la première finalité est la *procréation*, la deuxième est l'*aide mutuelle entre les époux* et la troisième est le *remède à la concupiscence*[15].

---

14. Jean-Paul II, *Homme et femme il les créa*, *op. cit.*, p. 183.

15. En ce qui concerne la définition des finalités du mariage, le langage de l'Église a évolué depuis le Concile Vatican II. Le *Catéchisme de l'Église catholique* parle maintenant d'une « double fin » du mariage : « le bien des époux eux-mêmes et la transmission de la vie » (n° 2363). Cette évolution de langage provient en partie d'une évolution dans la compréhension du rôle de l'amour conjugal dans la relation entre les époux.
Ceux qui cherchaient à définir la place de l'amour conjugal dans la hiérarchie traditionnelle des fins du mariage l'ont trop souvent assimilé au *soutien mutuel des époux*. Or cette deuxième fin du mariage désigne en réalité l'aide et le soutien que la vie commune offre aux époux sur un plan pratique. Assimiler aide mutuelle et « amour mutuel » a conduit à l'erreur de penser que la procréation l'emportait sur l'amour.
Le Concile Vatican II a magnifiquement clarifié la question en démontrant que l'amour conjugal n'est absolument pas une *fin* du mariage : il est l'*essence* même de la relation conjugale. De lui découlent les fins du mariage. Les fins du mariage et les fins de l'amour conjugal sont donc une seule et même chose. Comme l'a affirmé Vatican II : « C'est par sa nature même que l'institution du mariage et *l'amour conjugal* sont ordonnés à la procréation et à l'éducation » (*Gaudium et Spes*, n° 48 ; NdT : les italiques sont un ajout de l'auteur).

L'expression latine « *remedium concupiscentiae* » est parfois traduite comme « soulagement de la concupiscence », ce qui a conduit certains à prétendre que le mariage offrait en quelque sorte un cadre légitime pour *satisfaire* ses désirs concupiscents.

Or, la concupiscence fait référence à nos désirs sexuels *désordonnés*. En soi, la concupiscence ne peut conduire qu'à *utiliser* les autres pour sa propre satisfaction égoïste[16]. En aucun cas le mariage ne saurait justifier cela !

C'est tout le contraire. La grâce du sacrement de mariage, si nous y sommes ouverts, fournit un *remède* à la concupiscence. C'est-à-dire qu'elle nous donne le pouvoir d'expérimenter une transformation du caractère même de nos pulsions sexuelles : au lieu de rester simples besoins de se « soulager » – comme on se gratte là où ça démange –, nos pulsions peuvent être transformées en désir d'aimer. Cette compréhension de la troisième finalité du mariage rend justice à elle seule à la dignité de la personne.

Nous *savons* que nous ne sommes pas faits pour être utilisés, en particulier par ceux qui affirment nous aimer le plus. Bien trop de mariages sont tombés en ruines à cause du climat général de méfiance, de suspicion et de conflit qui régnait entre les époux, parce que la sexualité était vue uniquement comme un moyen de « soulager sa concupiscence ».

14. Saint Paul justifie bien le relâchement de la tension sexuelle lorsqu'il dit qu'il vaut mieux se marier plutôt que de brûler de désir, non ?

Le passage auquel vous faites référence est adressé à des personnes non mariées à qui saint Paul conseille de choisir la vocation au célibat. Il dit ensuite : « Mais s'ils ne peuvent se contenir, qu'ils se marient : mieux vaut se marier que de brûler » (1 Co 7, 9).

Sans nous engager dans une exégèse approfondie des paroles de saint Paul, il faut bien comprendre qu'aucun verset de la Bible ne peut être détaché de son contexte. Chaque verset, chaque passage des Écritures doit être interprété à la lumière de toute la Bible. Lorsque saint Paul parle ici du mariage, il parle de l'ordre moral. Il parle de maris qui aiment leur femme « comme le Christ a aimé l'Église » (Ep 5, 25). Autant l'amour vaut mieux que la concupiscence, autant le mariage vaut mieux que « de brûler »[17].

16. *Cf.* Jean-Paul II, *Homme et femme il les créa, op. cit.*, p. 177.
17. *Cf. ibid.*, p. 457 et 551.

Permettez-moi de clarifier un autre point. Le « relâchement » de la tension sexuelle n'est pas un mal en soi. Dieu a voulu que l'union sexuelle inclue une expérience de vive tension puis de relâchement orgasmique. Partager cette joie comme mari et femme fait partie intégrante du symbole sacramentel de l'amour conjugal. La « crise de l'amour » ne surgit que lorsque l'un des époux recherche cette jouissance comme *une fin en soi* et traite son conjoint comme un *moyen en vue de cette fin*.

15. La limite entre l'amour et la recherche de soi n'est-elle pas ténue ? J'ai parfois du mal à savoir quelles sont mes motivations réelles...

À certains moments, nous sommes capables de voir assez clairement si nous sommes motivés par un amour authentique ou par la recherche de nous-mêmes. Mais parfois, ce n'est pas aussi clair. Nous avons tous des motivations mêlées. Les reconnaître ne doit pas être source de découragement. C'est en réalité la première étape pour parvenir à mieux évaluer les réactions intérieures de notre cœur.

Sur ce point, je me garderai bien de me présenter comme un mari qui aime parfaitement sa femme. Je peux seulement dire, d'après mon expérience, que plus j'expose mon cœur à la lumière du Christ, plus je suis en mesure de discerner la pureté ou le manque de pureté de mes motivations. Le cœur humain est un champ de bataille entre l'amour et la concupiscence. Même si le combat diminue au fur et à mesure que nous grandissons dans la vérité du plan de Dieu sur la sexualité humaine, il ne cesse jamais entièrement sur cette terre.

L'objectif est de laisser simplement la puissance de l'amour l'emporter sur l'attraction de la concupiscence. Parfois, les deux se confondent, c'est vrai. Mais avec l'aide du Christ, nous pouvons acquérir le courage nécessaire pour être honnêtes avec nous-mêmes et distinguer l'un de l'autre.

6

« Oui… mais non »

La contraception

> Je prends aujourd'hui à témoin contre vous le ciel et la terre : je te propose la vie ou la mort, la bénédiction ou la malédiction. Choisis donc la vie !
>
> *Deutéronome* 30, 19

J'avais dix-sept et cela faisait environ cinq mois que je sortais avec ma petite amie. Elle m'a téléphoné un samedi après-midi pour me dire que ses parents sortaient ce soir-là. C'était le grand soir !

En chemin, je me suis arrêté dans une pharmacie et, pour la première fois de ma vie, j'ai acheté une boîte de préservatifs. En posant la boîte sur le comptoir, j'ai senti quelque chose se serrer en moi. Quelque part, je savais que je prenais la décision concrète de me séparer de Dieu.

Non pas que j'avais été un saint jusque-là. Si j'avais encore une relation avec Dieu, elle ne tenait qu'à un fil. Mais, à ce moment précis, dans cette pharmacie de cette rue de Lancaster, en Pennsylvanie, en achetant ces préservatifs, j'ai coupé le fil.

Comme je l'ai expliqué dans l'introduction, mon intempérance m'a éclaté au visage à l'université et j'ai fini par accepter l'enseignement de l'Église sur la sexualité – *sauf* sur la question de la contraception. J'avais renoncé aux relations sexuelles avant le mariage mais je pensais que, une fois marié, je devrais pouvoir avoir des relations sexuelles avec ma femme à chaque fois que je le voudrais (et sans avoir à craindre de devoir élever quinze enfants). Par ailleurs, pensais-je, quelle différence y a-t-il entre la contraception et les méthodes naturelles de planification des naissances, puisque toutes deux visent à éviter une grossesse ?

Plus je grandissais dans la foi catholique, plus cette question devenait une pierre d'achoppement réelle. Après tout, l'une des caractéristiques principales d'un Catholique est de croire et de professer *tout* ce que croit et professe l'Église. C'est ce que doivent professer spécifiquement et publiquement les nouveaux convertis. Les Catholiques qui ont été baptisés à la naissance, eux, peuvent facilement tomber dans l'hypocrisie et croire seulement ce qui est confortable. Je savais que si je n'acceptais pas ce « foutu » enseignement, je serais plus honnête de me dire Protestant. J'ai donc cherché des réponses.

Ma recherche m'a finalement conduit à un livre : *Catholic Sexual Ethics*[1]. C'était la première fois que je lisais quelque chose qui expliquait de manière raisonnable l'enseignement de l'Église. Une fois de plus, j'ai eu un pincement au cœur. L'Église m'avait donné tort sur tellement de choses que je *ne* voulais *pas* laisser tomber ma dernière « réserve ». Il m'a fallu plus de recherche encore, mais aussi de prière et d'humilité, pour que les écailles me tombent complètement des yeux. En regardant en arrière, je m'émerveille de constater que c'est ce sujet précis, celui-là même qui avait endommagé un jour ma relation avec Dieu (et avec l'Église), qui m'a fait revenir à lui en me faisant refaire *tout* le chemin inverse.

Adhérer à cet enseignement a changé la manière dont je vois… *tout !* L'enseignement de l'Église sur la contraception est le baptême du feu. En effet, nous nous trouvons aujourd'hui pris dans un conflit dramatique, quoique rarement détecté, entre les forces du bien, d'un côté, et les forces du mal, de l'autre ; entre la décision humaine fondamentale d'aimer et celle de ne pas aimer ; entre choisir la vie et s'y opposer. De fait, toute l'éthique

---

1. Ronald Lawler, Joseph Boyle et William May, *Catholic Sexual Ethics*, Huntington, Our Sunday Visitor, 1985 et 1998.

sexuelle chrétienne – tout ce qui est expliqué dans ce livre – tient (ou s'écroule) sur ce point précis. C'est sur ce point-là que les époux choisissent de se communiquer soit la vie et l'amour de Dieu, soit… autre chose.

C'est également *le* point de séparation entre le catholicisme et la culture ambiante. Là où notre culture nous enseigne que la contraception est un acte *responsable*, qu'elle produit de meilleurs mariages et une société meilleure, la voix isolée de l'Église catholique dit qu'elle est *toujours* un mal et engendre de terribles dommages pour le mariage et la société. De deux choses l'une, soit c'est la culture ambiante qui a « perdu la tête », soit c'est l'Église.

Si c'est l'Église qui est devenue folle, qui voudrait encore être catholique ? À l'inverse, si c'est l'Église qui a raison, alors les promoteurs de la contraception au XXème siècle ont réussi à diffuser le plus grand bobard de toute l'histoire.

> *Seigneur, aide-moi, je t'en prie, à lire ce chapitre, à ouvrir mon cœur à la pleine vérité de ton plan sur la sexualité et le mariage. Je ne veux pas être aveuglé par mon orgueil. Je ne veux pas être trompé par mes désirs. Je veux vivre la vérité. Seulement la vérité. Seigneur, je t'en prie, s'il est vrai que la contraception va à l'encontre de ta volonté, donne-moi la grâce de l'accepter, quelles qu'en soient les implications dans ma vie. J'ai confiance en toi. Amen.*

1. Mais enfin, que peut-il bien y avoir de mal à recourir à la contraception ?!

Le lecteur astucieux aura compris que tout ce dont nous avons parlé jusqu'à présent va nous permettre d'apporter une réponse valable à cette question.

Réaffirmons d'abord la thèse de ce livre : *le sexe n'accomplit sa vocation que lorsqu'il s'ancre dans le « oui » échangé lors des consentements.*

Puis posons-nous une question : *Peut-il être acceptable, pour un couple marié, de trahir ces consentements ?*

Nous pouvons tempêter et nous opposer tant que nous voulons, il n'en reste pas moins que l'*ouverture aux enfants* fait partie intégrante de ce « oui ». Certains me rétorqueront : « Un couple peut être "ouvert aux enfants" tout au long de la vie conjugale, sans que *chaque* union sexuelle ait besoin de l'être». Mais cela a autant de sens que de dire: «Un couple peut être "fidèle" tout au long de la vie conjugale sans que *chaque* union sexuelle ait nécessairement lieu entre les époux». Si nous reconnaissons qu'il est incohérent de s'engager à être fidèle, *mais pas toujours*, nous devrions être capables de reconnaître qu'il est incohérent de s'engager à être ouvert à la fécondité, *mais pas toujours*.

Vous cherchez une porte de sortie à ce dilemme? Plusieurs options s'offrent à vous:

Option 1

Vous pouvez affirmer que la relation sexuelle n'a absolument pas à être enracinée dans le «oui» prononcé lors de l'échange des consentements. Très bien, mais dans ce cas on doit conclure logiquement qu'il n'est pas nécessaire non plus qu'elle ait lieu entre deux personnes ayant échangé leurs consentements. Dans cette perspective, la relation sexuelle n'a d'autre sens que l'échange, ou même l'expérience solitaire, d'un plaisir physique.

Une telle vision des choses ouvre la porte à l'argument selon lequel tous les moyens sont bons pour jouir, que ce soit tout seul, à deux, en groupe (avec des personnes de sexe opposé ou de même sexe, dans ce cas), ou même avec des animaux. Malheureusement, cette vision est déjà largement répandue dans notre culture contraceptive.

Option 2

Vous pouvez changer la définition du mariage en excluant «l'ouverture à la fécondité» comme faisant partie intégrante de l'engagement. Très bien, mais alors *nous* devenons les auteurs du mariage à la place de Dieu, et sa définition devient complètement arbitraire.

Vous voulez un «mariage dissoluble», au cas où ça ne marcherait pas? Pas de problème, allons-y! Vous voulez un «mariage libre», au cas où vous vous ennuieriez l'un de l'autre? Pas de problème, allons-y! Vous voulez «épouser» votre partenaire de même sexe? Pas de problème, allons-y!

Après tout, si le mariage n'est pas intrinsèquement lié à la procréation, pourquoi devrait-il n'être possible qu'entre un homme et une femme? Cette vision-là aussi, malheureusement, est déjà largement répandue dans notre culture contraceptive.

Option 3

Vous pouvez affirmer que « l'ouverture à la fécondité » fait partie de l'engagement du mariage, mais qu'il n'est pas nécessaire d'y être toujours fidèle. Nous avons déjà vu où cela mène : cela signifie qu'il n'est pas toujours nécessaire d'être fidèle aux engagements de fidélité et d'indissolubilité non plus. Cette mentalité-là, hélas, est elle aussi largement répandue dans notre culture contraceptive.

Le mariage, c'est tout ou rien. La sexualité, en tant qu'expression de l'engagement du mariage, c'est également tout ou rien. On ne peut pas nier qu'une union sexuelle *intentionnellement rendue stérile* change le « oui » de l'échange des consentements en un « oui… mais non ». C'est un fait.

Ce « oui… mais non » n'affecte pas seulement l'engagement à la fécondité. À y regarder de plus près, on se rend compte qu'il affecte aussi la liberté, l'intégralité et la fidélité. Considérons à nouveau chacun de ces éléments, dans le cadre d'une union contraceptive.

Liberté

Cette vérité va peut-être vous paraître étrange à première vue, mais prenez le temps de bien l'assimiler : *la contraception n'a pas été inventée pour éviter aux femmes de tomber enceintes*. Il existait déjà un moyen parfaitement sûr et infaillible : l'abstinence. Après réflexion, il apparaît clairement que la contraception a été inventée *pour assouvir l'instinct sexuel*. Comme le dit le proverbe, la nécessité est mère de l'invention. La nécessité qui a été la « mère » de la contraception était notre « besoin » de sexe.

La « liberté sexuelle », dans le sens populaire du terme, signifie la licence d'avoir des relations sexuelles sans jamais se voir forcé de dire non (c'est exactement ce que permet la contraception). Or seuls ceux qui peuvent dire non au sexe, seuls ceux qui peuvent s'abstenir montrent que lorsqu'ils disent oui, ils le font *librement*. La contraception, promue au nom de la « liberté sexuelle », encourage en réalité l'esclavage, un esclavage que l'on s'impose soi-même. Elle crée une culture où les gens sont incapables de dire non à leurs hormones.

Intégralité

Comme nous l'avons remarqué au chapitre précédent, dans la mesure où dans l'acte sexuel on retient sciemment et intentionnellement quelque chose de soi-même, on ne peut pas parler d'un don *total* de soi à son conjoint. Cela inclut la fertilité. Une union sexuelle avec contraception contredit le « langage de l'amour » en disant : « Je te donne tout mon être, *sauf* ma fertilité. Je reçois tout ce que tu es, *sauf* ta fertilité ».

Le choix de garder pour soi sa fertilité pendant la relation sexuelle, ou de refuser de la recevoir comme un don dans la personne de son conjoint, vient contredire l'essence la plus profonde de l'amour conjugal au moment même où il devrait trouver son expression la plus sincère. Le mensonge l'emporte sur la vérité, précisément au « moment de vérité » du mariage[2].

Fidélité

Être fidèle à son conjoint ne signifie pas uniquement s'abstenir de commettre l'adultère (par action ou en pensée). Cela signifie vivre ce qu'on a promis à l'église, envers et contre tout, quelle que soit la difficulté, quelle que soit l'exigence, quels que soient les sacrifices requis. Les couples qui choisissent de rendre stériles leurs relations sexuelles décrètent, de manière consciente ou non, que la fidélité à leurs promesses de mariage est trop exigeante. Consciemment ou inconsciemment, ils choisissent d'être infidèles aux promesses qu'ils se sont faites à l'église.

Les consentements échangés entre les époux sont l'expression de l'amour de Dieu sur terre. Lorsque les époux contredisent leurs consentements dans le langage de leurs corps, ils contredisent la signification même de la vie : notre appel à vivre à l'image de Dieu en aimant comme il aime.

« Au nom du ciel, que peut-il bien y avoir de mal à recourir à la contraception ? », me demandait-on plus haut. C'est précisément au nom du ciel, dans la nature divine d'une communion de personnes donatrice de vie – la Trinité – que nous trouvons la réponse la plus profonde à cette question.

Comme nous l'avons dit au premier chapitre, l'Esprit Saint, amour véritable entre le Père et le Fils, renvoie, en un certain sens, à la fécondité de l'acte conjugal. Un jour, je donnais une conférence au cours de laquelle une dame m'a demandé : « Et si je veux m'unir à mon mari, mais que nous ne voulons pas que l'Esprit Saint soit là ? » Sa question m'a déconcerté. En fait, c'est *précisément* pour cette raison que l'Église enseigne que la contraception n'est pas une bonne chose. Pourquoi ? Parce que c'est *précisément*

2. *Cf. Familiaris Consortio*, n° 32.

ce que dit un couple lorsqu'il utilise des moyens contraceptifs : « Nous ne voulons pas que l'Esprit Saint soit là ».

Qui est l'Esprit Saint ? *Le Seigneur et Donateur de vie* qui procède du Père et du Fils. Il est l'amour et la vie même de Dieu !

Quand on comprend la signification prophétique et sacramentelle de l'union sexuelle, la grave *contra*diction qu'est la *contra*ception en elle-même devient claire. L'acte sexuel est fait pour proclamer au monde que Dieu est l'Amour qui donne la vie. Un acte sexuel intentionnellement rendu stérile proclame l'inverse : Dieu *n'est pas* l'Amour qui donne la vie. La contraception transforme l'union sexuelle, de l'acte prophétique qu'elle devrait être, en un blasphème.

En outre, si le mari a vocation à être véritablement symbole du Christ dans cette union en « une seule chair », il doit parler le langage du Christ : « Ceci est mon corps qui est donné pour vous » (Lc 22, 19). Or un acte sexuel contraceptif déclare : « Ceci est mon corps qui *n'est pas* donné pour toi ». En ce sens, le mari qui a recours à la contraception n'agit pas comme le Christ, mais comme un « anti-Christ ».

Et si la femme a vocation à être véritablement symbole de l'Église dans cette union en « une seule chair », elle doit parler le langage de l'Église (dans les paroles de Marie) : « Qu'il m'advienne selon ta parole » (Lc 1, 38). Or un acte sexuel contraceptif déclare : « Qu'il *ne* m'advienne *pas* selon ta parole ». En ce sens, la femme qui a recours à la contraception n'agit pas comme l'Église, mais comme une « anti-Église ».

Ainsi, un acte sexuel intentionnellement rendu stérile, au lieu d'être un signe efficace de l'union du Christ et de l'Église en une seule chair, est un *contresigne* efficace de cette union (un anti-sacrement). La contraception fait passer l'union sexuelle du sacrement qu'elle est à un sacrilège.

C'est cela, et rien moins que cela, qui est en jeu. C'est pour cette raison que la contraception est mauvaise. Et pas seulement mauvaise : *terriblement* mauvaise.

2. Êtes-vous en train de dire que les couples qui ont recours à la contraception ne s'aiment pas ?

Ils peuvent s'aimer authentiquement de bien des façons. Mais même accompagné de sentiments, d'émotions et de passions, un acte sexuel contraceptif n'est *jamais* un acte d'amour authentique.

L'amour n'est pas arbitraire. L'amour n'est pas ce que nous voulons qu'il soit. L'amour ne se réduit pas à un sentiment intense ou à un plaisir partagé. Aimer, c'est vivre comme les images de Dieu que nous sommes. Aimer, c'est se donner librement, totalement, fidèlement et dans la fécondité, en imitant le Christ. Une union sexuelle contraceptive contredit tout cela.

3. Qu'est-ce qu'un couple est censé faire, alors ? Avoir douze enfants ?

Prenons l'exemple d'époux qui ont compris que dans l'union sexuelle ils renouvelaient le « oui » de leur mariage, et qui sont déterminés à ne *jamais* trahir les consentements qu'ils ont échangés (ce devrait être le cas de tout couple marié). Supposons également qu'ils ont une bonne raison de vouloir espacer les naissances ou ne plus avoir de bébé (nous parlerons plus tard de ce qui fait une « bonne raison »). Que peuvent-ils faire sans trahir leurs consentements ?

Chaque fois qu'un couple veut s'unir sexuellement, il *doit* redire le « oui » qu'il s'est promis mutuellement le jour du mariage. Mais un couple n'est pas toujours obligé d'avoir une relation sexuelle. De fait, tout au long de la vie conjugale, il arrive fréquemment qu'un couple souhaite s'unir sexuellement mais ne le fasse pas, parce qu'il a une bonne raison pour cela.

Par exemple, l'un ou l'autre des époux est malade ; la femme vient de donner naissance à un bébé ; le couple se trouve dans la famille de l'un ou de l'autre et les murs sont fins ; les époux ont une bonne raison de ne pas vouloir d'autre bébé ; etc. Toutes ces raisons sont de bonnes raisons de *ne pas* avoir de relation sexuelle, même s'ils le *souhaiteraient* peut-être.

Voici donc la réponse à votre question : si des époux ont une bonne raison de ne pas avoir de bébé et s'ils sont fermement résolus à ne jamais trahir leur engagement de mariage, la seule chose qu'ils puissent faire c'est d'exercer leur liberté de dire non et de s'abstenir. La dignité humaine et la signification de l'union sexuelle désignent la *maîtrise de soi* comme seul manière acceptable de réguler les naissances.

Pourquoi les gens font-ils opérer ou stériliser leurs animaux de compagnie ? Parce que les animaux ne peuvent pas dire non à leur instinct de reproduction. Mais nous, nous le *pouvons* ! Si nous ne le pouvons pas, c'est que nous nous sommes abaissés au niveau de Rex et de Minette.

4. L'Église dit-elle qu'un couple qui veut éviter une nouvelle grossesse sans trahir ses promesses de mariage doit s'abstenir de relations sexuelles jusqu'à la ménopause ?

Examinons la question. La fidélité au « oui » du mariage signifie que les époux ne doivent jamais rien faire, de leur propre gré, pour rendre stérile une union sexuelle. Votre allusion à la ménopause offre une bonne base de discussion. Si un couple qui n'est plus en âge d'avoir des enfants choisit de s'unir sexuellement, l'absence de grossesse consécutive à l'union n'est pas due à quelque chose qu'*ils* ont fait pour rendre stérile leur union. Elle résulte du choix *de Dieu* : en créant la femme ainsi (c'est-à-dire soumise à la ménopause après un certain âge), il a prévu de ne pas donner naissance à une nouvelle vie.

Eh bien, c'est aussi la volonté de Dieu que les femmes, quand elles sont en âge d'avoir des enfants, ne soient pas toujours fertiles. En fait, elles sont même infertiles la plupart du temps.

Revenons à ce couple fermement décidé à ne jamais trahir ses promesses de mariage. Par respect pour la signification de la sexualité, mari et femme s'abstiennent, parce qu'ils ont une bonne raison de ne pas vouloir de grossesse. Supposons que tel jour du cycle de la femme, ils sont en mesure de déterminer qu'une union sexuelle ne débouchera pas sur une grossesse. Font-ils quelque chose de mal s'ils choisissent de s'unir alors ?

Si aucune grossesse n'en résulte, est-ce parce qu'ils ont rendu l'acte stérile ? N'est-ce pas plutôt parce que Dieu lui-même, en concevant le corps de la femme comme il l'a fait, a choisi de ne pas donner naissance à une nouvelle vie ?

C'est le principe même des méthodes naturelles de planification des naissances. Les couples qui ont été formés aux méthodes modernes de planification naturelle des naissances peuvent déterminer la période fertile du cycle de la femme avec un taux d'exactitude de 99 %[3]. S'ils ont une bonne raison de vouloir éviter une grossesse, ils choisissent de s'abstenir pendant cette période. Au cours de la période infertile du cycle, s'ils le désirent, ils peuvent choisir de s'unir sexuellement. Ce faisant, ils ne trahissent

3. 99 % d'efficacité signifie que sur un total de cent couples qui appliquent sérieusement les méthodes naturelles de planification des naissances pendant un an, un seulement conçoit un enfant alors qu'il ne le souhaitait pas. Pour voir les résultats des différentes études confirmant ce chiffre, *cf. The Effectiveness of Natural Family Planning*.

en aucune manière leur engagement de mariage. Qu'aucune grossesse ne résulte de ces unions sexuelles est le fait *de Dieu*, pas le *leur*.

5. N'est-ce que couper les cheveux en quatre ? Quelle différence y a-t-il entre rendre soi-même stérile l'union sexuelle et attendre qu'elle soit naturellement infertile ?

Quelle est la différence entre un avortement et une fausse couche ? Quelle est la différence entre un suicide et une mort naturelle ? De la même manière, il y a une différence abyssale entre rendre *soi-même* stérile l'union sexuelle et accueillir la période infertile *donnée par Dieu*.

Comme l'a dit Jean-Paul II : « On doit juger la contraception si profondément immorale qu'elle ne saurait jamais, en aucun cas, être justifiée. Penser ou dire le contraire revient à affirmer que, dans la vie humaine, il peut surgir certaines situations où il est licite de ne pas reconnaître Dieu comme Dieu »[4].

Telle est, en effet, la question en jeu ici : êtes-vous libre de prendre entre vos mains les puissances de la vie, ou bien ce pouvoir appartient-il à Dieu, et à Dieu seul ? Réfléchissez bien avant de répondre. Votre réponse déterminera quelle place vous voulez occuper dans l'univers.

6. Refuser d'avoir une relation sexuelle, n'est-ce pas contredire les promesses de son mariage davantage encore que décider d'avoir une relation sexuelle protégée ?

Je ne peux pas ne pas dire quelques mots sur cette notion de relation sexuelle « protégée ». Si votre conjoint représente une menace contre laquelle vous devez vous *protéger* en érigeant une barrière entre lui (ou elle) et vous, c'est que quelque chose ne va pas du tout.

Vous ne pouvez pas séparer votre conjoint de sa fertilité. Le corps exprime la personne. Rejeter la fertilité de votre conjoint, c'est rejeter votre conjoint. Le véritable amour sponsal demande un abandon total. Il n'y a pas de place pour les « filets de sécurité ».

Refuser d'avoir une relation sexuelle peut constituer une trahison de votre engagement de mariage si c'est par mépris pour votre conjoint, haine des enfants ou toute autre raison négative. Mais les époux qui décident,

4. *L'Osservatore Romano*, 10 octobre 1983, p 7. Traduction proposée par le traducteur.

d'un commun accord, de s'abstenir parce qu'ils ont une *bonne raison* de vouloir éviter une grossesse, agissent par amour et en totale fidélité aux consentements qu'ils ont échangés à l'église. Lorsque les époux choisissent de « parler » par l'union charnelle, ils doivent dire la vérité. S'ils ont une bonne raison de ne pas « parler », il est préférable qu'ils gardent le silence. Rien, en revanche, ne saurait justifier le mensonge que l'on profère en utilisant une « protection ».

7. La distinction que fait l'Église entre le contrôle « artificiel » et « naturel » des naissances n'a pas de sens. Cela signifie qu'utiliser du latex est immoral, c'est ça ?

Lorsqu'on met l'accent sur l'opposition entre méthodes « naturelles » et méthodes « artificielles », il est en effet difficile de saisir l'importante distinction qu'il y a entre l'abstinence périodique et la contraception. Nous utilisons toutes sortes de choses qui sont artificielles sans être immorales. Le latex en est une. En quoi donc le contrôle artificiel des naissances est-il différent ?

Contrairement à une croyance répandue, l'Église ne s'oppose pas au contrôle artificiel des naissances *parce qu'*il est artificiel ; elle s'y oppose parce qu'il est *contraceptif*. Quel qu'en soit le moyen, la contraception est le choix *d'entraver le potentiel procréatif d'un acte sexuel*. En d'autres termes, des époux choisissent d'avoir une relation sexuelle et, entrevoyant qu'elle pourrait déboucher sur une nouvelle vie, ils suppriment *intentionnellement* et *délibérément* leur fertilité en utilisant des moyens de contraception.

Il peut s'agir de dispositifs artificiels, de prise d'hormones ou de stérilisation chirurgicale. Un autre moyen contraceptif, qui n'utilise rien d'artificiel, est la pratique du retrait (*coitus interruptus* ou coït interrompu). Les moyens étant divers et nombreux, pour éviter la confusion, il est plus approprié d'utiliser le terme *contraception* quand on décrit ce à quoi s'oppose spécifiquement l'Église. Le terme « artificiel » n'a rien à voir avec le sujet. Il vaut donc mieux ne pas l'utiliser du tout.

D'autre part, si l'Église approuve les méthodes naturelles de planification des naissances (lorsque le couple a une bonne raison de vouloir éviter une grossesse), ce n'est pas parce qu'elles sont « naturelles » (par opposition aux méthodes « artificielles ») mais parce qu'*elles ne sont en aucun cas contraceptives*. Le couple qui pratique ces méthodes ne fait jamais le choix d'entraver le potentiel procréatif d'un acte sexuel. Jamais ! Ces méthodes ne sont pas « un moyen contraceptif naturel ». *Elles ne sont pas contraceptives du tout.*

8. Voilà une preuve de plus que l'Église catholique est opposée au progrès moderne et à la technologie. Si Dieu nous a donné une intelligence pour contrôler notre fertilité, nous devons l'utiliser.

Comme l'a dit Paul VI dans *Humanae Vitae,* « l'Église est la première à louer et à recommander l'intervention de l'intelligence dans une œuvre qui associe de si près la créature raisonnable à son Créateur, mais elle affirme que *cela doit se faire dans le respect de l'ordre établi par Dieu* »[5]. Autrement dit : oui, Dieu nous a donné une intelligence pour réguler notre fertilité ; oui, nous devons en faire usage ; mais utiliser notre intelligence pour agir *contre* le dessein de Dieu sur notre fertilité n'est pas intelligent du tout[6].

Pour illustrer cette idée, permettez-moi de prendre un exemple. Nous sommes tous d'accord que le bon usage de la médecine et de la technologie consiste à servir notre santé, à faire fonctionner notre corps comme il est censé fonctionner. Par exemple, parvenir à rendre la vue à un aveugle, c'est faire un usage merveilleux et intelligent de la médecine et la technologie. À l'inverse, ce serait un terrible abus que de *rendre intentionnellement aveugle quelqu'un* dont les yeux fonctionnent parfaitement. Ce serait un acte de mutilation.

Eh bien, ce n'est pas un abus moins terrible de la médecine et de la technologie, ni une mutilation moindre, que de *stériliser quelqu'un intentionnellement*. Si quelqu'un est fertile, cela signifie que son corps fonctionne comme il est fait pour fonctionner.

Comme le souligne Janet Smith, professeur de philosophie, nous prenons des médicaments lorsque nous sommes malades, nous procédons à des opérations chirurgicales pour guérir les affections et les maladies. Or la fertilité n'est ni une maladie, ni une affection. La maladie qui doit être soignée, c'est l'infertilité. La seule chose intelligente à faire, lorsqu'il existe une juste raison de réguler sa fertilité, est donc de comprendre quel

5. *Humanae Vitae,* n° 16. NdT : les italiques sont un ajout de l'auteur.

6. Dieu nous a donné l'intelligence de créer des bombes atomiques. Cela ne signifie pas qu'il soit intelligent de le faire.

est le dessein de Dieu sur la fertilité et de s'y conformer. C'est ce que font les méthodes naturelles de planification des naissances.

9. Je ne vois toujours pas la différence entre les méthodes naturelles de planification des naissances et la contraception…

J'entends. Mais est-ce que vous *voulez* voir la différence ? Beaucoup ne le veulent pas parce que, quelque part en eux, ils pressentent que cela requerrait non seulement un changement de leur comportement sexuel, mais également la transformation de toute leur vision du monde. Si c'est ce que vous pressentez, vous avez raison.

Comme nous l'avons vu au chapitre 5, la manière dont nous considérons l'ordre de l'univers nous place sur l'une de ces deux voies divergentes : soit Dieu est Dieu, et nous faisons confiance à l'ordonnancement qu'il a voulu pour l'univers ; soit nous essayons d'être Dieu et de contrôler les choses nous-mêmes. Mon conseil est simple : laissez Dieu être Dieu !

Il n'y a rien à craindre. Si Dieu était un tyran, lui faire confiance représenterait une menace. Mais il n'est pas un tyran. Il est la perfection de l'Amour. Lâchez prise. Laissez-lui la place. Faites-lui confiance.

Si vous êtes de bonne volonté, l'analogie suivante vous aidera. Supposons qu'une personne religieuse, une personne non religieuse et une personne antireligieuse passent devant une église. Quelle sera la réaction de chacune ? On peut imaginer que la personne religieuse entrera et priera, que la personne non religieuse passera son chemin et que la personne antireligieuse entrera dans l'église et la profanera (ce sont de pures conjectures, bien sûr, mais ce sont des réactions qu'on peut raisonnablement attendre de leur part). Laquelle de ces trois personnes a commis un acte qui, toujours et en toutes circonstances, est mauvais ? La dernière, bien sûr.

De même, les époux sont appelés à être *procréatifs*. S'ils ont une bonne raison de vouloir éviter une grossesse, ils sont libres d'être *non procréatifs*. Mais être *anti-procréatif* contredit l'essence la plus profonde du sacrement de mariage.

Cette comparaison est encore plus profonde qu'on ne le pense. Au chapitre 5 de l'*Épître aux Éphésiens*, la femme est décrite comme signe sacramentel de l'Église. Dans le cas de la Vierge Marie, un utérus est réellement devenu le temple de Dieu. Si le mari entre dans cette « église », il doit prier pour que la volonté de Dieu soit faite. Il peut avoir une bonne raison de ne pas entrer dans l'« église ». Mais ce serait un grave sacrilège d'y entrer et de la profaner en stérilisant son utérus.

Voici une autre comparaison[7]. En préparant leur mariage, la plupart des fiancés constatent qu'il y a des gens qu'ils ne pourront pas inviter à la cérémonie, et ce pour de bonnes raisons. Vous imaginez-vous leur envoyer une « *non*-invitation » ? « Nous nous marions le 21 juin mais nous *ne* voulons *pas* que vous soyez là. Merci de ne pas venir. » Cela romprait évidemment la relation.

C'est pourtant ce que les couples mariés font à Dieu lorsqu'ils utilisent des moyens contraceptifs. En s'unissant sexuellement, ils envoient à Dieu un faire-part sur lequel est écrit en caractères gras : « Nous nous unissons. Mais ne viens pas. Nous ne voulons pas de toi ici ». Les couples qui s'abstiennent pour éviter une grossesse, eux, n'envoient tout simplement pas d'invitation à Dieu. Si le couple a une bonne raison de vouloir éviter une grossesse, Dieu peut le comprendre. La relation n'est pas rompue.

10. On m'a toujours appris que la moralité d'un acte se jugeait à l'intention. Les couples qui utilisent les méthodes naturelles de planification des naissances et ceux qui utilisent des moyens contraceptifs n'ont-ils pas la même intention ?

Il faut faire attention à bien distinguer intention *présente* (de l'ordre des moyens) et intention *future* (de l'ordre des fins). Il est possible qu'un couple qui a recours aux méthodes naturelles de planification des naissances et un couple qui a recours aux moyens de contraception aient la même intention *future* : éviter une grossesse pour de bonnes raisons. Mais leur intention *présente* (les moyens par lesquels ils ont l'intention d'atteindre la fin qu'ils se proposent) est très différente. Le couple qui utilise les méthodes naturelles *a l'intention de s'abstenir* d'une union sexuelle fertile ; le couple qui utilise des moyens contraceptifs *a l'intention de stériliser* cette même union sexuelle fertile. Ce sont des intentions complètement différentes.

Prenons l'exemple de deux étudiants qui ont tous les deux l'intention future d'avoir de bonnes notes. Avec cet objectif en tête, l'un envisage

7. Je suis redevable au Dr. Donald DeMarco de cette analogie. Voir son livre *New Perspectives on Contraception*, Dayton, One More Soul, 1999, p. 114.

d'étudier à fond, l'autre de tricher à chaque examen… La fin ne justifie jamais les moyens.

11. Où est-il écrit dans la Bible que la contraception est un mal ?

Où est-il écrit dans la Bible qu'il est mal de couper le bras de son prochain et de le passer dans un hachoir à viande ? Nulle part. En revanche, il est écrit que nous sommes appelés à aimer notre prochain. Les personnes sensées en concluront spontanément qu'aimer son prochain implique de ne pas faire de la viande hachée avec son bras.

Il n'est dit nulle part dans la Bible : « Tu n'utiliseras pas de contraceptif ». Mais il est bien écrit que nous sommes créés homme et femme à l'image et à la ressemblance de Dieu (*cf.* Gn 1, 27). Il est dit : « Soyez féconds et multipliez-vous » (Gn 1, 28). Il est dit aussi que Dieu a tué Onân car celui-ci « laissait perdre à terre [sa semence] » (Gn 38, 9-10)[8].

Le Christ lui-même, se référant à l'époux et à l'épouse qui ne font plus « qu'une seule chair », a enseigné que nous ne devons pas séparer ce que Dieu a uni (*cf.* Mt 19, 6). Or Dieu est celui qui a uni sexualité et bébés, n'est-ce pas ? Le chapitre 5 de l'*Épître aux Éphésiens* est un appel clair, pour les maris, à aimer leur femme comme le Christ aime l'Église. Le Christ pourrait-il jamais rendre intentionnellement son amour stérile ?

Du début à la fin, les Écritures nous invitent à recevoir l'amour de Dieu, à aimer comme Dieu aime et à choisir la vie. L'union sexuelle est l'occasion peut-être la plus évidente qu'il nous soit donné d'accepter cet appel ou de le refuser. C'est à travers l'union sexuelle que l'amour incréé de Dieu pénètre dans le monde créé pour communier avec l'amour mutuel des époux et produire l'événement le plus éblouissant de l'univers : la création d'une nouvelle personne humaine.

Avoir une sexualité contraceptive, c'est dire : « Nous ne voulons pas recevoir l'amour de Dieu. Nous ne voulons pas aimer comme Dieu aime. Nous ne voulons pas choisir la vie ». Est-ce ce que *cela* est biblique ?

8. Les interprétations traditionnelles de ce passage y ont toujours vu la condamnation par Dieu de toutes les techniques d'orgasme délibérément stérile (masturbation, contraception, sodomie, etc.). Le terme « onanisme » a été forgé pour désigner ces comportements. Seuls les avocats modernes de la contraception, semble-t-il, refusent de conclure que Dieu a tué Onân pour avoir laissé perdre à terre sa semence.

12. Pour quelles bonnes raisons un couple utiliserait donc les méthodes naturelles ?

Tout d'abord, il faut considérer la disposition générale du couple vis-à-vis des enfants. La culture contraceptive tend à voir les enfants comme un fardeau à éviter plutôt qu'un don à accueillir, un obstacle à l'aisance matérielle plutôt qu'une contribution à la richesse familiale, une ponction sur les ressources du monde plutôt qu'un bénéfice pour la société[9]. Baignant dans cet environnement culturel, les couples entrent souvent dans la vie conjugale en se disant qu'ils n'auront pas d'enfants, *sauf* s'ils en veulent ou *tant qu'*ils n'en voudront pas. On a l'impression qu'il faut se justifier d'avoir plus que deux enfants.

Sans y réfléchir, les couples qui adoptent cette vision des choses se contentent en fait de chercher le moyen le plus efficace pour mener à bien leur plan. Dans cette perspective, les méthodes naturelles sont considérées comme un choix parmi d'autres sur la liste des méthodes permettant d'éviter d'avoir des enfants « non désirés », et encore, une méthode pas du tout souhaitable. En effet, même s'il s'agit d'une méthode tout aussi efficace que n'importe quelle méthode contraceptive, elle demande en pratique bien trop de sacrifices.

Supposons qu'un tel couple choisisse les méthodes naturelles. La mentalité de ces époux à l'égard des enfants est déjà contraire à ce que l'un et l'autre se sont promis à l'église. Même s'ils ne rendent pas intentionnellement stériles leurs unions sexuelles, ils sont coupables de trahir leurs consentements « dans leur cœur ».

Pour reprendre la comparaison du faire-part, ce couple n'envoie pas de « non-invitation » à Dieu. Il ne lui envoie rien. Mais ici, ce n'est pas une raison juste qui le fait agir ainsi ; par son attitude, il manifeste que la présence de Dieu dans son union n'est pas souhaitée.

Il s'agit là d'une rupture évidente de la relation. (Que ressentiriez-vous si un ami proche ne vous invitait pas à son mariage sans raison valable ?) Avant de pouvoir comprendre le juste usage des méthodes naturelles dans la vie conjugale, il faut donc d'abord une profonde conversion du cœur

9. Sur une publicité récente pour un paillasson, on pouvait lire : « Les animaux domestiques sont les bienvenus. Les enfants doivent être tenus en laisse ». La légende précisait : « Ce paillasson de non bienvenue maintient à distance les mères pondeuses et leur progéniture tapageuse. Efficacité garantie ». Voilà un parfait exemple de cette mentalité anti-enfants.

pour comprendre ce que signifie la sexualité, et que les enfants sont une vraie bénédiction.

Chaque couple marié est appelé à être fécond et à se multiplier (*cf.* Gn 1, 28). C'est le point de départ. Les enfants ne sont pas quelque chose qui vient se rajouter à l'amour conjugal : ils sont la gloire qui vient le couronner. Aussi, la disposition de fond ne devrait pas être d'éviter d'avoir des enfants mais de les accueillir quand ils viennent, sauf lorsque le couple a une bonne raison de différer une naissance.

L'Église, en particulier à notre époque, est la première à reconnaître que beaucoup de couples *ont en effet* des raisons valables, à certaines périodes de la vie conjugale, de ne pas accueillir d'enfants. Pour planifier le nombre d'enfants, le Concile Vatican II offre les orientations suivantes aux époux : « Ils prendront en considération à la fois leur bien et celui des enfants déjà nés ou à naître ; ils discerneront les conditions aussi bien matérielles que spirituelles de leur époque et de leur situation ; ils tiendront compte enfin du bien de la communauté familiale, des besoins de la société temporelle et de l'Église elle-même. Ce jugement, ce sont en dernier ressort les époux eux-mêmes qui doivent l'arrêter devant Dieu »[10].

Le *Catéchisme de l'Église Catholique* déclare quant à lui qu'il revient aux parents de « vérifier que leur désir [d'espacer les naissances] ne relève pas de l'égoïsme mais est conforme à la juste générosité d'une paternité responsable »[11].

Revenons une fois encore à l'exemple du couple qui a compris la signification réelle de la sexualité. De tels époux ont une juste attitude à l'égard des enfants. Dieu est toujours le bienvenu dans leurs unions charnelles. Cependant, ils ont discerné devant Dieu, sur la base des principes énoncés plus haut, qu'il vaut mieux pour eux éviter une nouvelle grossesse, du moins pour le moment.

Ils ne s'inquiètent pas du nombre de sacrifices à consentir pour être fidèles à leur engagement de mariage. Ils apprennent donc à utiliser les méthodes naturelles et s'abstiennent d'union sexuelle pendant la période fertile du cycle. En d'autres termes, ils se retiennent à juste titre d'inviter Dieu à créer une nouvelle vie. Ces époux agissent avec justesse, de manière responsable et en total accord avec l'engagement qu'ils ont pris à l'église.

10. *Gaudium et Spes*, n° 50.

11. *CEC*, n° 2368.

13. Nous avons déjà cinq enfants. J'ai décidé – et la décision m'appartient – de faire en sorte de ne pas tomber enceinte à nouveau. Avec mon mari, nous avons jugé que la pilule était la meilleure méthode pour nous. Cela ne regarde pas l'Église. Si l'Église a un si grand amour pour les familles, elle doit leur permettre de choisir la méthode de contrôle des naissances qui leur convient le mieux, au lieu de les culpabiliser.

Vous n'avez que trois moyens de « faire en sorte de ne pas tomber enceinte à nouveau ». Le premier, c'est de vous abstenir de toute union sexuelle jusqu'après la ménopause. Si vous voulez continuer à avoir des relations sexuelles sans grossesse, les seules autres options sont une ovariectomie pour vous ou une ablation des testicules pour votre mari. À part ces trois-là, aucune méthode de contrôle des naissances n'est efficace à 100 %. Même avec une vasectomie ou une ligature des trompes, vous ne pouvez pas être absolument sûre de ne pas tomber enceinte, si votre mari et vous continuez d'avoir des relations sexuelles.

En tant que maman de cinq enfants, vous comprendrez certainement l'analogie suivante. Si vous avez une fille de quinze ans qui veut aller à une fête sans surveillance, et si vous savez qu'il y aura beaucoup d'alcool, de drogue et de sexe à cette fête, j'imagine que, par amour pour elle, vous lui direz que ce n'est pas bien d'y aller. Il est possible que votre fille ne voie pas que vous faites cela par amour pour elle. Il se peut aussi qu'elle se moque de votre soi-disant amour et vous dise : « Si tu m'aimais vraiment, tu réaliserais que ce ne sont pas tes affaires que j'aille ou non à cette fête. Tu me laisserais décider par moi-même ce qui est le mieux, au lieu de me culpabiliser de vouloir y aller ».

En tant que mère, vous êtes capable de voir ce que votre fille, pour une raison ou une autre (degré de maturité, pression des pairs, désinformation, etc.), n'est pas capable de voir. Aller à cette fête, quoi qu'en « pense » votre fille, *n'*est *pas* bon pour elle.

De la même manière, nous qui avons été baptisés dans l'Église catholique, nous sommes tous ses fils et ses filles. L'Église est notre mère, au vrai sens du terme. Malheureusement, même adultes, nous ne savons pas toujours ce qui est le meilleur pour nous. L'Église, comme une mère aimante, cherche à nous guider.

Nous pouvons résister tant que nous voulons, comme des enfants. Il n'empêche que, guidée par le Christ lui-même, l'Église sait quel est le bon chemin pour nous. C'est la porte étroite. C'est le chemin que peu de gens veulent prendre (*cf.* Mt 7, 13-14). C'est le chemin qui nous fait marcher à la suite du Christ et vivre selon sa sagesse, et non selon nos propres « croyances ». C'est la voie de la confiance, celle qui consiste à croire que Dieu veut ce qu'il y a de meilleur pour nous, même lorsque nous ne comprenons pas.

Au bout du compte, c'est à vous de choisir ce que vous voulez faire. Ce ne peut être que votre décision. L'Église ne peut et ne prétend jamais prendre des décisions à la place de quelqu'un. Comme Jean-Paul II l'a dit lui-même, « l'Église connaît la route qui conduira la famille au cœur de sa vérité profonde [...]. Elle ne l'impose pas, mais elle ressent en elle-même une exigence imprescriptible de la proposer à tous, sans crainte, et même avec une confiance et une espérance très grandes, tout en sachant que la “bonne nouvelle” comporte aussi le langage de la croix. Or c'est à travers la croix que la famille peut atteindre la plénitude de son être et la perfection de son amour »[12].

14. En matière de contrôle des naissances, l'Église catholique a perdu le contact avec les besoins des vraies gens. Aucune autre Église n'enseigne que le contrôle des naissances n'est pas bien. L'Église catholique perd toute crédibilité sur ce point.

Si l'Église a tort sur cette question, dans ce cas je suis d'accord avec vous : elle est « dépassée » et perd toute crédibilité en la matière. À l'inverse, si l'Église a raison sur la contraception, c'est le reste du monde qui est « dépassé » et c'est ici que l'Église *acquiert* toute sa crédibilité.

La contraception n'est pas un phénomène nouveau. De fait, l'une des principales caractéristiques distinguant les premiers chrétiens de leurs contemporains païens était leur refus de diminuer leur fertilité en utilisant des préservatifs en lin, des potions ou des pessaires (obstructions placées dans le vagin). Par ailleurs, jusqu'en 1930, *toutes* les confessions chrétiennes étaient unanimes à condamner la contraception.

En 1930, l'Église anglicane a marqué l'histoire en tant que première Église chrétienne à rompre avec cet enseignement. À l'époque, des voix catholiques, protestantes et même non chrétiennes ont prédit qu'accepter la contraception conduirait logiquement à un chaos de la société, et que cela

12. *Familiaris Consortio*, n° 86.

commencerait par la hausse spectaculaire des séparations conjugales et des divorces. Vous serez peut-être surpris en lisant ce que plusieurs éminents penseurs du début du XXème siècle ont déclaré sur la contraception[13].

Théodore Roosevelt, président des États-Unis, qualifiait la contraception de « seul péché pour lequel la sentence est la mort de la nation, la mort de la race ; un péché pour lequel il n'y a pas d'expiation ».

Sigmund Freud, fondateur de la psychanalyse moderne et athée, observait : « L'abandon de la fonction de reproduction est une caractéristique commune à toutes les perversions. De fait, nous décrivons une activité sexuelle comme perverse si elle a laissé tomber la finalité de la reproduction et qu'elle poursuit la réalisation du plaisir comme un objectif indépendant ».

Gandhi, hindou, disait que les méthodes contraceptives revenaient à « récompenser un vice. Ils rendent les hommes et les femmes imprudents ». Il prédisait encore que « la nature est implacable et aura sa revanche totale sur toute violation de ses lois. Des résultats moraux ne peuvent être produits que par des restrictions morales [...]. Si les méthodes [contraceptives] deviennent l'ordre du jour, il n'en résultera rien d'autre que la dégradation morale [...]. En l'état actuel des choses, l'homme a déjà suffisamment dégradé la femme pour assouvir sa concupiscence, et [la contraception] continuera de la dégrader davantage, quelles que soient les bonnes intentions de ses avocats[14] ».

T.S. Eliot, célèbre poète et critique littéraire britannique, affirmait qu'en acceptant la contraception, « le monde tente l'expérience de forger une mentalité civilisée mais non chrétienne. Cette expérience va échouer mais il faudra patienter pour voir son effondrement ; en attendant, il faut racheter le temps pour conserver vivante la Foi au long des sombres années qui nous attendent, pour renouveler et reconstruire la civilisation, et pour sauver le monde du suicide »[15].

Le jour où un comité du Conseil fédéral des Églises d'Amérique publia un rapport suggérant de suivre l'exemple de l'Église anglicane, le *Washington Post*, dans un éditorial cinglant, fit cette déclaration prophétique : « En

13. Sauf indication contraire, les citations suivantes sont extraites de l'article de Patrick Fagan, "A Culture of Inverted Sexuality", *Catholic World Report*, novembre 1998, p. 57. Je remercie également Patrick Fagan pour certaines idées dont je me suis inspiré pour répondre à la question 14. NdT : La traduction de ces citations est proposée par le traducteur.

14. Mahatma Gandhi, *Young India*, 12/3/1925, p. 88-89.

15. T. S. Eliot, *Thoughts after Lambeth*, London, Faber and Faber, 1931, p. 32.

poussant sa logique jusqu'au bout, et s'il était mené à bien, le rapport du comité sonnerait le glas du mariage comme institution sacrée, en établissant des pratiques dégradantes qui encourageraient l'immoralité à tort et à travers. Insinuer que l'usage de contraceptifs légaux serait "prudent et maîtrisé" est absurde »[16].

Les hommes et les femmes avisés sont bien conscients du pouvoir qu'a l'instinct sexuel d'orienter ou de désorienter non seulement les individus, mais également les sociétés entières. Malgré cela, au cœur du chaos dans lequel nous nous trouvons aujourd'hui, l'arbre peut facilement cacher la forêt.

Quel rapport y a-t-il entre la contraception et l'effondrement du mariage et de la société ? Voici l'explication que je propose. Elle est plausible, même si je reconnais qu'elle simplifie un peu les choses.

Les humains sont souvent tentés de faire des choses qu'ils ne devraient pas. Beaucoup de garde-fous, dans la nature elle-même et dans la société, permettent de réfréner ces tentations et de maintenir l'ordre. Par exemple, comment évoluerait le taux de criminalité d'une société si, tout d'un coup, il n'y avait plus de peines de prison ? Appliquons la même logique aux comportements sexuels dévoyés et regardons ce qui se passe.

Tout au long de l'histoire, les humains ont été tentés de commettre l'adultère. Il n'y a là rien de nouveau. Mais jusqu'à présent, l'un des principaux éléments dissuasifs a été la peur d'une grossesse non désirée. Que se passerait-il si ce frein naturel était levé grâce à la disponibilité généralisée et à l'acceptation culturelle de la contraception ? Pour un certain nombre de couples mariés – pas tous, bien sûr – les cas d'infidélité seraient immanquablement en augmentation. Or, quelle est l'une des principales causes de divorce ? L'adultère.

Poursuivons ce scénario. Tout au long de l'histoire, les jeunes ont été tentés d'avoir des relations sexuelles avant le mariage. Mais là encore, l'un des principaux garde-fous a été la peur d'une grossesse non désirée. À nouveau, que se passerait-il si, à cause de la contraception, ce frein naturel disparaissait ? Pour un certain nombre de jeunes aux prises avec leurs hormones – pas tous, bien sûr –, le nombre de relations sexuelles avant le mariage augmenterait immanquablement. Or, les relations sexuelles avant

16. "Forgetting religion", *The Washington Post*, 22 mars 1931.

le mariage, nous l'avons vu au chapitre 4, figurent elles aussi au nombre des indicateurs clés d'un futur divorce.

Cela ne fait qu'empirer. Étant donné qu'aucune méthode de contraception n'est efficace à 100 %, la hausse des adultères et des relations sexuelles avant le mariage d'une partie de la population conduira inévitablement à une augmentation des « grossesses non désirées ». La suite logique est l'avortement (pour plus d'explications sur cette question, voir la question 16).

Tout le monde n'aura pas recours à l'avortement, bien sûr. Certaines femmes donneront leur enfant à l'adoption. D'autres mères les garderont. D'où une augmentation du nombre d'enfants qui grandiront sans père (nombre qui a déjà augmenté suite à la hausse des divorces).

Comme l'indiquent de nombreuses études – et le bon sens –, il y a de très fortes chances pour que ces enfants « sans père » grandissent dans la pauvreté, présentent des troubles émotionnels, psychologiques et comportementaux, ne soient pas en bonne santé, abandonnent l'école, aient des relations sexuelles avant le mariage, aient recours à l'avortement, se droguent, commettent des crimes violents et finissent en prison. Tous ces maux sociaux s'aggravent de manière exponentielle d'une génération à l'autre, puisque les enfants « sans père » sont également beaucoup plus susceptibles d'avoir eux-mêmes des enfants hors mariage et, s'ils se marient, de divorcer[17].

Tel est le chaos sociétal dans lequel nous vivons. Comme l'a relevé le journaliste Philip Lawler, « au cours des trente-cinq dernières années, le gouvernement fédéral a dépensé quatre billions de dollars – c'est-à-dire 4 000 000 000 000 – dans toutes sortes de programmes sociaux destinés à remédier aux maux qui peuvent être attribués, directement ou indirectement, au mauvais usage de la sexualité humaine »[18].

---

17. Nous renvoyons ici à plusieurs études :
– Larry Bumpass et James Sweet, *Cohabitation, Marriage, and Union Stability : Preliminary Findings*, art. n° 65, Center for Demography and Ecology, University of Wisconsin, 1995 (NdE : Sur la cohabitation avant le mariage, nous nous permettons de renvoyer les lecteurs français et francophones au petit livre de Myriam Terlinden, *Cohabiter ou se marier ?*, Éd. de l'Emmanuel, 2013) ; Maggie Gallagher, "Fatherless Boys Grow Up into Dangerous Men", *The Wall Street Journal*, 1er décembre 1998, art. 22 ; Sara McLanahan et Gary Sandefur, "The Consequences of Single Motherhood", *The American Prospect* 18, 1994, p. 48-58 ; David Blankenhorn, *Fatherless America : Confronting Our Most Urgent Social Problem*, New York, Basic Books, 1995.

18. Philip F. Lawler, "The Price of Virtue", *Catholic World Report*, juillet 1997, p. 58.

Ces maux avaient été annoncés par des hommes et des femmes de sagesse qui avaient compris que la contraception avait le pouvoir de changer le cours de la société en modifiant la vision de la vie humaine à sa source. Si le mariage est la cellule de base de la société, l'union sexuelle est la source de la culture. Orientée vers l'amour et la vie, elle construit une culture d'amour et de vie. Orientée à l'opposé, elle construit une culture d'utilisation et de mort. Si rien ne régit la vie à sa source, alors rien ne régit la vie tout court. Une culture contraceptive est une culture sans avenir. Comme l'ont compris T.S. Eliot et Théodore Roosevelt, c'est une culture qui se suicide.

Le XXème siècle a vu toutes les grandes confessions protestantes passer non seulement de la condamnation de la contraception à son acceptation, mais même, en maintes occasions, à son éloge. Seule l'Église catholique, soumise à une incroyable pression internationale, est restée ferme. Même des responsables protestants, lorsqu'ils ouvrent les yeux sur les maux de la contraception (et ils sont de plus en plus nombreux à le faire), s'émerveillent devant le courage de l'Église catholique. Comme l'a dit un Luthérien évangélique, « qu'à la fin du XXème siècle un souverain pontife romain soit – et souvent bien seul – à la tête de l'opposition à la contraception, voilà qui est plutôt ironique. Peut-être la structure hiérarchique catholique, qui réserve les décisions finales sur questions de foi et de mœurs à un évêque que les catholiques croient être le successeur de Pierre, s'est-elle révélée plus efficace pour résister à la modernité que le modèle protestant, qui compte sur la conscience individuelle et une gouvernance ecclésiale démocratique »[19].

Est-ce donc l'Église catholique qui n'est plus en phase avec les besoins des personnes réelles ? N'est-ce pas plutôt la culture contraceptive dominante ? Les « vraies gens » ont besoin de la vérité. Les « vraies gens » ont besoin de connaître cette bonne nouvelle : nous sommes créés à l'image de Dieu et appelés à aimer comme le Christ aime. C'est à nous de choisir de l'accepter ou de la rejeter.

19. Allan C. Carlson, "The Ironic Protestant Reversal : How the Original Family Movement Swallowed the Pill", *Family Policy* 12, 1999, p. 20.

15. Vous passez sous silence toute une série de bénéfices. La contraception a aidé les femmes à se libérer, elle a apporté plus d'égalité entre les sexes, elle a libéré les couples mariés, leur permettant de mieux profiter du sexe sans craindre de grossesses non désirées. En quoi cela est-il mauvais ?

Qu'est-ce qu'une femme vraiment libérée ? Qu'est-ce que la véritable égalité entre les sexes ? Que sont les vraies joies du sexe ? Examinons rapidement chacun de ces points et voyons ce que la contraception a apporté.

La libération de la femme

L'histoire illustre ce que le livre de la *Genèse* avait prédit : l'homme dominera la femme (*cf.* Gn 3, 16). Certes, les femmes doivent chercher à se libérer de cela. Mais si le vrai problème est l'incapacité des hommes à traiter les femmes comme des personnes, la contraception est à coup sûr un excellent moyen de les garder enchaînées… Supprimez la possibilité de tomber enceinte, vous ne ferez qu'encourager les tendances de l'homme à traiter la femme non pas comme une personne à aimer, mais comme une chose à utiliser pour son propre plaisir et à jeter une fois qu'on l'a prise.

Les premières féministes du XIXème siècle le reconnaissaient. Des femmes comme Elizabeth Cadi Stanton, Victoria Woodhull et Elizabeth Blackwell se sont toutes opposées à la contraception. Elles la considéraient comme une dégradation supplémentaire des femmes, en ce qu'elle autorisait les hommes à assouvir leurs passions sans que cela ait de conséquences[20]. En rompant avec la sagesse de leurs aînées, les féministes du XXème siècle ont adopté la désastreuse croyance qui veut que la contraception soit la clé de la libération de la femme[21].

Il a fallu les victimes de la révolution sexuelle pour que certaines féministes réalisent leur méprise. Germaine Greer, par exemple, qui avait autrefois encouragé ses disciples à s'épanouir grâce aux « libertés » permises

---

20. Pour d'autres d'informations intéressantes sur ce que les premières féministes pensaient de la contraception, voir : Linda GORDON, "Voluntary Motherhood : The Beginning of Feminist Birth Control Ideas in the United States", *Feminist Studies 1*, Printemps 1973, p. 5-22.

21. Cette évolution de l'approche féministe de la contraception est largement due à l'influence de Margaret Sanger et de l'association qu'elle a créée : Planned Parenthood. Pour mesurer l'influence de Planned Parenthood sur la vision de la vie humaine et de la morale sexuelle dans nos sociétés modernes, voir le livre-choc de Robert G. MARSHALL et Charles A. DONOVAN, *Blessed Are the Barren : The Social Policy of Planned Parenthood*, Ignatius, 1991.

par la contraception, regrette aujourd'hui que la « technologie contraceptive, au lieu de libérer les femmes, les ait transformées en geishas[22] qui risquent leur santé et leur fertilité en se rendant facilement disponibles pour des relations sexuelles dénuées de sens »[23].

Dans la ligne de ce qu'avaient envisagé les premières féministes, le pape Paul VI avait prédit, dans son encyclique *Humanae Vitae*[24], que la contraception conduirait à une dégradation encore plus grande de la femme. Gandhi avait prédit la même chose. L'histoire leur a donné raison.

L'égalité entre les sexes

Notre commune dignité d'hommes et de femmes est fondée sur le fait que Dieu nous a créés homme et femme à son image. Mais dignité ne signifie pas *uniformité*. C'est précisément dans la beauté de la *différence* sexuelle que nous découvrons notre complémentarité et notre égale dignité humaine.

En réalité, la contraception est opposée à l'égalité de la femme. Elle cherche à la transformer en ce que Dieu ne l'a pas destinée à être : quelqu'un qui peut avoir des relations sexuelles sans tomber enceinte. Et cela pour quoi ? Pour qu'elle soit « égale » à l'homme. Entendez : pour qu'elle soit identique à l'homme.

Réfléchissez. Si les femmes en sont réduites à se dégrader elles-mêmes pour affirmer leur « égalité », cette « égalité » n'est qu'une imposture créée par la technologie, non par Dieu. Les hommes ne traiteront les femmes comme égales à eux en dignité que lorsqu'ils en viendront à apprécier leur génie unique de femmes, ce que Dieu les a destinées à être. Or la contraception cherche à éradiquer cette unicité.

Les joies du sexe

Aimer comme Dieu aime, dans un abandon de soi libre, total, fidèle et fécond, voilà ce qui procure au sexe sa vraie joie. En conséquence, les couples qui utilisent des moyens contraceptifs ne savourent le sexe en

22. Terme japonais pour *call-girl*.

23. Extrait de l'article de Donald DEMARCO, "Contraception and the Trivialization of Sex" (source : www.cuf.org/july99a.htm, p 6).

24. *Humanae Vitae*, n° 17.

aucun cas. Ils peuvent savourer le plaisir de l'orgasme mutuel, mais le plaisir du sexe en tant que tel, ils ne le goûtent pas.

D'un point de vue technique, un couple qui utilise des contraceptifs n'a pas de relations sexuelles réelles. Il ne veut pas en avoir. Lui et elle ont peur de ce que le sexe est réellement. Ils ont peur des exigences de l'amour. Si ce n'était pas le cas, ils n'utiliseraient pas de moyens de contraception.

La contraception ne libère pas les personnes de leurs peurs : elle prouve combien elles ont peur, au contraire. Seul l'amour vrai peut chasser la peur (*cf.* 1Jn 4, 18). Seul l'amour vrai peut apporter la vraie joie. Si tout ce que l'on veut, c'est le plaisir de l'orgasme, il est plus sûr de se masturber.

La contraception a-t-elle pu produire des choses authentiquement bonnes ? Oui. Mais cela ne la justifie pas pour autant. Tout bien authentique qui a résulté de la contraception aurait dû être obtenu par des moyens moralement acceptables. Nous n'avons jamais le droit de faire le mal pour qu'il en sorte du bien (*cf.* Rm 3, 8).

16. Il est contradictoire d'être à la fois contre la contraception et contre l'avortement ! Comment l'Église ne le voit-elle pas ? Tant qu'il y aura des grossesses non désirées, il y aura des avortements.

Le pape Jean-Paul II a abordé cette question dans son encyclique *Evangelium Vitae* : « Il est fréquemment affirmé que la *contraception,* rendue sûre et accessible à tous, est le remède le plus efficace contre l'avortement. On accuse aussi l'Église catholique de favoriser de fait l'avortement parce qu'elle continue obstinément à enseigner l'illicéité morale de la contraception. À bien la considérer, l'objection se révèle en réalité spécieuse. Il peut se faire, en effet, que beaucoup de ceux qui recourent aux moyens contraceptifs le fassent aussi dans l'intention d'éviter ultérieurement la tentation de l'avortement. Mais les contre-valeurs présentes dans la « mentalité contraceptive » [...] sont telles qu'elles rendent précisément plus forte cette tentation, face à la conception éventuelle d'une vie non désirée »[25].

En ayant recours aux moyens contraceptifs, un couple oriente sa volonté *contre* la conception d'un enfant. Si ce moyen contraceptif s'avère inefficace

25. Jean-Paul II, *Evangelium Vitae,* n° 13.

(comme c'est souvent le cas[26]), il se retrouve alors coincé avec un enfant auquel il ne s'attendait pas, pour lequel il n'était pas préparé, *qu'il ne voulait pas*.

Que fait-il alors ? Un rapide coup d'œil aux chiffres indique que dans tous les pays qui ont adopté la contraception, les avortements n'ont pas diminué mais se sont au contraire multipliés. La Cour Suprême des États-Unis elle-même reconnaît qu'il y a là un lien intrinsèque : « À certains égards essentiels, l'avortement est de même nature que la décision d'avoir recours à des moyens contraceptifs [...]. Au cours des deux dernières décennies, marquées par des développements économiques et sociaux, les gens ont organisé leurs relations intimes et fait des choix qui définissent la manière dont ils se voient, ainsi que leur place dans la société, en fonction de la disponibilité de l'avortement, pour le cas où le moyen contraceptif utilisé aurait une défaillance »[27].

La contraception a propagé la grande illusion que l'on pouvait rompre le lien intrinsèque entre sexe et bébés. On en vient alors à entendre des propos très étranges, du genre : « Je suis tombée enceinte par accident »…

Holà ! Comme Janet Smith aime à le dire, si vous avez eu une relation sexuelle et que vous êtes tombée enceinte, ce n'est pas que quelque chose a *mal* tourné ; c'est, au contraire, que quelque chose a *bien* tourné ! Même les médecins, face à leurs patientes tombées enceintes malgré l'usage de contraceptifs, leur demandent : « Comment cela est-il arrivé ? » Si même le corps médical a oublié comment on fait les bébés, il y a un sérieux problème[28] !

Les « bébés non désirés » sont le résultat d'une relation sexuelle fermée à la fécondité. On en vient alors à considérer la grossesse comme une

---

26. NdE : « La France se caractérise par une couverture contraceptive étendue, constituée à 80 % par des méthodes délivrées sur prescription médicale, avec une forte prédominance de la contraception hormonale orale (pilule). Mais le niveau des échecs contraceptifs est préoccupant : 72 % des IVG sont réalisées sur des femmes qui étaient sous contraception, et dans 42 % des cas, cette contraception reposait sur une méthode médicale, théoriquement très efficace (pilule ou stérilet) » (Rapport de l'IGAS, « Evaluation des politiques de prévention des grossesses non désirées et de prise en charge des interruptions volontaires de grossesse suite à la loi du 4 juillet 2001 », oct. 2009, p. 7 de la version pdf).

27. Affaire Planned Parenthood vs. Casey, 1993. NdE : Pour la France, le rapport officiel de l'Inspection générale des affaires sociales (IGAS) s'étonne : « La diffusion massive de la contraception n'a pas fait diminuer le nombre des IVG, qui se maintient aux environs de 200 000 par an » (Rapport de l'IGAS, *Evaluation des politiques de prévention des grossesses non désirées et de prise en charge des interruptions volontaires de grossesse suite à la loi du 4 juillet 2001*, oct. 2009, p. 3 de la version pdf).

28. *Cf.* note 18, page 178.

maladie. La contraception devient le médicament préventif, et l'avortement le remède curatif. Tenter de résoudre par la contraception le problème de l'avortement, c'est comme essayer d'éteindre un feu en y jetant de l'essence ! Ce n'est qu'en rétablissant la vérité pleine et entière sur la bonté, la beauté et les exigences de l'amour charnel que nous pourrons éviter les grossesses non désirées et le meurtre des bébés.

Nous ne pouvons pas ne pas mentionner un autre lien entre contraception et avortement. Beaucoup ne savent pas que le stérilet, la pilule et d'autres contraceptifs hormonaux – comme Depo-Provera et Norplant[29] – agissent, à certains moments, non pas comme contraceptifs (pour éviter la conception), mais comme abortifs (en avortant l'être humain qui vient d'être conçu).

Il se peut très bien que vous connaissiez, dans votre entourage, une femme qui est tombée enceinte alors qu'elle prenait la pilule. Il est donc clair que la pilule n'empêche pas toujours l'ovulation. On sait que les contraceptifs hormonaux présentent deux dispositifs de « secours », au cas où l'ovulation aurait lieu : 1) ils empêchent le sperme d'atteindre l'œuf en changeant la consistance de la glaire ; 2) ils modifient la paroi de l'utérus de telle sorte qu'un bébé tout juste conçu ne puisse pas s'y implanter et meure (on estime que le stérilet fonctionne presque exclusivement ainsi)[30].

Bien sûr, peu de médecins communiquent cette information à leurs patientes. Au sein du corps médical, certains poussent même pour que l'on situe le début de la grossesse au moment de l'implantation, et non au moment de la conception, afin de cacher l'action abortive de ces « contraceptifs »[31].

29. NdE : Le Depo-Provera est une injection trimestrielle très rarement utilisée en France. Le Norplant est un implant sous-cutané valable cinq ans. Ces produits ont été massivement introduits par les organisations américaines dans les pays « en développement ».

30. Pour un exposé documenté et équilibré sur le sujet, écoutez la conférence du Dr. Chris Kahlenborn : "The Pill 101 : the Abortifacient Action of Hormonal Contraceptives".

31. En utilisant les chiffres de la probabilité de conception et ceux de l'activité sexuelle, John Kippley estime que l'usage du stérilet représente chaque année dans le monde 247 800 000 avortements précoces « insus ». Pour la pilule, il estime à 34 400 000 le nombre de ces avortements (*cf. Birth Control & Christian Discipleship*, 2ème éd., Cincinnati, Couple to Couple League, 1998, p. 14).

17. Et si l'on prend la pilule pour des raisons médicales ? Est-ce mal, là aussi ?

Je formulerai d'abord le principe moral en jeu, puis je m'intéresserai à la pilule spécifiquement. Comme l'a dit le pape Paul VI dans *Humanae Vitae*, « l'Église [...] n'estime nullement illicite l'usage des moyens thérapeutiques vraiment nécessaires pour soigner des maladies de l'organisme, même si l'on prévoit qu'il en résultera un empêchement à la procréation, pourvu que cet empêchement ne soit pas, pour quelque motif que ce soit, directement voulu »[32].

Supposons qu'une femme ait subi une hystérectomie à cause d'un cancer de l'utérus. Les actes sexuels ultérieurs seront évidemment stériles. Mais il est clair que le but de l'opération était d'enlever le cancer de cette femme, non de la stériliser. (Une remarque à ce propos : vouloir éviter une grossesse pour des raisons médicales *ne* justifie *pas* la stérilisation). Le fait qu'elle soit désormais stérile est une conséquence malheureuse, mais non intentionnelle, d'une procédure médicalement nécessaire.

Dans le même contexte, utiliser la pilule pour des raisons médicales pourrait être acceptable, à ceci près que la pilule est potentiellement abortive. S'il n'existe absolument pas d'autre moyen médical pour une femme mariée que de prendre la pilule, il faudrait que son mari et elles s'abstiennent de toute relation sexuelle pour éviter le risque d'avorter des enfants. La bonne nouvelle, c'est qu'il existe de nombreuses alternatives médicales à la pilule. L'Institut Paul VI pour l'étude de la reproduction humaine s'est spécialisé dans les traitements alternatifs de ce genre[33].

18. Les méthodes naturelles de planification des naissances ne sont pas efficaces à 100 % elles non plus. Donc, même si tout le monde les utilisait, comme le prescrit l'Église, la tentation d'avorter existerait toujours.

Ce serait le cas uniquement si ceux qui utilisent les méthodes naturelles avaient en même temps une mauvaise disposition de cœur vis-à-vis des enfants. Reprenons une fois de plus l'analogie de l'invitation au mariage

32. *Humanae Vitae*, n° 15.

33. Si votre médecin n'est pas en mesure de vous aider sur ce point, prenez contact avec l'Institut Paul VI. NdE : Voir aussi la note 20, page 179.

(voir questions 9 et 12 ci-dessus). Comment vous sentiriez-vous si vous envoyiez une « non-invitation » à quelqu'un, mais qu'il avait quand même le culot de se présenter à la cérémonie ? Vous seriez agacé, n'est-ce pas ? Vous auriez envie de lui dire de partir. C'est exactement la raison pour laquelle la mentalité contraceptive mène à l'avortement.

Par ailleurs, même si un couple n'a pas recours à l'avortement, on voit bien comment la mentalité contraceptive entraîne un ressentiment à l'encontre des enfants et de tout ce que ceux-ci exigent de leurs parents. Revenons à cet invité « non-invité » qui se présenterait quand même à la cérémonie de mariage. Supposons que vous n'ayez pas le courage de le jeter dehors. Vous éprouveriez néanmoins du ressentiment à son égard. Et vous seriez d'autant plus indigné s'il exigeait quelque chose de vous pendant la réception. De la même manière, les couples qui recourent à des moyens contraceptifs diront qu'ils n'ont pas signé pour les responsabilités d'une vie de parents.

Ceux qui font un usage responsable des méthodes naturelles ont une mentalité complètement différente. Supposons que vous envoyiez une invitation de mariage à quelqu'un dont vous savez à l'avance qu'il ne pourra pas venir. Que ressentirez-vous s'il changeait d'avis et arrivait à l'improviste ? Vous serez peut-être surpris mais vous ne voudrez pas le jeter dehors. Après tout, vous l'avez invité. Si vous voulez le mettre dehors, cela prouve que votre invitation n'était pas sincère.

Pour un couple qui utilise une méthode naturelle et s'unit sexuellement pendant la période infertile, il en va de même. Les époux envoient une invitation à Dieu, lui disant qu'il est libre de créer une nouvelle vie s'il le veut, mais ils sont presque sûrs qu'il ne le fera pas. Si Dieu « change ses plans », vous les entendrez peut-être parler d'une « grossesse surprise », mais vous ne les entendrez jamais parler d'une « grossesse non désirée ». Si c'est le cas, cela prouve que l'invitation qu'ils ont envoyée à Dieu n'était pas sincère.

En d'autres termes, les couples qui utilisent de manière responsable une méthode naturelle de planification des naissances savent à quoi s'attendre et l'acceptent. Si Dieu, sans qu'ils s'y attendent, choisit de créer une nouvelle vie, chaque changement de couche, chaque nuit sans sommeil, bref chaque sacrifice qu'ils feront pour leurs enfants, est un prolongement du *oui* qu'ils ont prononcé dans l'extase de leur étreinte donatrice de vie.

19. Les couples qui utilisent les méthodes naturelles doivent avoir beaucoup de surprises, alors ! Dans le cabinet de mon médecin, un tableau dit que ces méthodes ne sont efficaces qu'à 80 %.

Le chiffre de 80 %, souvent cité dans la littérature médicale, est basé sur des enquêtes menées auprès de personnes qui déclarent simplement utiliser « une méthode naturelle de contrôle des naissances ». Il peut s'agir aussi bien de celles qui utilisent la vieille « méthode Ogino », de celles qui se contentent de deviner le moment où elles sont fertiles ou non, de celles qui ont été réellement formées à utiliser une méthode moderne de planification naturelle des naissances, ou encore de celles qui trichent sciemment sur la période d'abstinence.

Si on met toutes ces personnes dans le même sac, le chiffre de 80 % est certainement exact. En revanche, si l'on prend en compte uniquement le groupe de personnes correctement formées et décidées à suivre les règles, le taux d'efficacité grimpe à 99 %. De nombreuses études l'indiquent[34].

20. Je pensais que les méthodes naturelles, c'était justement la méthode Ogino.

C'est une erreur courante. La vieille méthode Ogino, rendue populaire par les catholiques au milieu du XXème siècle, prédisait la probable période de fertilité mensuelle en se basant sur la longueur des cycles précédents. Elle n'était donc pas très efficace pour les femmes aux cycles irréguliers. Il n'était pas non plus possible de déterminer à quel moment la femme serait à nouveau fertile après un accouchement ou pendant l'allaitement.

Dans les années 1950 et 1960, les progrès accomplis dans la connaissance du rôle de la glaire cervicale ont conduit à élaborer de nouvelles méthodes, modernes celles-là, de planification naturelle des naissances. Pour chaque cycle, elles ne se basent pas sur la probabilité de fertilité mais sur les signes facilement observables de fertilité et d'infertilité (la glaire cervicale principalement, mais également la température et les changements d'aspect du col de l'utérus, entre autres choses). Toutes les femmes peuvent ainsi utiliser avec succès ces méthodes modernes de planification des naissances, même celles qui ont des cycles irréguliers, allaitent ou sont en pré-ménopause.

---

34. *Cf.* note 3, page 137.

21. Avec les méthodes naturelles, combien de jours faut-il s'abstenir pour ne pas tomber enceinte ?

Généralement, pas plus de 27 jours par cycle.

Non, je plaisante !

Entre 7 et 12 jours par cycle. Les périodes d'abstinence peuvent être plus longues pendant les moments où la fertilité est irrégulière, comme après un accouchement ou pendant la pré-ménopause.

22. Il n'y a rien de « naturel » à s'abstenir de relations sexuelles quand on est marié. Cela pourrait même nuire au couple.

L'abstinence peut nuire à un couple si elle est pratiquée pour de mauvaises raisons. Mais quand des époux décident de s'abstenir de relations sexuelles par fidélité à leur engagement, cela ne fait que renforcer leur couple. Voyons comment, en examinant à nouveau chacune des promesses de mariage au prisme des méthodes naturelles de planification des naissances.

Liberté

Pratiquer les méthodes naturelles met la liberté du couple à l'épreuve. Même si les époux trouvent cela difficile, les périodes d'abstinence, lorsqu'elles sont choisies par fidélité à leur engagement de mariage, ne peuvent que les fortifier dans la vertu de maîtrise de soi, si essentielle à la liberté d'un amour conjugal authentique.

Intégralité

Pratiquer les méthodes naturelles encourage le don total de soi et le respect de la personne dans son intégralité. Le refus d'ériger des barrières physiques ou chimiques entre eux crée une atmosphère qui permet à chacun des époux de baisser sa garde émotionnelle. Chacun(e) sait qu'il ou elle est respecté(e) par l'autre. Chacun(e) voit, dans la volonté qu'a l'autre de faire des sacrifices, l'amour authentique dont il ou elle l'aime. Ce faisant, les époux instaurent une confiance mutuelle qui leur permet, lorsqu'ils s'unissent, de s'abandonner l'un à l'autre totalement et sans crainte.

Fidélité

La fidélité à l'engagement de mariage est la raison d'être des méthodes naturelles. Les couples qui adoptent ces méthodes font ainsi la preuve de leur fidélité à leurs promesses de mariage, et ce quels que soient les difficultés, les défis et les sacrifices demandés. Ne pensez-vous pas que des époux qui ont appris à dire non au sexe quand il le fallait auront moins de mal que les autres à dire non aux tentations extraconjugales, lorsqu'elles se présenteront ?

Ouverture à la fécondité

Comme chacun sait, tenir fidèlement cet engagement est la marque caractéristique des méthodes naturelles. Lorsque les époux qui utilisent ces méthodes choisissent de s'unir sexuellement, ils remettent toujours la possibilité d'une grossesse dans les mains de Dieu. L'Esprit Saint est le bienvenu dans la chambre conjugale. Le lien d'amour qui unit la Trinité devient le lien d'amour qui unit époux.

La continence périodique requise par les méthodes naturelles peut être difficile, cela ne fait aucun doute. Mais, comme l'ont rappelé les Pères du Concile Vatican II, « il ne peut y avoir de véritables contradictions entre les lois divines qui régissent la transmission de la vie et celles qui favorisent l'amour conjugal authentique »[35]. Pratiquer les méthodes naturelles de planification des naissances demande la maîtrise de soi, la confiance en son conjoint, la confiance en Dieu, une communication sincère et ouverte et la volonté de faire des sacrifices mutuels. Rien de cela ne nuit à l'amour. L'amour est *cela*.

Si, dans l'ensemble, les catholiques connaissent à peu près le même taux de divorce que les autres, les études montrent que ce taux est pratiquement nul chez les utilisateurs des méthodes naturelles[36]. Pourquoi s'en étonner, puisque la pratique de ces méthodes encourage les vertus qui justement aident à réussir sa vie conjugale ? Loin de nuire au mariage, les méthodes naturelles le garantissent plutôt.

---

35. *Gaudium et Spes*, n° 51.

36. Dans le cadre d'une étude du Dr. Josef Rotzer, sur les mille quatre cents couples mariés utilisant les méthodes naturelles de régulation des naissances, aucun n'avait divorcé (cf. DeMarco, p 115).

23. Quel degré d'intimité conjugale est acceptable pendant les périodes d'abstinence ?

J'ai déjà évoqué la plupart des principes censés guider les gestes de tendresse d'un couple qui s'abstient d'unions sexuelles pendant la période fertile. Par exemple, les couples ne doivent pas rechercher le plaisir orgasmique en dehors d'une union charnelle. Mais cela ne veut pas dire qu'ils doivent porter autour du cou un écriteau « Interdiction de toucher ! »...

Pratiquer les méthodes naturelles est un merveilleux moyen d'apprendre que les gestes de tendresse ne mènent pas nécessairement à une union sexuelle[37]. S'embrasser, s'étreindre, se caresser... tous ces gestes de tendresse sont bons en soi et ne doivent pas être retenus sous prétexte qu'on n'a pas l'intention de s'unir. Nous sommes appelés à être libres. Si des époux ne peuvent s'exprimer une vraie affection sans être tentés de se masturber, c'est que quelque chose ne va pas. Cela dit, les époux doivent connaître leurs limites (qui varient grandement d'un couple à un autre) et en discuter ouvertement et honnêtement afin d'éviter de « pousser le bouchon » trop loin.

24. J'accepte ce que dit l'Église mais mon mari insiste pour que nous utilisions des contraceptifs. Que dois-je faire ?

Par votre témoignage d'amour à l'image du Christ, continuez patiemment de le conduire vers la vérité et la signification profonde de votre mariage. Par-dessus tout, priez pour lui. La finalité ultime de votre mariage est de vous conduire l'un l'autre au paradis[38].

Sachez que votre souffrance n'est pas vaine. Offrez-la au Christ pour la conversion du cœur de votre mari. Espérez un miracle. J'en ai vu se produire. Si Dieu a pu transformer *mon* cœur en la matière, il peut transformer le cœur de n'importe qui.

En attendant, ne vous associez pas au péché de votre mari en collaborant directement à un comportement contraceptif. Par exemple, ne prenez pas la

---

37. Chez les couples qui utilisent les méthodes naturelles de régulation des naissances, de très nombreuses femmes disent la joie qu'elles éprouvent à recevoir les baisers de leur mari sans avoir à soupçonner celui-ci de « vouloir » quelque chose. C'est la liberté et la joie qu'offrent ces méthodes. Elles permettent aux époux d'aimer l'autre pour lui-même.

38. Les femmes qui espèrent la conversion de leur mari et prient pour cela trouveront une source d'encouragement dans le journal d'Elisabeth Leseur : *Journal et pensées de chaque jour* (Paris, Cerf, 1999).

pilule ou ne mettez pas de diaphragme pour lui. S'il connaît vos convictions et que, malgré cela, il choisit de se retirer pendant l'union (coït interrompu) ou même d'utiliser un préservatif, il est alors le seul responsable de ce comportement contraceptif.

Vous pouvez aussi décider de vous abstenir de relations sexuelles tant que votre mari insistera pour utiliser un moyen contraceptif. Ce choix peut entraîner certaines conséquences qu'il faut bien peser ; mais forcer son conjoint à collaborer à une attitude objective de péché est un acte de violence, et vous n'êtes en aucun cas obligée de vous y soumettre. Par souci de votre bien personnel et de celui de votre mari, tout en continuant à l'aimer et à l'aider à vivre une conversion du cœur, vous pouvez lui dire que vous n'êtes pas disposée à être traitée comme un objet pour son « soulagement » sexuel.

25. Je me suis fait ligaturer les trompes. Je le regrette aujourd'hui. Que dois-je faire ?

Tout d'abord, si vous n'avez pas encore reçu le sacrement de réconciliation sur ce point, allez trouver un prêtre qui comprend et aime l'enseignement de l'Église. Faites confiance à la miséricorde du Seigneur. Il guérit. Il pardonne. Par ailleurs, votre mari et vous devez repartir à zéro en vous demandant pardon d'avoir été infidèles l'un et l'autre aux engagements pris à l'église.

Beaucoup de femmes – sans parler des hommes qui ont subi une vasectomie – sont dans le même cas que vous. Certaines ne trouvent pas la paix tant qu'elles ne se sont pas fait dé-stériliser. Si vous en avez les moyens et qu'il n'y a pas de risque majeur pour votre santé, c'est une démarche à prendre en considération. Si vous n'en avez pas les moyens et/ou que cela présente un risque majeur pour votre santé, vous faire opérer pour recouvrer votre état antérieur n'est pas une nécessité morale. Mais la contrition et le repentir sincère, eux, en *sont* une.

Vous pouvez par exemple vivre ce repentir en vous abstenant de relations sexuelles pendant une période donnée chaque mois, comme si vous pratiquiez les méthodes naturelles. Beaucoup de gens dans la même situation que vous constatent que cette approche les aide à grandir dans une vraie compréhension de la sexualité de l'amour conjugal. Vous pouvez aussi consacrer du temps à diffuser l'enseignement de l'Église sur ces questions, afin d'éviter à d'autres personnes de commettre les mêmes erreurs.

Avant tout, faites confiance à l'amour miséricordieux de Dieu. *Rien* de ce que nous avons fait dans notre vie n'est hors de portée de la rédemption que le Christ nous a acquise.

26. Nous avons recours à des moyens contraceptifs depuis des années. Nous n'avions jamais entendu parler de tout cela. Que devons-nous faire ?

Une fois encore, il faut commencer par le commencement. Si vous n'avez pas reçu le sacrement de réconciliation, allez trouver un prêtre qui comprend et aime l'enseignement de l'Église. Faites confiance à la miséricorde du Seigneur. Il guérit. Il pardonne. Demandez-vous aussi pardon l'un à l'autre.

Ensuite, *suivez une formation aux méthodes naturelles de planification des naissances*[39]. Même si vous êtes sceptiques, faites-le, je vous en prie ! De nombreux couples ayant connu les effets néfastes de la contraception sur leur mariage peuvent témoigner de la guérison qu'ils ont obtenue en apprenant et en pratiquant les méthodes naturelles.

39. En France, vous pouvez vous adresser à Amour et Vérité (www.amouretverite.org), au CLER (www.cler.org), à Woomb (www.woomb.org) et à Billings France (www.methode-billings.com) – NdE.

7

« Oui… mais pas comme Dieu le veut »

Les techniques de procréation médicalement assistée

> La vie nous apprend, en effet, que l'amour – l'amour conjugal – est la pierre de fondation de toute vie.
>
> Jean-Paul II[1]

« Les rapports sexuels seront-ils encore nécessaires ? » Telle était la première question posée par le magazine *Time* dans une série d'articles intitulée « Après l'an 2000 : 100 questions sur le siècle nouveau ». Le chapeau de cet article inquiétant répondait : « Pour les oiseaux, oui. Pour les abeilles, oui. Mais pour nous, il se peut que nous n'en ayons plus besoin – sauf pour le plaisir ». Sous une image étrange représentant des êtres humains miniatures mis au monde dans des tubes à essai, une légende affirmait sans

1. "The Love Within Families", p. 799.

sourciller : « Le lien entre le sexe et la procréation, déjà ténu, pourrait être rompu »[2].

Bienvenue dans le *Meilleur des mondes* d'Aldous Huxley !

Cela devrait nous glacer le sang. Le lien entre sexe et procréation est ce qui maintient la dignité de la vie humaine. Rompez-le, et la vie humaine est automatiquement dévalorisée. Rompez-le, et les êtres humains finissent pas être traités non plus comme des personnes à aimer, mais comme des choses à utiliser.

D'une part, cette approche utilitariste mène à la destruction d'êtres humains, dès lors que l'on estime qu'ils sont un obstacle à notre bonheur, que ce soit au début de leur vie (avortement) ou à la fin (euthanasie). D'autre part, elle conduit à ne produire technologiquement des êtres humains que lorsque l'on estime qu'ils peuvent nous procurer du bonheur. Dans les deux cas, la vie humaine n'est pas respectée pour elle-même ; elle est traitée comme une chose à acquérir ou dont il faut se débarrasser, selon ses préférences personnelles.

La stérilité est un vrai problème, un problème qui a grimpé en flèche au cours des trente dernières années dans les pays développés[3]. En réaction à ce phénomène, une véritable industrie des techniques de procréation assistée a vu le jour. Peu régulée, elle est en développement constant. Certes, le désir de surmonter la stérilité est légitime ; néanmoins, d'importantes considérations morales doivent être prises en compte.

Même s'il est bon en soi, le désir d'enfant ne justifie pas tous les moyens d'en « obtenir ». Par exemple, kidnapper le bébé d'autrui est un mal, même si un couple veut désespérément des enfants. Fabriquer un enfant en ayant recours à des manipulations technologiques est aussi un mal, comme l'enseignement de l'Église le rappelle. Dans les deux cas, la *fin est bonne* (le désir d'enfants) mais le *moyen est mauvais*.

La douleur, parfois même le tourment des couples stériles, ne doivent pas être ignorés. Mais la création de la vie humaine en laboratoire présente des enjeux beaucoup plus cruciaux qu'il n'y paraît à première vue. L'opposition

2. *Time*, 8 novembre 1999, p. 66-69.

3. Les médecins sont nombreux à reconnaître combien leur situation est absurde : ils aident les femmes à éviter une grossesse les quinze premières années de leur vie reproductive, et les quinze suivantes, ils les aident à en provoquer une. Est-il si surprenant qu'une culture qui empêche les grossesses par de fortes doses de médicaments suppresseurs de fertilité et des dispositifs mécaniques intrusifs, constate une hausse spectaculaire des taux de stérilité au moment où la conception est désirée ?

de l'Église à certaines techniques de procréation médicalement assistée soulève des questions et des oppositions nombreuses et pressantes. Avant de les aborder, je vous invite à vous poser sérieusement les sept questions suivantes et à réfléchir aux conséquences de vos réponses.

- Sommes-nous les maîtres de la vie humaine ?
- Un enfant est-il un don de Dieu ?
- Peut-on exiger un cadeau ?
- Les couples ont-ils droit à un enfant à tout prix ?
- Les couples ont-ils « droit » à un enfant tout court ?
- Sommes-nous libres de déterminer ce qui est bien et ce qui est mal ?
- Les commandements de Dieu sont-ils faits pour nous rendre heureux ou nous empêcher de l'être ?

1. L'Église est pro-famille et pro-vie, c'est clair. Il est donc logique qu'elle s'oppose aux technologies qui entravent la procréation. Mais pourquoi s'oppose-t-elle à des technologies qui visent justement à mettre au monde des enfants ?

Cela semble en effet contradictoire à première vue. Cependant, en y réfléchissant davantage, on comprend que l'Église se contredirait elle-même si elle *n'*enseignait *pas* le caractère immoral de certaines techniques destinées à engendrer la vie.

L'enseignement de l'Église sur les techniques de procréation médicalement assistée n'est que le pendant de son enseignement sur la planification des naissances[4]. Là où les méthodes contraceptives détachent l'acte sexuel de la conception d'un bébé, de nombreuses techniques de procréation médicalement assistée détachent la conception d'un bébé de l'acte sexuel. La constance inébranlable avec laquelle l'Église défend la signification de l'amour, de la vie et du mariage – la signification de notre création comme

4. Ironie de l'histoire, le premier bébé éprouvette de l'histoire, Louise Brown, est née le 25 juillet 1978, le jour même du dixième anniversaire de la publication de l'encyclique *Humanae Vitae* dans laquelle le pape Paul VI réaffirme le lien intrinsèque entre rapport sexuel et procréation. Coïncidence ? Ne serait-ce pas plutôt Dieu qui cherche subtilement à nous faire comprendre quelque chose ? (Depuis cette date, pour les seuls États-Unis, cent mille enfants environ ont été conçus au moyen des technologies reproductives).

homme et femme à l'image de Dieu – exige que le lien entre acte sexuel et conception, entre conception et acte sexuel, ne soit *jamais* rompu, et ce quelles que soient les circonstances et les motivations.

Le principe moral de base que l'Église applique aux techniques de procréation médicalement assistée est le suivant : si le moyen technique *facilite* l'acte conjugal ou l'aide à atteindre ses objectifs naturels, il peut être moralement admis, voire louable. Quand, au contraire, l'intervention *se substitue* à l'acte conjugal comme moyen de concevoir l'enfant, elle est moralement illicite et n'est pas conforme à l'intention de Dieu sur la vie humaine[5]. Séparer la conception de l'étreinte d'amour du mari et de la femme provoque non seulement de nombreux maux par la suite mais, même si ceux-ci sont évités, elle demeure en outre contraire à la dignité de l'enfant, à la dignité des époux et de leur relation, et à notre statut de créatures. Examinons chacun de ces points.

La cause de maux supplémentaires

Comme l'a dit le Christ, on juge un arbre à ses fruits (*cf.* Mt 7, 17-20). Séparer la conception d'un enfant de l'étreinte conjugale n'entraîne pas *nécessairement* les maux énumérés ci-dessous mais elle y conduit pratiquement la plupart du temps : masturbation pour obtenir du sperme ; production de vies humaines « excédentaires » qui sont ensuite soit détruites par avortement (appelé par euphémisme « réduction embryonnaire »), soit congelées pour un « usage » ultérieur, soit gardées de manière intentionnelle pour des expérimentations médicales ; « mentalité eugéniste » qui pratique la discrimination entre les êtres humains en ne les traitant pas tous avec les mêmes attentions et en ne leur accordant pas tous la même dignité ; marchandisation des gamètes (sperme et ovules) et d'embryons congelés ; insémination artificielle de femmes célibataires, avec pour conséquence tous les maux caractéristiques des enfants « sans père » évoqués au chapitre précédent.

La dignité de l'enfant

S'il existe de nombreux actes par lesquels un enfant *peut* être conçu (étreinte conjugale, viol, fornication, adultère, inceste, procédés

5. *Cf.* Congrégation pour la Doctrine de la Foi, *Instruction Donum Vitae sur le respect de la vie humaine naissante et la dignité de la procréation*, n° 7.

technologiques divers), un seul est conforme à la dignité de l'enfant. Comme nous l'avons vu en détail au chapitre premier, notre grande dignité humaine réside dans le fait que nous sommes créés à l'image de Dieu. L'amour est notre origine, notre vocation et notre finalité. Aussi la dignité humaine exige-t-elle qu'un enfant soit conçu par le biais d'un acte d'amour qui soit lui-même à l'image de Dieu. Tel est l'amour conjugal. Son expression constitutive est l'étreinte par laquelle un mari et sa femme deviennent « une seule chair ».

Dès le moment de leur conception, les enfants méritent le respect que nous devons à toute personne. Ils sont égaux en dignité à leurs parents. Créés pour eux-mêmes, ils doivent être accueillis de manière inconditionnelle comme des dons de Dieu. Désirer un enfant non pas comme le fruit d'une étreinte conjugale mais comme le résultat d'un procédé technologique, c'est considérer l'enfant comme un *produit* à obtenir, au lieu de le voir comme une *personne* à aimer. Consciemment ou inconsciemment, de manière subtile ou non, cela crée une approche dépersonnalisée de l'enfant.

Les produits en vente sont soumis à un contrôle de qualité. Lorsque vous achetez une nouvelle télé au prix fort, vous voulez qu'elle soit en parfait état. Vous ne vous souciez pas de la télé pour elle-même : vous voulez juste qu'elle marche. Si elle est défectueuse, vous la rapporte pour l'échanger ou vous faire rembourser.

De la même manière, un couple qui a payé des milliers – voire des dizaines de milliers – d'euros en technologie reproductive sera réellement tenté de vouloir un « remboursement » ou un « échange » si le « produit » est défectueux. Cette approche conduite les gens à vouloir non pas un bébé particulier conçu pour lui-même mais plutôt des bébés « en parfait état », y compris des bébés « faits sur mesure » : tel sexe, telle couleur d'yeux, telle couleur de peau, telle taille. De fait, si le bébé est déformé ou ne satisfait pas les *desiderata* du couple (ou du médecin), il est « envoyé à la casse » et on recommence le processus à zéro.

Je ne veux pas dire que tous les couples qui ont recours à ces technologies coûteuses s'abaissent jusqu'à ce niveau-là. Il est *possible* de résister à la tentation d'appliquer des « contrôles de qualité » au bébé produit. Mais cette mentalité dépersonnalisante est consubstantielle au procédé mis en œuvre.

Le seul moyen de s'assurer que la dignité de *tous* les enfants soit respectée est de s'assurer que les époux comprennent et vivent la pleine signification de l'union sexuelle et ne cherchent jamais à avoir des enfants en dehors d'elle. S'il était le fruit de l'union de ses parents à l'image de Dieu, aucun enfant ne pourrait jamais être non désiré ou non aimé, quelles que soient ses « défectuosités ». L'amour inconditionnel engendre l'amour inconditionnel.

La dignité des époux et de leur relation

La Congrégation pour la Doctrine de la Foi a fait remarquer que si la procréation humaine doit respecter non seulement l'enfant mais également les parents et la dignité de leur relation, elle doit être « le fruit et le signe de la donation mutuelle et personnelle des époux, de leur amour et de leur fidélité »[6]. En d'autres termes, comme nous l'avons expliqué tout au long de ce livre, la procréation humaine doit être le fruit du « oui » prononcé lors de l'échange des consentements et exprimé pendant l'union charnelle.

La procréation médicalement assistée n'est tout simplement *pas conjugale*. Dans ce cas, en effet, l'enfant n'est pas le fruit « fait chair » du consentement de ses parents, mais le produit d'une procédure médicale accomplie par un tiers et entièrement extérieure à l'union des époux. Comme le note le théologien moraliste William E. May, « les époux ne peuvent pas plus déléguer à d'autres le privilège qu'ils ont d'engendrer la vie humaine qu'ils ne peuvent déléguer celui qu'ils ont de s'engager dans l'acte conjugal »[7]. Que les gamètes utilisés par le laborantin soient celles du mari et de la femme ne change rien à l'immoralité de ce moyen de procréation.

Une fois encore, consciemment ou inconsciemment, les époux qui ont recours à ces procédés trahissent le « oui » de leur engagement de mariage[8]. Même si les époux ont peut-être le désir d'exprimer leur « ouverture à la fécondité » en recourant à ces techniques, en réalité ils disent (au mieux) : « Oui, *mais pas comme Dieu le veut* ». Agir à l'opposé du plan de Dieu sur le mariage et la procréation est totalement incompatible avec les promesses de mariage, même si cela est fait avec les « meilleures intentions du monde ».

---

6. *Donum Vitae,* n° A1.

7. William E. May, *Marriage : The Rock on Which the Family Is Built*, San Francisco, Ignatius, 1995, p. 98.

8. Les époux trahissent leur engagement de mariage davantage encore lorsqu'ils ont recours aux gamètes d'un tiers (techniquement appelé *fécondation hétérologue*) ou font « usage » de l'utérus d'une mère porteuse, étant donné que leur engagement à la fidélité « comporte le respect réciproque de leur droit à devenir père et mère seulement l'un par l'autre » (*Donum Vitae,* n° A1).

Par ailleurs, de nombreux couples peuvent témoigner combien sont dépersonnalisants ces tests innombrables et ces procédures répétées, qui traitent les « cellules sexuelles » comme de la « matière première » à exploiter pour la génération d'un enfant. Pour une femme, se faire inséminer artificiellement par un médecin à l'aide d'une longue aiguille ne figure pas parmi les dix expériences à vivre absolument… Certaines femmes prétendront, une fois leur « enfant miracle » né, que cela en valait la peine ; il n'empêche : pour des époux, savoir dans un coin de leur esprit que leur enfant est un « miracle de la science » plutôt qu'un miracle de leur union conjugale, ne peut qu'ébranler le socle psychologique des relations familiales, socle sur lequel repose leur stabilité et celle des enfants.

L'étreinte conjugale ne se limite pas à la transmission biologique de gamètes. Si tel était le cas, il serait beaucoup plus efficace pour un couple qui veut avoir un enfant de recourir à une fécondation *in vitro* plutôt que de s'en remettre à la « chance » biologique. L'étreinte conjugale est une réalité profondément personnelle, sacramentelle, physique et spirituelle. Séparer la procréation humaine de cette union sublime révèle un manque de compréhension et de respect du « langage du corps » et de l'essence la plus profonde de l'amour conjugal. Une telle dichotomie dépersonnalise toutes les personnes concernées.

Notre statut de créature

Nous l'affirmons dans le Credo (Symbole de Nicée), il n'y a que Dieu qui soit « Seigneur et qui donne la vie ». Les époux ont le privilège particulier de coopérer avec Dieu dans la procréation d'enfants. Mais, en tant que créatures, ils ne sont pas les maîtres de la vie. Ils ne sont que les serviteurs du dessein de Dieu.

Or la fécondation artificielle, au contraire, « remet la vie et l'identité de l'embryon au pouvoir des médecins et des biologistes, et instaure une domination de la technique sur l'origine et la destinée de la personne humaine »[9]. Les époux et les techniciens s'établissent ainsi *opérateurs* au lieu de *co*-opérateurs, *créateurs* au lieu de *pro*créateurs. Ils nient leur statut de créatures et agissent d'eux-mêmes « comme des dieux » (*cf.* Gn 3, 5).

9. Congrégation pour la Doctrine de la Foi, *Donum Vitae*, n° B5.

Dieu a créé l'union sexuelle pour qu'elle soit, en un certain sens, un symbole sacramentel de sa propre vie et de son amour, et de notre union avec le Christ. Chercher à transmettre la vie humaine en dehors de l'union sexuelle symbolise le rejet de l'union avec Dieu, le désir d'avoir la vie *sans* Dieu ou, tout au moins, en dehors de son dessein pour nous. Comme le dit le *Catéchisme de l'Église catholique*, lorsque nous préférons nos propres desseins à ceux de Dieu, nous le méprisons. Lorsque nous faisons le choix de nous-mêmes contre les exigences de notre état de créature, nous agissons contre notre propre bien[10].

2. Êtes-vous en train de dire que les enfants conçus grâce à ces techniques ne sont pas créés par Dieu ou ne sont pas créés à son image ?

Aucune personne n'existerait sur cette planète si Dieu ne l'avait pas voulue. Dès que le spermatozoïde rencontre l'ovule, même si c'est dans une boîte de Pétri[11], Dieu est là pour créer une âme immortelle. Il veut donc que les enfants conçus artificiellement vivent, il permet qu'ils soient mis au monde de cette façon. Mais cela ne signifie pas qu'il veuille que nous ayons recours à ces techniques.

De la même manière, Dieu veut que les enfants conçus lors d'un viol ou d'un inceste vivent (s'il ne le voulait pas, ils n'existeraient pas). Mais cela ne signifie pas qu'il veuille que les humains perpètrent le viol ou l'inceste. Si tous ces enfants sont porteurs de l'image de Dieu et doivent être aimés et traités comme n'importe quel autre être humain, aucun d'eux n'a été conçu par un acte qui est à l'image de Dieu. Un jour, et pour toujours, une injustice a été commise contre eux.

Nous nous trouvons ici confrontés au mystère de l'interaction de Dieu avec notre liberté. Dieu ne se met pas en travers de nos actions malavisées. Le faire serait nier notre liberté. (Quel immense don et quelle immense responsabilité que notre liberté !)

Il est de la nature de Dieu, cependant, de tirer de nos mauvais choix un bien, y compris le bien le plus grand, c'est-à-dire une nouvelle personne

10. *Cf. CEC*, n° 398.

11. La boîte de Pétri est une boîte cylindrique transparente peu profonde, en verre ou en plastique, munie d'un couvercle. Elle est utilisée en microbiologie pour la mise en culture de micro-organismes, de bactéries ou de cellules (NdE).

humaine. Cela signifie-t-il que nous sommes autorisés à mal agir pour qu'en sorte le bien ? Non. Si nous agissions ainsi, nous mériterions notre condamnation, comme le dit saint Paul (*cf.* Rm 3, 8).

3. Vous dites que recourir aux techniques de procréation médicalement assistée revient à se prendre pour Dieu. Mais alors, nous nous prenons pour Dieu à chaque fois que nous nous faisons opérer ou prenons des médicaments, non ?

La forme, la santé et la vie sont inscrites dans notre être comme faisant partie intégrante du plan originel de Dieu sur nous. La mauvaise santé, la maladie et la mort sont toutes le résultat de la corruption causée par le péché originel. Dieu les permet mais il ne les *veut* pas *pour elles-mêmes*. Si tous les moyens employés sont licites en eux-mêmes, nous agissons en accord total avec le plan de Dieu lorsque nous avons recours aux médicaments et à certaines techniques pour sauver une vie ou retrouver la santé.

Dans ces cas-là, nous ne nous comportons pas comme les maîtres de la vie humaine mais comme les intendants que Dieu nous a appelés à être. De la même manière, lorsque nous pratiquons l'acte conjugal conformément à sa fin, nous agissons comme les intendants que Dieu nous a appelés à être. À l'inverse, dès que nous nous *substituons* au dessein de Dieu et cherchons à « forcer » la conception d'un enfant, nous franchissons la limite entre l'intendant et le maître, entre notre statut de créature et la souveraineté de Dieu.

4. N'avez-vous pas dit que la stérilité était une maladie (voir chapitre 6, question 8) ?

Oui, la stérilité est une maladie, ou, pour être plus exact, un handicap. Chercher des moyens de la soigner, c'est rendre un service louable aux nombreux couples mariés qui en souffrent grandement. Mais il y a des limites.

La phrase tirée de *Humanae Vitae* citée au chapitre 6 s'applique aussi ici : « L'Église est la première à louer et à recommander l'intervention de l'intelligence dans une œuvre qui associe de si près la créature raisonnable à son Créateur, mais elle affirme que *cela doit se faire dans le respect de l'ordre établi par Dieu* »[12]. Si nous utilisons notre intelligence pour *aider* l'acte conjugal à atteindre sa fin, nous agissons en intendants du dessein de Dieu, respectueux de l'ordre qu'il a établi. Mais dès que nous nous *substituons* à l'acte conjugal comme moyen de procréation, nous agissons en dehors de l'ordre établi par Dieu.

De fait, le traitement de la stérilité ne peut être dit véritablement *remède* que lorsqu'il *aide* l'acte conjugal. S'il s'y substitue, il ne guérit en aucun cas la maladie du couple ; il se contente de la contourner.

L'ordre établi par Dieu n'est pas arbitraire. Il est voulu pour notre bien, pour notre bénéfice. Que Dieu permette à des personnes coupables de fornication et d'adultère de concevoir un enfant, alors qu'eux-mêmes n'en veulent pas, et qu'il permette en même temps que des époux qui s'aiment souffrent de stérilité, voilà qui demeure un mystère. Qui peut pénétrer ce mystère ? Mais les deux situations offrent aux personnes concernées l'occasion de se tourner vers Dieu et de s'abandonner à lui.

Les voies de Dieu ne sont pas nos voies. Autant les cieux sont élevés au-dessus de la terre, autant les voies de Dieu sont élevées au-dessus des nôtres (*cf.* Is 55, 9). Mettez votre confiance en lui ! C'est ce que nous enseigne le Christ. Lui-même s'est senti abandonné par Dieu sur la croix (*cf.* Mc 15, 34). Et pourtant, même à l'heure la plus sombre, il a eu confiance. Et comme l'atteste sa résurrection, sa confiance n'a pas été vaine.

> *Seigneur, aide-moi à te confier ma vie et toutes les circonstances qui l'entourent, même – et en particulier – lorsque je ne comprends pas. Donne-moi la grâce de croire en la promesse que tu as faite de tirer un bien de toute souffrance et de toute déception que tu permets dans ma vie. Amen.*

5. Je comprends que les enfants doivent être le fruit de l'amour de leurs parents. Mais les enfants conçus de manière artificielle peuvent l'être sur un plan spirituel.

Il est vrai que l'amour est spirituel car Dieu, qui est pur Esprit, *est* amour (*cf.* 1 Jn 4, 8). Mais les êtres humains ne sont pas de purs esprits. Nous sommes des personnes-corps (voir chapitre 3, question 10 et chapitre 5,

12. *Humanae Vitae*, n° 16. NdT : Les italiques sont un ajout de l'auteur.

question 6, pour plus d'explications sur le sujet). C'est dans et à travers notre *corps* que nous sommes à l'image de Dieu et que nous partageons son amour aux autres. La meilleure illustration de cela est l'expression amoureuse spécifique au mariage : l'union du mari et de la femme en une seule *chair*.

Les époux qui ont recours aux technologies reproductives le font peut-être parce qu'ils veulent avoir un enfant à aimer. Et il ne fait pas de doute qu'ils aiment cet enfant, une fois engendré. Néanmoins, même si on veut croire que cela est possible, même si on s'en est persuadé, rien ne pourra prélever l'« amour spirituel » des époux hors de leur corps pour le faire passer dans la manipulation du médecin ou du scientifique. C'est un fait : l'origine de cet enfant n'est pas l'amour incarné de ses parents mais le résultat de manipulations techniques dépersonnalisés.

6. Pourquoi l'adoption est-elle moralement acceptable ? Les enfants adoptés ne sont pas eux non plus le fruit de l'union sexuelle du couple !

L'adoption n'est pas seulement acceptable. Elle est louable. Certes, un enfant adopté n'est pas le fruit de l'union du couple, mais entre offrir un foyer aimant à un enfant qui *existe déjà* et manipuler des cellules pour en faire exister un nouveau, il y a une différence radicale.

Le premier est un acte d'amour, l'autre non. Les couples incapables de procréer peuvent examiner, dans la prière, si Dieu les appelle à ouvrir leur foyer à des enfants en attente d'adoption.

7. La femme de mon frère ne peut pas avoir d'enfants. Tous deux m'ont demandé si je voulais bien être la mère porteuse de leur enfant. J'aime mon frère et je veux l'aider. Où est le mal ?

L'amour choisit *toujours* le bien et aide les autres à faire de même. L'amour sincère que vous portez à votre frère et l'intention de porter son bébé sont deux choses incompatibles. Le faire constituerait non seulement une grave distorsion de l'ordre naturel des relations familiales, mais cela nécessiterait en outre une fécondation *in vitro*, chose qui n'est pas bonne, pour toutes les raisons déjà mentionnées.

La meilleure façon d'aider votre frère serait de l'encourager à accueillir la vérité du plan de Dieu sur la sexualité et la procréation au sein de son couple. Si cela signifie qu'il n'aura jamais d'enfant biologique, Dieu lui donnera la grâce de l'accepter. Il faut seulement qu'il ouvre son cœur.

8. Dieu ne nous a-t-il pas appelés à dominer la nature ?

Dieu nous a appelés à soumettre la terre et à dominer les animaux (*cf.* Gn 1, 28). Tant que nous sommes des intendants responsables, nous sommes libres de manipuler la création pour notre bien. Il n'y a rien de mal, par exemple, à pratiquer l'insémination artificielle sur le bétail, car le bétail n'est pas appelé à aimer à l'image de Dieu. Mais cette juste domination *ne* s'étend *pas* aux autres êtres humains.

Le corps ne peut pas non plus être considéré comme étant du domaine de la nature animale, sur laquelle nous dominons. Jean-Paul II nous a mis en garde dans sa *Lettre aux familles* : « Lorsque le corps humain, considéré indépendamment de l'esprit et de la pensée, est utilisé comme *matériel* au même titre que le corps des animaux [...], on va inévitablement vers une terrible dérive éthique »[13].

9. De nombreuses femmes célibataires ont un sincère désir d'enfant. Ces technologies peuvent leur permettre de réaliser leur souhait. Qu'y a-t-il de mal à ça ?

Ces techniques sont mauvaises en elles-mêmes pour toutes les raisons déjà mentionnées. Dans le cas de femmes célibataires qui y auraient recours, cependant, d'autres éléments sont à prendre en considération.

Beaucoup de femmes font l'effort héroïque d'élever des enfants dont le père est absent, sans faute de leur part à elles. Leur dévouement et leurs sacrifices méritent nos louanges. Cela dit, il y a une énorme différence entre une mère célibataire qui *regrette* l'absence du père de ses enfants et une mère célibataire qui *choisit* de priver son enfant de cette relation irremplaçable. Désirer un enfant de cette manière-là, c'est vouloir servir uniquement ses propres intérêts.

Certains diront : « Les enfants d'une telle s'en sont bien sortis sans père. Ce n'est pas si terrible ». Aucun enfant ayant grandi sans son père ne s'en

13. *Lettre aux familles*, n° 19.

sort indemne. Les enfants ne sont capables de découvrir leur identité et d'atteindre leur plein développement que par une relation sûre et reconnue à leur mère *et à leur père*[14]. Quand tout ce qu'un enfant sait de son père, c'est qu'il s'est masturbé dans une banque de sperme pour de l'argent, comment la conscience de son identité n'en serait-elle pas affectée ?

10. Je comprends que les célibataires puissent ne pas avoir « droit » aux enfants. Mais l'Église est terriblement cruelle de refuser le droit d'avoir un enfant à des époux qui s'aiment et en veulent un de tout leur être !

Il n'y a pas plus naturel pour un couple marié que le désir d'enfant. L'Église est la première à reconnaître et à partager la douloureuse épreuve de ces couples qui découvrent qu'ils ne peuvent pas avoir d'enfants. Il est normal de vouloir alléger les souffrances d'un couple en lui permettant de satisfaire ses aspirations légitimes, lorsque cela est possible. Mais comme nous l'avons dit précédemment, on se trouve en terrain dangereux dès lors qu'on laisse sa sympathie guider ses décisions morales, en particulier lorsque ces décisions concernent la vie et le destin d'un autre être humain.

L'Église défend les droits légitimes des personnes. Elle ne les nie jamais. Mais les époux ne peuvent pas prétendre avoir un *droit* légitime à l'enfant[15]. Les enfants sont un don de Dieu. Aucun couple n'y a droit et ne peut exiger d'en avoir. L'engagement que prennent les époux à l'église de « recevoir de Dieu avec amour les enfants » en est le reflet.

Le seul droit des époux, c'est de s'engager dans l'union charnelle et de prier pour que la volonté de Dieu soit faite[16]. Ils sont évidemment libres d'optimiser les chances qu'un enfant soit conçu ; mais ils doivent remettre entre les mains de Dieu la décision qu'un enfant naisse ou non du don mutuel qu'ils se font d'eux-mêmes. En réalité, l'enseignement de l'Église

14. *Cf. Donum Vitae*, n° A1.

15. *Cf. ibid.*, n° B8.

16. Une fois de plus, nous voyons combien la contraception et les techniques de procréation sont liées dans leur logique même. Les couples qui utilisent des moyens contraceptifs ne veulent pas que la volonté de Dieu soit faite dans leur relation sexuelle, mais la leur. De la même manière, ceux qui ont recours à l'assistance médicale à la procréation ne se satisfont pas de la volonté de Dieu et cherchent à faire la leur. On peut appeler cela « la mentalité du robinet » : au lieu de faire confiance à Dieu et de respecter son dessein, les gens exigent de pouvoir fermer le robinet de la fertilité quand *ils* ne veulent pas l'être et à l'ouvrir quand *ils* le veulent.

sur le caractère intrinsèquement immoral de la fécondation artificielle défend le seul droit humain légitime en la matière : celui qu'a l'enfant « d'être le fruit de l'acte spécifique de l'amour conjugal de ses parents »[17].

11. Dans ces conditions, qu'est-ce qu'un couple doit faire s'il n'arrive pas avoir d'enfants, alors qu'il en veut vraiment ? Se contenter de souffrir ?

Les époux qui se trouvent dans cette situation ne sont pas sans ressources. Avant tout, ils peuvent suivre une formation aux méthodes naturelles de planification des naissances pour une authentique planification familiale. Localiser avec précision la période fertile du cycle n'aide pas seulement le couple à éviter une grossesse : cela peut aussi l'aider à avoir un enfant.

Aussi incroyable que cela puisse paraître, la plupart des médecins ne sont même pas formés à reconnaître les signes de fertilité et leur signification. Beaucoup de couples qui ont du mal à avoir un enfant se sont rendu compte, après s'être formés aux méthodes naturelles, que cela était simplement dû à un problème de synchronisation[18].

En règle générale, même si un couple est certain que ses unions sexuelles ont lieu pendant la période fertile du cycle féminin, il n'y a qu'une chance sur trois pour que la femme tombe effectivement enceinte. On considère que seuls les couples qui sont sûrs d'avoir eu des relations sexuelles en période fertile pendant six mois consécutifs sans succès, ont de bonnes raisons de consulter les médecins pour infertilité. Pour ceux qui ont des relations sexuelles au hasard, sans repérage de la période fertile, cette durée passe à douze mois.

À ce stade du processus, ceux qui souhaitent avoir un enfant doivent demander des conseils médicaux. Je leur recommande vivement de prendre

17. *Donum Vitae*, n° B8.

18. L'histoire tragique qui suit m'a été racontée par une amie qui enseigne les méthodes naturelles de planification des naissances. Elle montre combien certains professionnels de la médecine sont incompétents sur le sujet. Alors qu'elle venait de terminer un exposé sur la manière d'interpréter les signes de fertilité, cette amie monitrice remarque dans l'assistance une femme visiblement bouleversée. Cette femme n'avait pas pu avoir d'enfant et, pendant des années, elle avait suivi le conseil de son médecin qui lui avait dit qu'elle augmenterait ses chances de grossesse si elle attendait le moment où sa température montait pour s'unir avec son mari. Or le changement de température indique que la femme va vers sa phase infertile. C'est juste avant que la température commence à monter que la femme est la plus fertile.

contact avec l'Institut Paul VI pour l'étude de la reproduction humaine[19]. Cet institut apporte aux couples une aide spécialisée et réellement *thérapeutique* – dans la mesure où il cherche à guérir la maladie plutôt qu'à la contourner – pour leur permettre de concevoir naturellement un enfant par l'union conjugale. Sa prise en charge de l'infertilité a de bien meilleurs résultats – et est généralement beaucoup moins chère – que les techniques de procréation médicalement assistée[20].

Néanmoins, il reste un certain pourcentage de couples qui, après avoir épuisé toutes les solutions légitimes, découvrent qu'ils sont toujours incapables de concevoir un enfant. Voici ce que dit la Congrégation pour la Doctrine de la Foi à propos de leur détresse : « Les époux qui se trouvent dans ces situations douloureuses sont appelés à y découvrir l'occasion d'une participation particulière à la Croix du Seigneur, source de fécondité spirituelle. Les couples stériles ne doivent pas oublier que "même quand la procréation n'est pas possible, la vie conjugale ne perd pas pour autant sa valeur. La stérilité physique peut être l'occasion pour les époux de rendre d'autres services importants à la vie des personnes humaines, tels par exemple que l'adoption, les formes diverses d'œuvres éducatives, l'aide à d'autre familles, aux enfants pauvres ou handicapés"[21] ».

Les souffrances des couples stériles *ne* sont *pas* condamnées à être vaines. Pour reprendre les mots de mon archevêque, Mgr Charles Chaput, « la souffrance peut nous plier et nous casser, mais elle peut aussi nous ouvrir pour que nous devenions les personnes que Dieu veut que nous soyons. Cela dépend de ce que nous faisons de la douleur. Si nous l'offrons à Dieu, il l'utilisera pour faire de grandes choses en nous et par nous, parce que la souffrance porte du fruit »[22].

19. Voir http://www.popepaulvi.com/ (site en anglais). NdE : Cet Institut n'existe qu'aux États-Unis. Pour les couples français et francophones, voir la note suivante.

20. Parmi les ressources proposées par l'Institut Paul VI pour remédier de manière naturelle à l'infertilité figure la NaPro Technology. Les couples français et francophones qui souhaitent découvrir cette méthode de restauration de la fertilité fidèle à l'enseignement de l'Eglise peuvent consulter le site : www.fertilitycare.fr. Une courte vidéo permet de se faire une première idée sur la technologie NaPro : http://www.bioethique.net/la-naprotechnologie-un-nouvel-espoir-face-a-linfertilite/ (NdE).

21. *Donum Vitae*, n° B8. La citation incluse est tirée de *Familiaris Consortio*, au n° 14.

22. *Denver Catholic Register*, 21 juillet 1999, p. 2. Traduction proposée par le traducteur.

Oui, la souffrance est spirituellement *fertile*. Ce ne sont pas là des paroles de consolation qui sonnent creux. Par l'exemple du Christ, nous savons que ces paroles sont « esprit et vie » (*cf.* Jn 6, 63).

12. Mon médecin veut me faire faire un spermogramme pour voir si la cause de notre stérilité vient de moi. Est-ce que ça va si je me masturbe pour fournir le sperme ?

Non, ça ne va pas. N'oubliez pas que la fin ne justifie pas les moyens. L'intention de se masturber est mauvaise, quelle qu'en soit la finalité. Il est possible, cependant, de recueillir votre sperme de manière morale dans le cadre d'une union sexuelle pendant laquelle vous utilisez ce qu'on appelle un « préservatif perforé ». Une partie du sperme s'écoule dans le vagin de votre femme – ainsi, l'usage du préservatif n'est pas contraceptif – et l'autre partie est conservée pour analyse[23].

13. Entre aider l'acte conjugal et se substituer à l'acte conjugal, la frontière est parfois mince... Comment faire la distinction ?

La plupart du temps, c'est assez évident. Soit l'enfant est conçu dans le cadre d'une union sexuelle, soit il ne l'est pas. Mais vous avez raison : certaines procédures impliquent une union sexuelle sans qu'il soit facile pour autant de savoir si l'enfant est bien le résultat de cet acte.

Une de ces procédures est connue sous le nom de transfert intratubaire de gamètes (TIG)[24]. Elle nécessite qu'un ovule ait été d'abord prélevé lors d'une intervention chirurgicale. Le mari et la femme s'unissent alors en utilisant un préservatif perforé, comme décrit plus haut. Les techniciens recueillent le sperme et le placent dans un tube qui contient l'ovule. Le sperme et l'ovule sont séparés par une bulle d'air. Le contenu du tube est ensuite injecté dans le corps de la femme, en espérant que la fécondation ait lieu.

Si un enfant est conçu, la question demeure néanmoins : est-il le fruit de l'étreinte conjugale ou le résultat d'un procédé technique ? À ce jour, l'Église ne s'est pas prononcée sur le sujet et les théologiens ne sont pas tous d'accord.

---

23. Certains rares laboratoires sont équipés de ces dispositifs. C'est le cas, par exemple, du Laboratoire d'Eylau-Saint-Didier, à Paris (NdE).

24. En anglais : Gamete Intra-Fallopian Transfer (GIFT).

Il me semble cependant que la distinction entre aide et substitution à l'acte conjugal peut être faite en posant la question suivante : l'acte conjugal est-il un préalable essentiel à la rencontre du sperme et de l'ovule, ou bien la fécondation aurait-elle tout aussi bien pu avoir lieu sans lui ? Dans le cas du TIG, l'acte conjugal ne semble pas essentiel puisque le sperme aurait pu être recueilli tout aussi facilement par la masturbation. En outre, le sperme qui a fécondé l'ovule n'a pas été éjaculé dans le corps de la femme, mais intentionnellement retenu pour la procédure.

Au vu de tout cela, je pense qu'il est plus sûr d'éviter le TIG et les autres techniques de fécondation dans lesquelles l'acte conjugal n'est traité que comme un « moyen moral » d'obtenir du sperme.

14. Nous avons une fille magnifique qui a été conçue par insémination artificielle. Sans relâche, nous avions prié Dieu qu'il nous bénisse en nous donnant un enfant. Nous croyons qu'il l'a fait en nous donnant notre fille. Nous ne pourrions pas imaginer la vie sans elle. Je refuse de croire que ce que nous avons fait est mal.

Admettre que ce que vous avez fait est mal ne veut absolument pas dire que votre fille elle-même est un « mal ». Cela ne signifie pas non plus que la vie de votre fille n'est pas un don de Dieu. Comme nous l'avons affirmé plus haut, votre fille n'existerait pas et ne pourrait pas exister si Dieu n'avait pas voulu qu'il en soit ainsi. De fait, elle *est* une bénédiction de Dieu.

Dieu cherche sans cesse des « prétextes » pour nous bénir et nous montrer son amour, y compris lorsque nous agissons en dehors de son plan. Néanmoins, même si une grande bénédiction en est sortie, votre fille a subi une injustice dans la manière dont elle a été conçue. L'honnêteté et le bien des personnes concernées demandent de reconnaître ce fait.

Je peux comparer votre situation à celle d'amis que je connais. Ils ont un fils de dix ans. Ils l'aiment énormément et, comme vous, ils ne pourraient pas imaginer la vie sans lui. Ils savent que ce fils est une bénédiction de Dieu. Étant mariés depuis moins de dix ans, ils l'ont cependant conçu en dehors des liens sacrés du mariage.

Ce qu'ils ont fait – avoir des relations sexuelles hors mariage – était mal, sérieusement mal. Prétendre le contraire serait commettre une injustice supplémentaire à l'encontre des personnes concernées, en particulier de leur fils. Ces parents savent qu'un jour celui-ci fera le calcul et qu'ils auront une discussion à ce sujet. Leur fils aura probablement à régler certains problèmes, mais cette situation n'est pas hors de portée de l'amour rédempteur de Dieu. Rien ne l'est, sauf l'orgueil qui refuse d'admettre que l'on a eu tort.

15. Nous savions que l'Église enseignait que c'était mal mais nous n'avions pas compris pourquoi. Nous voulions tellement un bébé ! Grâce à une fécondation *in vitro*, nous avons maintenant des jumeaux. Est-ce que Dieu est en colère contre nous ? Que devons-nous faire ?

Tout d'abord, continuez à aimer vos jumeaux et à rendre grâce à Dieu pour eux. Ils sont un signe que Dieu vous aime et vous a confié ces précieuses vies, même lorsque vous vous êtes détournés de sa volonté pour faire la vôtre. Quel Dieu aimant et miséricordieux ! Cela dit, ne soyons pas assurés de sa miséricorde au point d'entasser péché sur péché (*cf.* Si 5, 5)... Mais lorsque nous exprimons un chagrin sincère pour nos fautes, ayons une grande confiance en sa miséricorde.

Trouvez un prêtre et allez-vous confesser. Lorsque le prêtre vous absoudra de vos péchés, sachez que le Christ lui-même vous pardonne.

Dieu est-il en colère contre vous ? Pas de la manière dont nous comprenons généralement la colère. Il est « fâché », comme tout père serait peiné de voir ses enfants prendre de mauvaises décisions. Mais il n'est pas rancunier. La colère et l'amour de Dieu, sa justice et sa miséricorde sont une seule et même réalité. Comme le père dans la parabole du fils prodigue, il accourt pour nous prendre dans ses bras et nous accueillir à la maison, même lorsque nous sommes encore loin sur le chemin du retour (*cf.* Lc 15,11-32).

Oui, Dieu court vers vous. Courez à sa rencontre !

8

Lorsque dire « oui » est impossible

L'attirance homosexuelle

> Si nous ne vivons pas correctement les différences sexuelles qui distinguent l'homme et la femme et les appellent à s'unir, nous ne serons pas capables de comprendre la différence entre l'homme et Dieu, qui constitue un appel premier à l'union. Nous tomberons peut-être ainsi dans le désespoir d'une vie séparée des autres et de l'Autre, c'est-à-dire de Dieu.
>
> Stanislaw Grygiel[1]

L'augmentation de l'homosexualité comme « style de vie alternatif » publiquement accepté est un produit dérivé supplémentaire d'une culture qui a séparé la sexualité de son lien intrinsèque avec la procréation. Certains activistes homosexuels le reconnaissent explicitement. C'est le cas d'Andrew

1. Stanislaw Grygiel, cité dans "The Church Must Guide the Sexual Revolution" (Zenit International News Agency, 31 août 1999). Source : www.ewtn.com/library/Theology/zsexrev.htm).

Sullivan. Dans son argumentation en faveur du mariage homosexuel, il affirme: « L'hétérosexualité n'est intrinsèque au mariage que si ce dernier est compris comme étant intrinsèquement procréatif; mais cette définition [...] a été abandonnée depuis longtemps par la société occidentale »[2]. Abandonnée depuis longtemps par la société – grâce à la contraception –, certes, mais fermement conservée par l'Église catholique.

L'Église maintient résolument son enseignement sur ce point. Les lecteurs qui ont suivi notre raisonnement jusqu'ici auront probablement compris la logique qui porte l'enseignement catholique à considérer les comportements homosexuels comme intrinsèquement immoraux. En rester là, cependant, ne rend pas justice à la question[3]. L'enseignement de l'Église sur l'homosexualité soulève des questions et des objections auxquelles il est urgent de répondre.

Il ne s'agit pas seulement d'une question théorique. Des hommes et des femmes sont concernés. C'est une question qui touche des vies réelles. Dans son livre *Beyond Gay*, l'écrivain catholique David Morrison écrit que si vous incluez le cercle proche des personnes homosexuelles, douze millions d'Américains environ sont touchés de près par la question, « douze millions de personnes pour qui toute attaque, toute contre-attaque, tout malentendu, toute erreur de communication, toute mauvaise description, toute insinuation, peut blesser au cœur l'image qu'ils ont d'eux-mêmes ou le genre de vie qu'un de leurs proches est en train de bâtir. Ce n'est pas étonnant que les questions d'attirance homosexuelle, de droits des homosexuels, de mariage homosexuel et d'adoption par des homosexuels aient la force émotionnelle explosive que l'on sait »[4].

Je fais partie de ces douze millions-là. Parmi mes proches, plus d'une personne s'est débattue ou se débat encore avec l'attirance homosexuelle. Je suis moi-même passé par une période douloureuse, dans mon adolescence, où je me suis interrogé sur mon identité masculine.

---

2. Andrew Sullivan, *Virtually Normal*, cité dans l'article de Philip F. Lawler "The Price of Virtue"; *Catholic World Report*, juillet 1957, p. 59.

3. Pas plus, d'ailleurs, que ce bref chapitre. Je ne peux faire ici qu'aborder certaines des questions et objections sur l'homosexualité soulevées par des personnes majoritairement hétérosexuelles. Pour un examen plus détaillé de la question dans une perspective catholique, voir John Harvey, *The Truth About Homosexuality*, San Francisco, Ignatius, 1996.

4. David Morrison, *Beyond Gay*, Huntington, Our Sunday Visitor, 1999, p. 14.

Alors que j'étais au lycée, notre professeur de religion commit une terrible injustice à l'encontre des adolescents pubères mal dans leur peau que nous étions. Un jour, il nous dit que nous ne pouvions pas savoir si nous étions « gays » ou non avant l'âge de vingt-cinq ans au moins. Nous nous sommes tous regardés et, en nous donnant un air viril, nous avons dit d'une voix grave : « Les autres peut-être, mais pas moi ». En fait, au fond de moi, j'étais terrifié à l'idée de me réveiller un jour en m'apercevant que j'étais « gay ». Cette peur, associée au souvenir d'« expériences » auxquelles je m'étais livré avec un camarade de classe lorsque j'avais environ dix ans, souvenir que j'avais essayé d'enfouir à tout prix, cette peur allait finir par jouer un rôle clé puisque c'est elle qui m'a amené à me mettre à genoux devant Dieu pour lui demander ce que voulait dire être un homme (voir l'introduction de ce livre).

Si vous êtes un homme, Dieu vous a créé pour être un homme. Si vous êtes une femme, Dieu vous a créée pour être une femme. Votre identité sexuelle a une *signification* intrinsèque.

Personne ne doit avoir peur de regarder en profondeur dans son âme et d'y reconnaître les distorsions, les confusions qui s'y trouvent, *quelles qu'elles* soient. Nous en avons *tous*. Mais aucune confusion, aucune distorsion de notre identité d'homme ou de femme ne plonge aussi profond que la Croix du Christ. Le seul drame, c'est de refuser de les reconnaître pour ce qu'elles sont et de chercher à les « normaliser », par peur de la Croix.

> *Seigneur, tu m'as créé homme (créée femme) pour une raison. Montre-moi la signification de mon identité sexuelle et donne-moi la grâce de ne pas avoir peur d'admettre combien je peux en être loin. Tu me connais mieux que moi-même. Tu connais mes combats, mes peurs les plus profondes, mes blessures, mes péchés. Conduis-moi, pas à pas, au plus près du plan que tu avais en me créant homme (femme) à ton image. Je t'offre tout ce que je suis et je compte sur toi pour achever l'œuvre que tu as commencée en moi. Amen.*

1. D'après mon curé, l'Église enseigne qu'être gay ne pose pas de problème, à condition de ne pas passer à l'acte. Est-ce vrai ? Cela me semble contradictoire.

Ce prêtre renvoie à la sage distinction que fait l'Église entre la *tendance* homosexuelle et le *comportement* homosexuel. Peu de personnes s'identifiant comme homosexuelles iront dire qu'elles ont *choisi* d'être ainsi. Dans la mesure où l'attirance pour une personne de même sexe n'est pas librement choisie, il ne s'agit pas d'une matière peccamineuse en soi. Mais cela ne signifie pas qu'il soit bien d'agir conformément à cette tendance.

Cela dit, la déclaration de ce prêtre a besoin d'être éclaircie. Tout d'abord, dans la vision séculière actuelle, lorsque quelqu'un se déclare « gay » (ou « lesbienne »), cela sous-entend très souvent : « Je suis né comme ça. Ce sera toujours comme ça et j'ai l'intention de vivre comme ça ». Or, malgré tout ce que la propagande pro-gay voudrait nous faire croire, personne n'*est* gay. Autrement dit, personne n'est *ontologiquement*, dans son être même, orienté vers les personnes de même sexe.

Dans le monde pécheur qui est le nôtre, l'attirance homosexuelle est une réalité à laquelle beaucoup sont confrontés ; pour autant, cette attirance ne peut jamais définir l'essence de l'identité d'une personne. L'identité d'une personne ne peut être séparée de sa sexualité, c'est vrai ; mais l'*identité sexuelle* renvoie au fait d'avoir été créé *homme* ou *femme*. La signification de notre identité sexuelle est inséparable de notre appel complémentaire à une communion donatrice de vie à l'image de Dieu. Le péché originel, à un degré ou à un autre, a obscurci cet appel en chacun de nous, mais il n'a pas changé le fait que Dieu nous a créés pour cette communion homme-femme.

Comme nous l'avons dit tout au long de ce livre, le corps est la révélation de la personne. En raison de la signification sponsale du corps, chaque personne humaine est ontologiquement orientée vers le *sexe opposé*. Cette évidence éclate dans la manière dont Dieu a créé nos corps.

Le meilleur terme pour décrire une forte attirance vers des personnes de même sexe que soi est celui de *désorientation* ; en effet, on s'écarte ainsi de la naturelle complémentarité des sexes donnée par Dieu. Encore une fois, étant donné que la plupart des gens « découvrent » être attirés par le même sexe plutôt qu'ils ne le « choisissent », aucune faute morale n'est associée à cette désorientation. Malgré tout, il est très important de prendre conscience que, selon les termes de l'Église, l'attirance homosexuelle est en elle-même un « désordre objectif », dans le sens où elle s'écarte de l'*ordre* originel établi par Dieu[5].

Pour en revenir à la question initiale, dire que l'Église enseigne qu'« être gay ne pose pas de problème », qu'« être gay est OK », prête à confusion. Dire que quelque chose n'est pas un péché en soi n'équivaut pas à dire que c'est « OK », car cela peut conduire à la conclusion erronée que l'attirance homosexuelle est neutre, voire bonne. Si c'était le cas, il *serait* contradictoire d'affirmer qu'agir conformément à de tels désirs est immoral. Une telle attirance ne peut être neutre, elle peut encore moins être bonne, parce qu'elle est ordonnée à un mal moral intrinsèque : le comportement homosexuel[6].

Depuis le péché originel, les êtres humains sont attirés par de nombreuses choses moralement mauvaises. Le comportement homosexuel n'est qu'un élément de cette très longue liste. Comme on l'a déjà vu, cette attirance est appelée *concupiscence*. Elle vient du péché, elle conduit au péché, mais elle n'est pas un péché en soi. Elle est simplement une donnée de la nature humaine pécheresse.

Toutefois, parce que la concupiscence, précisément, provient du péché et conduit au péché, elle n'est pas « OK ». Nous sommes appelés à la vaincre, qu'elle se manifeste par une attirance homosexuelle, par une attirance désordonnée vers le sexe opposé, mais aussi par un désir désordonné de nourriture ou de boisson, par exemple[7].

Comme tout le monde, les personnes homosensibles sont appelées à vivre dans la chasteté, c'est-à-dire à faire l'expérience de la rédemption de leur sexualité en intégrant toujours plus profondément l'œuvre du Christ dans leur vie (voir chapitre 4, question 12). L'attirance pour les personnes du même sexe peut être une croix particulièrement lourde à porter, c'est certain. Mais la grâce de libération de Dieu est toujours là pour nous aider à vivre selon son plan d'amour originel. Voilà pourquoi l'enseignement

5. *Cf. Lettre aux évêques de l'Église catholique sur la pastorale à l'égard des personnes homosexuelles*, n° 3.

6. *Ibid.*

7. Lorsque l'on parle d'un désir concupiscent pour le sexe opposé, la nourriture ou la boisson, il est nécessaire d'utiliser l'adjectif « désordonné » car ces désirs ne relèvent pas en eux-mêmes de la convoitise. Ils font partie du plan originel de Dieu et, lorsqu'ils sont bien orientés, ils sont bons. Le désir homosexuel, au contraire, est désordonné *en lui-même*. Il n'entrait pas dans le plan originel de Dieu. Il est le résultat du péché originel.

de l'Église sur la sexualité, y compris sur l'homosexualité, est une bonne nouvelle.

2. Quel mal y a-t-il à ce que deux personnes de même sexe s'aiment ? Si Dieu est amour, ça ne peut pas être mal !

Vous avez raison : il n'est jamais mal d'aimer. Le problème commence quand nous projetons sur Dieu notre propre conception de l'amour. C'est l'inverse qui est juste. *Dieu est Amour* (1 Jn 4,16). Si nous voulons vraiment aimer les autres, quel que soit leur sexe, notre amour doit être conforme à Dieu. Il doit être « à son image ». Autrement, ce n'est pas de l'amour.

Malheureusement, notre langue ne fait pas de distinction entre les différents types d'amour. C'est le même verbe « aimer » qui décrit la relation d'un homme à sa femme, à sa mère, à son meilleur ami, et même à son dessert préféré. Chacun à sa manière, ces différents types d'amour peuvent être à l'image de Dieu – sauf l'amour pour la tarte aux pommes (!), même s'il fait partie lui aussi de la bonté du monde tel que Dieu l'a créé.

L'amour sexuel ou érotique est une manière très particulière d'être à l'image de Dieu. Ce livre s'est fixé pour but de montrer que sur ce plan nous ne pouvons être à l'image de Dieu qu'en exprimant le « oui » échangé lors des consentements : l'engagement libre à l'indissolubilité, à la fidélité et à l'ouverture à la fécondité. Or il est tout simplement *impossible* pour deux personnes de même sexe d'exprimer cet engagement l'un envers l'autre.

Dit autrement, il est impossible pour deux personnes de même sexe d'avoir des relations sexuelles. Quelle que soit la définition que l'on donne de l'acte homosexuel, il *n'est pas* et *ne peut pas* être une union sexuelle. En effet, il y a union sexuelle lorsqu'il y a union fécondante des organes génitaux. Les organes génitaux d'un homme ne peuvent pas s'unir avec les organes génitaux d'un autre homme, ni les organes génitaux d'une femme avec ceux d'une autre femme. C'est tout simplement impossible.

Une fois de plus, nous sommes confrontés au « problème » de nos corps. Toute tentative faite pour séparer notre âme de l'orientation fondamentale de notre corps (de nos organes génitaux, oui !) revient à adopter l'antique hérésie du *dualisme*. Ceux qui cherchent à justifier l'acte homosexuel sont ainsi coupables de séparer le corps et l'âme.

Le groupe catholique dissident Dignity, par exemple, révèle la racine de son erreur lorsqu'il tente de saper la signification procréative de l'expression sexuelle en posant des questions insidieuses, du genre : « Est-ce l'aspect biologique ou l'aspect personnel qui constitue le point clé de la sexualité humaine ? »[8] Mais le biologique *est* personnel ! C'est *notre corps* qui définit la personne que nous sommes et notre appel à l'expression sexuelle de l'amour. On ne peut pas y échapper. Séparez l'amour de la vérité du corps et il vous restera au mieux l'ombre de l'amour, au pire son contraire.

Il n'y a absolument rien de mal à ce que deux personnes de même sexe s'aiment. Mais l'amour *érotique* entre deux personnes de même sexe est par nature un oxymore, une contradiction intrinsèque. L'amour choisit toujours le bien de la personne aimée. L'amour ne fait jamais le mal, ni n'encourage l'autre à le faire. Des personnes de même sexe qui s'aiment vraiment ne chercheront jamais à avoir un comportement érotique l'une avec l'autre, précisément *à cause de* leur amour.

3. Quelle différence y a-t-il entre l'union sexuelle d'époux stériles et le rapport sexuel de deux personnes homosexuelles ? Aucune de ces deux situations n'est « ouverte à la fécondité ».

Comme nous l'avons dit, rester ouvert à la vie signifie ne jamais rendre un acte sexuel intentionnellement infertile ou rechercher l'orgasme par des actes qui excluent la possibilité de transmettre la vie. Dans un couple marié dont la stérilité ne résulte pas d'un acte immoral, les unions sexuelles sont des unions génitales. Elles sont conformes au dessein de Dieu sur la procréation humaine.

À l'inverse, il est physiquement impossible pour deux personnes de même sexe d'unir leur organes génitaux. Il est donc physiquement impossible pour deux personnes de même sexe d'avoir une union conforme au dessein de Dieu sur la procréation humaine.

Cela dit, votre question soulève un point important. Il y a peu de différence morale entre un acte génital qu'un couple marié *rend* infertile, un acte non conforme au dessein de Dieu sur la procréation humaine (tels que la masturbation ou les rapports bucco-génitaux ou anaux avec éjaculation) et un acte homosexuel. Beaucoup d'opposants à l'homosexualité hésitent à exposer clairement leurs arguments de peur de condamner de

8. "Catholicism, Homosexuality, and Dignity", brochure publiée par Dignity, citée dans *Beyond Gay*, p 56.

fait la conduite de la plupart des hétérosexuels[9]. Une culture qui a adopté la contraception conduit à ce genre d'impasse.

4. Dieu est cruel de susciter dans le cœur des gens des sentiments qu'il leur interdit ensuite de mettre en pratique !

Dieu ne suscite pas le désir homosexuel, pas plus qu'il ne suscite la concupiscence hétérosexuelle. Ces *deux* réalités sont le résultat du monde blessé dans lequel nous vivons. En ce sens, nous avons *tous* besoin de « réorienter » nos désirs sexuels vers la vérité du plan originel de Dieu.

Certains diront que la concupiscence pour des personnes de l'autre sexe n'est pas aussi radicalement désordonnée que la concupiscence pour des personnes du même sexe. Même si tel est le cas, cela ne doit pas voiler le fait que nous avons *tous* besoin d'être guéris dans notre sexualité. Et la guérison est la même pour tous : il s'agit de découvrir notre vraie identité d'homme et de femme dans le Christ. Je ne suis pas en train de suggérer que, si nous avions assez de foi, nos problèmes, nos errements et nos blessures disparaîtraient tous comme par enchantement. Il s'agit d'un processus au cours duquel nous sommes invités à utiliser tout ce qu'il y a de bon dans les conseils psychologiques, la direction spirituelle, les lectures, etc.

L'appel de Dieu sur notre vie n'est pas impossible à vivre. Il est difficile, parfois même extrêmement difficile, mais Dieu ne demande jamais l'impossible. Voilà qui *serait* cruel. Si nous pensons que notre faiblesse est plus forte que la force de Dieu, nous avons vidé la Croix de son pouvoir.

5. Êtes-vous en train de dire que les homosexuels peuvent changer et devenir hétérosexuels ?

Avant de répondre, il faut clarifier les termes utilisés. On utilise les termes « homosexuel » et « hétérosexuel » pour faire la distinction entre ceux qui sont sexuellement attirés par le même sexe et ceux qui sont attirés par le sexe opposé. Ce sont des termes utiles dans certains contextes. Cependant, le fait de *nommer* ces choses tend à les traiter comme des réalités concrètes, alors qu'elles n'en sont pas. « Mal », par exemple, est un mot utile mais le mal n'existe pas réellement en tant que tel. Le mal est

---

9. *Cf.* Ramesh Ponnuru, "Sexual Hangup", dans *National Review*, 8 février 1999, p 42.

simplement l'absence de bien, tout comme le froid est l'absence de chaleur, et l'obscurité, l'absence de lumière.

De la même manière, l'« *homo*-sexualité » n'existe pas réellement en tant que telle. Il n'existe pas non plus vraiment d'« *hétéro*-sexualité ». En la matière, la seule chose qui existe réellement, c'est la *sexualité* : la vocation des hommes et des femmes à aimer à l'image de Dieu, dans le mariage ou dans le célibat. Tout autre désir ou attirance, qu'il ou elle soit dirigé(e) vers le même sexe ou le sexe opposé, est une privation – un manque – de ce bien.

Tout autre désir ou attirance est comme le froid, faute de chaleur, ou l'obscurité, faute de lumière. Le froid ne peut pas « se transformer » en chaleur ; seule la présence de la chaleur vainc le froid. L'obscurité ne peut pas « se transformer » en lumière ; seule la présence de la lumière vainc l'obscurité.

De la même manière, les homosexuels ne « se transforment » pas en hétérosexuels. Les hommes et les femmes *deviennent* simplement *ce qu'ils sont*. De même que le soleil se lève dans le froid et l'obscurité, les hommes et les femmes qui se battent avec une attirance homosexuelle font aussi l'expérience de la chaleur et de la lumière. La vérité de la sexualité peut vaincre – et vainc effectivement – les déformations de la sexualité.

Pour poursuivre la comparaison avec la course du soleil, peu atteindront le zénith dans cette vie en ayant chassé *tout* le froid et *toute* l'obscurité. Il est probablement plus juste de dire que nous vivons comme à l'aube du jour, dans un mélange de lumière et d'obscurité, de froid et de chaleur. Mais quels que soient nos combats particuliers, chacun d'entre nous peut, en accueillant progressivement dans sa vie la rédemption du Christ, faire l'expérience croissante de la vérité de la sexualité telle que Dieu l'a voulue au commencement. Et même si cela ne se produit pas dans cette vie, le Christ achèvera dans l'autre vie l'œuvre qu'il a commencée en chacun de nous (*cf.* Ph 1, 6).

Nous devons nous rappeler, cependant, que c'est précisément de *la croix* que nous recevons la force de « devenir ce que nous sommes ». Cela implique la souffrance. Cela implique de mourir à nos mauvais modes de pensée et d'action. Cela signifie lâcher la chose même sur laquelle nous avons peut-être fondé notre identité et *re-fonder* celle-ci sur la mort et la résurrection du Christ.

Cela signifie que *ce n'est pas facile*. Je ne dis pas que quelqu'un qui a une attirance homosexuelle peut s'en débarrasser purement et simplement en priant beaucoup ou en ayant assez de foi. La plupart de ceux qui ont connu une telle transformation attestent que cela se passe lentement et dans la douleur. Cela ne se produit que si la personne est prête à prendre sa croix *tous les jours*. Et parfois, avant de devenir plus légère, la croix s'alourdit.

Pour revenir à la question, avec tous les éclaircissements requis, la réponse est *oui*. Comme le prouvent de nombreux « anciens homosexuels », même quelqu'un qui a une forte attirance homosexuelle, s'il le veut et s'il reçoit les bons conseils, peut réorienter son attirance sexuelle dans la bonne direction. Cela ne se produit pas à chaque fois pour autant. Et la personne qui ne connaît pas ce changement n'en est pas moins aimée de Dieu.

Mais un tel changement *est* possible. Le savoir doit rendre espoir à ceux qui cherchent à vaincre leur inclination homosexuelle. En même temps, l'expérience clinique semble montrer qu'il sera plus difficile à une personne ayant vécu activement son homosexualité de réorienter son attirance sexuelle dans la bonne direction. À l'inverse, il est généralement plus facile à ceux qui sont homosensibles mais n'ont pas pratiqué l'homosexualité de connaître une transformation de leurs désirs sexuels.

6. Vous êtes conscient qu'un grand nombre d'homosexuels s'opposent avec force à tout ce que vous dites là et vont vous accuser d'homophobie ?

Oui, j'en suis conscient. Mais beaucoup d'autres, dont la voix est souvent tue dans les médias nationaux, l'approuveront de tout leur cœur.

Cela dit, en parlant de l'homosexualité comme je le fais, je ne cherche pas à aggraver l'opposition entre deux camps ennemis. Même ceux qui s'opposent avec véhémence à ce que je pense ont quelque chose à dire. Si déformé soit-il, il y a toujours un élément de vérité à trouver dans le désir homosexuel. (Une distorsion, après tout, n'est qu'une torsion de la vérité). Derrière son désir, il y a toujours une personne qui aspire, comme tout le monde, à être aimée et reconnue comme un être humain.

Si la compassion ne doit jamais nous amener à faire des compromis avec la vérité, elle *doit* nous amener à confirmer dans leur humanité les personnes ayant une inclination homosexuelle. La compassion *doit* nous amener à aller vers elles et à les écouter. Elle *doit* nous amener à vouloir comprendre leur combat.

En tendant la main par amour, ceux d'entre nous qui pensent avoir une vie parfaitement « en ordre » découvrent en réalité qu'ils ont beaucoup de choses à apprendre des rêves, de l'expérience, des espoirs et des peurs des homosexuels. La charité des deux « côtés » est la seule réponse humaine à apporter. Rejeter les personnes au « mode de vie gay » en les traitant de « pécheurs » et de « sodomites » est tout aussi peu charitable que de traiter d'« homophobes » les personnes qui s'opposent à leur comportement.

Je n'omets pas le fait que des homosexuels sont victimes de haine et de mauvais traitements. Très souvent, l'« homophobie » se déclare chez des personnes qui ont vraisemblablement peu de prise sur leurs propres désirs sexuels. Pour elles, la simple existence d'homosexuels actifs est ressentie comme une menace. Parfois, les violences qu'elles commettent contre les homosexuels sont destinées à étayer la fragilité de leur propre identité sexuelle, et elles rejettent ainsi chez les autres les émotions et désirs confus qu'elles ne peuvent affronter en elles. Il va sans dire que de telle violences sont condamnées sans appel par l'Église catholique.

7. De l'autre côté de ma rue vit un couple de lesbiennes. Elles sont tellement gentilles et affectueuses à notre égard et l'une envers l'autre… Je refuse de croire qu'elles « vivent dans le péché ».

Êtes-vous gentils et affectueux à l'égard de votre famille et de vos voisins ? Cela veut-il dire que vous ne péchez jamais par ailleurs ? Bien sûr que non. Même les gens qui fondent une grande partie de leur vie sur un péché objectif sont capables de faire preuve d'un amour et d'une gentillesse sincères, parfois même davantage que ceux qui n'ont peut-être rien de « gros et menaçant » sur leur liste de péchés. Je suis sûr que vos voisines sont sincèrement gentilles. Je suis sûr qu'il y a dans leur relation des éléments d'amour authentique.

Mais la dimension érotique de leur amour ne peut être fondée que sur une compréhension déformée de leur identité de femmes. Cela ne veut pas dire qu'elles sont intrinsèquement « mauvaises ». Cela veut simplement dire qu'elles ont besoin de la rédemption du Christ, comme nous tous.

8. Je suis marié et j'ai trois enfants. Je ne l'ai jamais dit à personne mais il m'arrive d'être attiré par d'autres hommes. Est-ce que cela veut dire que je suis gay ? J'ai peur que cela détruise mon mariage. Que dois-je faire ? Comment puis-je surmonter cela ?

Non ! Cela ne signifie pas que vous êtes gay ! (Souvenez-vous : personne n'est gay *dans son être*). Cela signifie simplement que vous vivez dans un monde blessé et que vous êtes désorienté par rapport à votre identité masculine. Bienvenue chez les humains !

Votre problème *n'*est *pas* insurmontable. Il ne vous empêche pas de vivre un mariage sain et saint. Si vous êtes déterminé à faire face aux difficultés et à demander l'aide du Christ pour être le mari et le père que vous êtes appelé à être, il n'y a pas de raison que ce problème détruise votre relation avec votre femme et vos enfants. J'ai même vu des couples avancer énormément à partir du moment où le conjoint homosensible a cherché de l'aide.

Comment pouvez-vous surmonter cette attirance que vous ressentez parfois ? Avant de vous proposer des suggestions pratiques, permettez-moi de vous en dire un peu plus sur mes propres combats en la matière, et sur la façon dont le Seigneur œuvre dans ma vie. J'espère que cela vous aidera.

Comme je l'ai déjà dit, quand j'étais adolescent (et même jusqu'au début de la vingtaine), je suis passé par une période douloureuse où je me suis interrogé sur mon identité masculine. J'étais très troublé de constater que je me sentais comme attiré ou séduit par des hommes que je jugeais plus virils que moi. Dès que j'étais en présence d'un tel homme (le tombeur du campus, par exemple), je n'avais plus du tout confiance en moi.

En écoutant les cassettes d'une conférence sur l'identité sexuelle et la guérison personnelle, j'ai finalement réussi à mettre des mots sur ce mécanisme intérieur qui me troublait. Plusieurs des topos étaient donnés par un homme qui avait pratiqué activement l'homosexualité pendant des années. Même si les attirances que je ressentais n'étaient pas aussi érotisées que les siennes, l'entendre partager avec autant de simplicité son histoire, ses combats et ses guérisons a trouvé un grand écho en moi[10].

Les garçons, du simple fait qu'ils sont des garçons, ont un besoin intrinsèque de s'identifier à ce qui est masculin. Ils ont un besoin intrinsèque de

10. Cet homme, Mario Bergner, a écrit un livre où il raconte son histoire : *Setting Love in Order* (Grand Rapids, Baker, 1995). NdT : Ce livre de Mario Bergner a été traduit en français sous le titre : *Aimer en vérité* (Raphaël, 1995).

devenir des hommes. Dans le cours normal des choses, un garçon satisfait ce besoin à travers des relations saines avec des modèles masculins auxquels il aspire tout naturellement à ressembler : père, oncle, grand-père, enseignant, entraîneur…

En l'absence de relations saines, en l'absence de modèles masculins qu'ils jugent dignes d'être imités, les garçons et les jeunes hommes vont naturellement chercher à combler le vide. Ils vont admirer, vouloir côtoyer et être attirés par des garçons qu'ils jugent « devenus des hommes ». Ce désir n'est pas toujours érotisé mais il est possible qu'il le soit et cela arrive parfois en effet[11].

Le fait que la plupart des garçons affichent des posters de leurs « héros » sur les murs de leur chambre souligne cette dynamique. Les garçons cherchent ce que veut dire être un homme. Malheureusement, ce que propose le monde est gravement déformé.

Les garçons et les jeunes en viennent à associer la masculinité à toutes sortes de fausses images : l'« homme à femmes », l'« homme musclé », l'« homme des magazines », l'« homme Marlboro », etc. Consciemment ou non, ils aspirent alors à se conformer à l'image de la « virilité ultime » qui s'est logée dans leur âme[12]. S'ils ne sont pas à la hauteur de cette image, ils perdent terriblement confiance en eux, en particulier en présence de ces hommes qui, selon eux, correspondent davantage qu'eux à cette image.

Un jour, ce mécanisme intérieur est devenu pour moi une réalité cuisante. C'était un des mes premiers jobs après l'université. La fille assise derrière moi avait affiché des posters de Chippendales dans son espace de travail. Ces images de tombeurs hyper musclés vêtus de pantalons moulants et de nœuds papillon réveillaient toutes mes insécurités, si bien que je fuyais

---

11. Débattre des différentes théories sur les origines de l'homosexualité sort du cadre de ce livre. Il existe plusieurs théories. Mon objectif ici se limite à expliquer brièvement ce que j'ai compris de ma propre « crise identitaire ». Je remarque en effet que ces éléments ont aidé des hommes à mieux se comprendre, et ce quel que soit leur degré d'attirance homosexuelle.

12. Posez des questions à un homosexuel sur ses fantasmes sexuels. Presqu'inévitablement, il se décrira en train de s'unir avec des hommes à la virilité idéalisée. Il s'agit là, poussée à son extrême érotique, de la dynamique qui s'est produite dans ma propre vie et que je suis en train de décrire. Leanne Payne, une thérapeute très expérimentée dans l'aide aux hommes homosexuels, nomme ce phénomène la « compulsion cannibale ». De même que les cannibales mangeaient surtout des personnes qu'ils admiraient et espéraient, en les mangeant, s'approprier leurs pouvoirs, de même les hommes homosexuels chercheraient à acquérir cette part masculine qu'ils voient dans leur partenaire sexuel, réel ou fantasmé, et qu'ils craignent ne pas avoir eux-mêmes. Les ouvrages de Leanne Payne, *L'image brisée* et *Healing Homosexuality*, valent la peine d'être lus, que vous luttiez ou non avec une attirance homosexuelle.

comme la peste son espace de travail. Un jour, j'ai surpris une conversation qu'elle avait avec une amie. Elle lui décrivait un de ses rêves : un tombeur dans le genre Chippendale était apparu sur la plage, monté sur un bel étalon blanc, et tous deux avaient sauvagement fait l'amour dans les vagues.

Je ne suis pas sujet aux visions mais j'en ai eu une à cet instant, tout en m'efforçant de ne pas écouter la suite de la conversation. J'ai vu l'homme qu'elle décrivait en train de marcher sur la plage. Il représentait tout ce que cette société occidentale m'avait convaincu qu'il fallait être pour être un homme : musclé, séduisant, élégant. Ce cavalier n'était pas juste *un* homme : il était *l'*homme. Quelque part en moi, il était ce que je voulais être mais que je n'étais pas.

Puis, j'ai vu un autre homme qui marchait à ses côtés. Il était tout le contraire de ce que la société considère comme viril. Rien ne m'attirait chez lui. Il était faible, défiguré, battu, en sang. Il portait une couronne d'épines sur la tête et avait des marques de fouet sur tout le corps.

Puis une voix m'a posé une question. Je ne peux que supposer que c'était la voix de Dieu. Elle disait : « Lequel des deux est le vrai homme ? Auquel souhaites-tu t'identifier ? »

J'étais abasourdi. À cet instant j'ai réalisé que j'avais cru – que j'avais même *vénéré* – un mensonge[13]. À cet instant j'ai pris conscience que mon manque de confiance en ma masculinité venait du fait que j'en avais une fausse image.

Mon cœur s'est alors écrié : « Jésus, c'est toi le vrai homme ! Je choisis de m'identifier à toi ! »

L'instant d'après, mon cœur s'est serré. « Attends une seconde, ai-je pensé. Si je choisis de m'identifier au Christ, si je choisis de trouver en lui la vraie signification de la masculinité, je vais être traité comme lui. Le monde ne me renverra pas une image d'homme. Les gens vont se moquer de moi, rire de moi, me cracher au visage, me "crucifier". » J'ai eu des frissons. Mais la Vérité m'a attiré à elle et m'a donné la grâce de renoncer à mon idole.

J'ai connu beaucoup de tournants dans ma vie. Celui-ci a certainement été l'un des trois plus importants. La cause de toutes ces années d'insécurité et de peur était contenue dans cette vision.

13. Saint Paul exprimait une vérité fondamentale en décrivant la racine de l'attirance homosexuelle comme idolâtrique (cf. Rm 1,23-27).

Après quelques jours, je me suis approché du poste de travail de ma collègue pour regarder ces Chippendales bien en face. Le mensonge n'avait plus de prise sur moi. J'étais capable de voir ces images déformées pour ce qu'elles étaient et je pouvais, avec assurance, recevoir mon identité masculine du Christ.

En fait, j'ai réalisé que c'étaient ces hommes qui devraient vouloir être comme moi. Non parce que je suis génial mais parce que je cherche le Christ. Mes insécurités ne se sont pas complètement évanouies depuis, mais ce jour-là un changement spectaculaire s'est produit dans mon âme. Il continue à me soutenir dès que je suis tenté de croire à des mensonges sur la virilité.

Il n'existe pas de formule magique pour guérir les émotions et les désirs désordonnés, mais voici quatre conseils basés sur mon expérience :

1) Formez-vous.

Lisez les livres mentionnés dans les notes de ce chapitre ou tout autre livre qui présente une vision chrétienne classique de l'attirance homosexuelle.

2) Examinez votre âme et identifiez vos fausses croyances sur la masculinité.

Mesurez à l'aune du Christ vos *idées* sur ce qu'être un homme signifie. C'est lui le vrai modèle de masculinité : *Ecce homo* ! (« Voici l'homme ! », *cf.* Jn 19, 5). Adorer le Christ et tirer votre identité de lui n'est pas idolâtrique puisqu'il est Dieu ! C'est l'image que nous *devons* imiter parce que c'est à son image que nous sommes créés. C'est ainsi que nous devenons ce que nous sommes.

3) Lorsque vous vous sentez attiré par d'autres hommes, apprenez à discerner ce que cela signifie.

Les attractions désordonnées proviennent très souvent de ce que l'on admire chez l'autre et craint de ne pas avoir chez soi. Lorsque l'on voit cette qualité particulière chez un autre, on veut parfois tellement la faire nôtre que cela peut devenir une obsession.

Détordez ces désirs tordus et vous allez découvrir que ce que vous désirez incorporer, c'est le Christ. Gloire soit rendue à Dieu : le Christ nous donne justement son corps à *manger* dans l'Eucharistie ! Si vous laissez l'Eucharistie être la source de votre identité d'homme, vous découvrirez que rien ne manque à ce que vous êtes. Alors les désirs désordonnés disparaîtront.

4) Ne restez pas seul.

Partagez vos difficultés avec un ami en qui vous avez confiance, un directeur spirituel ou un conseiller dont vous êtes sûrs qu'il vous donnera de bons conseils chrétiens. Il existe aussi des sessions de guérison, avec des séances en groupe, qui peuvent s'avérer utiles pour vous.

9. Notre fille nous a annoncé récemment qu'elle était lesbienne et qu'elle emménageait avec sa « petite amie ». Notre relation avec elle en est terriblement affectée. Mon mari et moi ne savons pas quoi faire et vers qui nous tourner.

Vous avez déjà dû passer par toute une gamme d'émotions depuis cette « nouvelle », et cela va continuer. Soyez patients avec vous-mêmes mais faites attention à ne pas *agir* sous le coup de l'émotion, en particulier si cela peut donner à votre fille l'impression qu'elle est isolée ou ostracisée. Aujourd'hui plus que jamais, votre fille a besoin de savoir que vous l'aimez. Quelles que soient les tensions entre vous, ne perdez pas le contact. Ne la rejetez pas.

Cela ne signifie pas que vous devez *approuver* les choix de vie qu'elle fait. Sachant ce que vous savez, ce serait même *contraire à l'amour* de ne pas l'encourager à accueillir la vérité du plan de Dieu pour sa sexualité. Bien entendu, faites-le au moment opportun et avec douceur, humilité, respect, patience et compréhension. Laissez l'exemple du Christ vous guider : sans faire aucun compromis avec le péché, il était toujours patient et aimant à l'égard des pécheurs.

La chose la plus importante à faire pour votre fille est de prier pour elle. Faites-le non pas dans un esprit d'indignation bien-pensante mais animés du désir aimant de la voir devenir la femme qu'elle a vocation à être. Dans la même situation que vous, certains parents ont peur pour le salut de leur enfant. Si personne ne peut connaître l'état d'une âme devant Dieu, vous pouvez vous appuyer sur cette certitude : le Seigneur veut qu'elle soit sauvée, plus encore que vous ne le voulez vous-mêmes. Ayez confiance en sa miséricorde. Espérez toujours la conversion de cœur de votre fille.

Par ailleurs, cherchez du soutien pour vous-mêmes et, si elle le veut, pour votre fille. "*Courage*" est un groupe de soutien approuvé par l'Église qui se consacre à aider les catholiques se battant contre une attirance homosexuelle à vivre une vie sainte et chaste, conformément aux enseignements de l'Église[14]. Un autre groupe qui lui est lié, *"Encourage"*, offre un soutien aux parents d'enfants ayant une inclination homosexuelle.

Enfin, pour peu que vous acceptiez de la considérer sous ce jour, l'annonce de votre fille est en réalité une occasion de grandir pour toute votre famille. Dans notre monde blessé, l'expression « famille dysfonctionnelle » est un pléonasme. Chaque famille est en partie « dysfonctionnelle » puisque chaque famille est composée d'êtres humains blessés.

Certes, les parents ne poussent jamais leur enfant à avoir des sentiments homosexuels. Ils ne doivent donc pas s'en vouloir si cela arrive, encore moins endosser la responsabilité des décisions prises par leur enfant devenu adulte. Néanmoins, il est bon de reconnaître que la dynamique familiale joue souvent un rôle dans les problèmes que développe un enfant devenu grand, y compris les problèmes d'identité sexuelle. De même que l'amour se diffuse, de même le péché et les relations dysfonctionnelles se diffusent-ils.

N'ayez pas peur d'apporter la lumière du Christ dans tous les « placards » de votre famille. Ouvrez grand les portes au Christ. N'ayez pas peur de reconnaître les faits et de demander pardon à vos enfants adultes pour les erreurs que vous avez commises, les modèles relationnels qui n'étaient pas sains, et même les péchés sexuels qui ont pu faire – ou font encore – partie de votre couple.

Vous pensez peut-être que votre vie sexuelle ne concerne pas vos enfants, et à certains égards vous avez raison ; mais envisagez la question de cette autre manière : parce que votre vie sexuelle est l'origine même de la vie de vos enfants, leur identité est intimement mêlée à ce qui se passe dans votre chambre. J'ai travaillé avec suffisamment de gens blessés pour savoir que les péchés des parents tels que l'adultère, la pornographie, la contraception et le divorce ont une incidence profonde et durable sur les enfants. En fonction de votre situation, la prudence vous dictera peut-être une autre décision ;

14. L'association Courage a une branche en France. Vous pouvez la retrouver sur : www.couragefrance.blogspot.it (NdE).

il n'empêche qu'une discussion franche avec vos enfants adultes sur vos défaillances à vous est souvent une étape cruciale dans la guérison des blessures familiales. Si vous avez des raisons de croire qu'une telle discussion sera explosive, vous pouvez faire appel à un conseiller familial avisé.

Le Christ est entré dans le monde par une famille afin de restaurer la famille. Il peut apporter le pardon et la guérison. Laissez-le faire !

9

Dire « oui » à Dieu seul

Sexualité et vocation au célibat

> Alors j'ai vu un ciel nouveau et une terre nouvelle, car le premier ciel et la première terre s'en étaient allés et, de mer, il n'y en a plus. Et la Ville sainte, la Jérusalem nouvelle, je l'ai vue qui descendait du ciel, d'auprès de Dieu, prête pour les noces, comme une épouse parée pour son mari. Et j'entendis une voix forte qui venait du Trône. Elle disait : « Voici la demeure de Dieu avec les hommes ».
>
> *Apocalypse* (21, 1-4)

Sexualité et vocation au célibat ? N'y a-t-il pas contradiction dans les termes ?

Il serait plus juste de parler d'un *paradoxe*.

On ne peut comprendre le mystère chrétien sans faire face au paradoxe, avec sa tension constitutive. Jugez-en vous-mêmes : nous affirmons la vérité d'un Dieu unique en trois Personnes, d'un Homme qui est également Dieu, d'une Vierge qui est également Mère ; dans le mariage, nous tenons que les deux ne font plus qu'un ; dans notre marche avec Dieu, nous devons mourir pour vivre, renoncer à nous-mêmes pour être libres, perdre notre vie pour la trouver…

Ce ne sont pas là les enseignements d'un Dieu schizophrène ou d'une Église devenue folle. S'ils nous paraissent relever du « double langage », c'est parce que nous ne pensons pas encore comme Dieu pense.

Le mariage, la sexualité et la vocation au célibat sont beaucoup plus interconnectés que nous pourrions le penser à première vue. Ils sont aussi interdépendants. Lorsque l'on accorde à chacune de ces trois réalités l'estime et le respect qui leur sont dus, l'équilibre délicat qu'il y a entre eux est maintenu.

À l'inverse, si l'une de ces trois réalités (mariage, sexualité, célibat) est dévaluée, surévaluée ou mal respectée, les deux autres en pâtissent inévitablement. Ce n'est pas une coïncidence, par exemple, si la révolution sexuelle a provoqué à la fois une hausse spectaculaire du taux de divorce et une baisse spectaculaire des vocations au sacerdoce et à la vie religieuse. Ce n'est pas non plus une coïncidence si les mauvaises interprétations de la vocation consacrée qui ont eu cours dans l'histoire ont conduit à rabaisser le mariage et la sexualité.

Toutes ces erreurs résultent de l'échec à intégrer la tension constitutive du paradoxe. De fait, vouloir réconcilier les pôles (apparemment) irréconciliables d'un paradoxe s'apparente à de la torture mentale. Pour éviter le malaise, on se concentre donc en général sur un aspect seulement de la vérité et on finit par nier les autres.

Au contraire, c'est précisément en *se colletant avec* la tension du paradoxe que l'on découvre la pleine vérité. Il faut apprendre à se sentir chez soi dans cette tension. C'est alors seulement que l'on peut comprendre correctement la profonde interrelation qu'il y a entre le mariage, la sexualité et la vocation au célibat.

1. Si la vocation à l'« amour sponsal » est la vérité fondamentale de notre existence et l'accomplissement de notre humanité, pourquoi l'Église promeut-elle le célibat ?

À première vue, en effet, la promotion du célibat par l'Église semble être en contradiction avec tout ce que nous avons dit sur la dignité et l'importance de la sexualité et du mariage. En y regardant de plus près, cependant, on découvre que la vocation au célibat est en réalité l'*accomplissement* ultime de tout ce dont nous avons parlé jusqu'ici.

En tant que sacrement, l'union conjugale en « une seule chair » n'est qu'un signe et une préfiguration des réalités à venir. Analogiquement, nous sommes créés pour l'union sponsale avec Dieu. Ce qu'exprime le désir sexuel, ultimement, c'est notre désir du Ciel.

Là, le Christ se donnera à l'humanité en une expérience béatifique qui dépassera de loin toutes les réalités terrestres. Nous répondrons au don de notre Époux par le don de nous-même[1]. Le mariage de la divinité et de l'humanité sera éternellement consommé (voir chapitre 3, question 17).

Ce n'est qu'en fixant cette réalité céleste à l'horizon que l'on peut comprendre correctement la vocation au célibat. Comme nous le lisons dans l'Évangile, le Christ appelle certains de ses disciples à embrasser le célibat non pour lui-même, mais « à cause du Royaume des Cieux » (Mt 19, 12). « Le Royaume des Cieux » est précisément *le mariage céleste*. En bref, ceux qui choisissent le célibat « sautent » le sacrement en anticipant la réalité ultime. En exprimant directement à Dieu le « oui » d'un engagement de mariage, les consacrés font un pas au-delà de l'histoire – tout en vivant dans l'histoire – et déclarent au monde de manière radicale que le Royaume de Dieu est là (*cf.* Mt 12, 28).

Les deux vocations, chacune de manière spécifique, sont donc un accomplissement de l'appel à l'« amour sponsal » qui se révèle à travers notre corps. Comme le dit Jean-Paul II : « C'est sur la base de la signification conjugale même de l'être en tant que corps, masculin ou féminin, que peut se former à la dimension de la vie tout entière l'amour qui engage l'homme au mariage (*cf.* Mt 19, 3-10), mais que peut également se former l'amour qui engage l'homme pour toute la vie à la continence pour le Royaume des Cieux (*cf.* Mt 19, 11-12) »[2].

On ne peut pas échapper à l'appel de sa sexualité. Que ce soit dans le mariage ou dans la vie consacrée, chaque homme, du fait qu'il est un homme, est appelé à être mari et père, et chaque femme, du fait qu'elle est une femme, est appelée à être épouse et mère. Les hommes consacrés deviennent une « icône » du Christ, et leur épouse est l'Église. Les femmes

1. *Cf.* Jean-Paul II, *Homme et femme il les créa, op. cit.*, p. 375.
2. *Ibid.*, p. 443.

consacrées deviennent une « icône » de l'Église, et leur époux est le Christ. Les deux donnent la vie à de nombreux enfants spirituels.

Ainsi, les termes de père, mère, frère et sœur s'appliquent au mariage *et* au célibat. Ces deux vocations sont indispensables à la construction de la famille de Dieu. Chacune est complémentaire de l'autre et en dévoile la signification. Le mariage révèle le caractère sponsal de la vie consacrée, la vie consacrée révèle que le but ultime du mariage est de nous préparer au Ciel.

2. L'Église continue-t-elle d'enseigner que la vie consacrée est un appel « plus élevé » que le mariage ?

Oui, mais cela doit être correctement défini. Par le passé, l'enseignement de Paul selon lequel celui qui se marie fait « bien », mais celui qui ne se marie pas fait « mieux » (1 Co 7, 38), a subi de graves déformations. Elles ont conduit certains à considérer le mariage comme une vocation de seconde classe, destinée à ceux qui ne sont pas capables de supporter le célibat. Elles ont aussi conforté certaines visions erronées qui considéraient le sexe comme corrompu par essence et ceux qui s'en abstenaient comme seuls capables d'être vraiment « saints ». De telles erreurs ont conduit Jean-Paul II a affirmé avec fermeté : « Cette “supériorité” de la continence sur le mariage ne signifie jamais, dans la tradition authentique de l'Église, une dévaluation du mariage ou une réduction de sa valeur essentielle. Elle ne signifie pas non plus un glissement, même implicite, vers les positions manichéennes [...] »[3].

La vocation au célibat est donc « meilleure » ou « plus élevée » que le mariage dans le sens où le Ciel est meilleur ou plus élevé que la terre. N'oubliez pas que le célibat n'est pas un *sacrement* du Ciel sur la terre. Il *est*, dans une certaine mesure, le Ciel sur la terre. Mais cela ne doit pas amener ceux qui sont appelés au mariage à dévaluer leur vocation.

Tout le monde est appelé à être saint en répondant à la vocation à l'« amour sponsal » inscrite dans son être. Mais tout le monde n'est pas appelé de la même manière : « chacun reçoit de Dieu son don particulier, celui-ci d'une manière, celui-là de l'autre (1 Co 7, 7).

3. *Ibid.*, p. 427. Le manichéisme est une vieille hérésie dualiste qui considère mauvaises les choses matérielles et n'accorde d'importance qu'aux réalités spirituelles.

Chacun de nous doit répondre au don qui lui a été fait. Si nous sommes appelés au célibat, nous ne sommes pas censés choisir le mariage. Si nous sommes appelés au mariage, nous ne sommes pas censés choisir la vie consacrée. D'où l'importance de discerner notre vocation dans la prière.

3. Pourquoi, dans l'Église catholique, les prêtres n'ont-ils pas le droit de se marier ?

En réalité, certains prêtres ont le droit d'être mariés. En Occident, nous oublions souvent qu'il y a beaucoup d'Églises catholiques de rite oriental, c'est-à-dire des Églises d'Orient en pleine communion avec le pape, qui ont des prêtres mariés. Ce sont des prêtres catholiques tout autant que les prêtres du rite romain, pour lesquels le célibat est de mise. Par ailleurs, dans certains cas, des pasteurs mariés d'une autre confession chrétienne (anglicans, par exemple) qui se convertissent à la foi catholique peuvent être ordonnés comme prêtres mariés dans le rite romain.

On voit donc que le célibat n'est pas essentiel à la validité du sacerdoce. Il s'agit simplement d'une norme disciplinaire maintenue dans l'Église occidentale pour se conformer plus étroitement à l'exemple du Christ.

Le Christ n'était pas marié parce qu'il est venu pour épouser *toute la race humaine*. L'Église est son épouse éternelle. Les prêtres ordonnés deviennent un sacrement du Christ. Ils rendent l'amour de l'Époux céleste efficacement présent à l'Église, en particulier dans le sacrifice de l'Eucharistie. En agissant dans la personne du Christ, ils épousent eux aussi l'Église.

Cette symbolique importante est mieux préservée lorsqu'un prêtre n'est pas marié. Comme le dit saint Paul, l'homme non marié n'est pas « partagé » dans ses affaires mais il peut se consacrer entièrement au service de l'Église (*cf.* 1 Co 7, 32-34).

D'une certaine manière, je trouve malheureux que l'on définisse le célibat à partir de ce qui a été abandonné plutôt qu'à partir de ce qui a été *embrassé*. Il y aurait beaucoup moins de confusion si l'on décrivait la vocation au célibat comme le « mariage céleste », par exemple. C'est le mariage auquel participent les prêtres et toutes les personnes consacrées dans le célibat.

4. Le célibat n'est pas naturel, point. Il n'est pas surprenant que tant de prêtres aient des problèmes de sexualité. Les scandales sexuels cesseraient si les prêtres étaient autorisés à se marier.

Dans un certain sens, vous avez raison de dire que le célibat n'est *pas* naturel. Comme le Christ le révèle, il est *sur*-naturel. C'est un célibat choisi à cause du Royaume des Cieux. En appelant certains à renoncer à la vocation naturelle au mariage, le Christ a établi un mode de vie complètement nouveau et, ainsi, a démontré le pouvoir transformant de la Croix dans nos vies.

Pour ceux qui sont pris dans une approche erronée de la sexualité, sans aucune idée de la liberté à laquelle nous sommes appelés dans le Christ, le célibat choisi pour toute la vie n'a absolument aucun sens. Mais pour ceux qui ont expérimenté la transformation de leurs désirs sexuels dans le Christ, faire le don total de sa sexualité à Dieu devient non seulement une possibilité, mais une possibilité très désirable. La vocation au célibat *n'*est *pas* un rejet de la sexualité. Si certains l'abordent de cette manière, ils ne vivent pas en accord avec les paroles du Christ, selon Jean-Paul II[4].

Le célibat est une grâce, un don. Seule une minorité de disciples du Christ reçoit ce don. Mais ceux qui le *reçoivent*, reçoivent aussi la grâce d'être fidèle à leurs vœux, tout comme les couples mariés reçoivent la grâce d'être fidèles aux leurs.

Dans les deux vocations, il arrive en effet que certains rejettent cette grâce et trahissent leurs vœux. Il ne fait pas de doute que les diocèses catholiques doivent tous s'ouvrir davantage aux blessures de la sexualité, de même qu'ils doivent développer et promouvoir des ministères qui apportent la guérison du Christ à ceux qui en ont besoin, y compris aux prêtres. Mais céder à la faiblesse humaine et revoir à la baisse la nature des engagements ne solutionne pas l'infidélité conjugale ni l'infidélité au célibat. La solution, c'est de montrer la Croix comme la source de toute grâce, une source à laquelle nous pouvons boire gratuitement et par laquelle nous recevons le *vrai pouvoir* de vivre et d'aimer comme nous y avons été appelés.

En ce qui concerne les comportements sexuels inconvenants, les statistiques montrent que les prêtres célibataires n'en commettent pas plus que

4. *Cf. ibid.*, p. 443.

les membres du clergé des autres confessions, alors que ces derniers sont autorisés à se marier. Il n'y a absolument aucune preuve qui permette de dire qu'ordonner prêtres des hommes mariés résoudrait ou même diminuerait ce problème.

L'argument qui voudrait que le mariage soit la solution aux scandales sexuels des prêtres renferme une conception dangereusement dévoyée du mariage. Comme nous l'avons souligné dans ce livre, le mariage ne fournit pas un « cadre légitime » pour assouvir ses désirs sexuels désordonnés. Ce n'est pas le célibat qui *cause* les désordres sexuels : c'est le péché. Le simple fait de se marier ne *guérit* pas les désordres sexuels : c'est le Christ qui guérit. Si un prêtre ou tout autre homme contracte un mariage alors qu'il souffre de désordres sexuels profonds, il condamne sa femme à devenir un objet sexuel. Le scandale du péché sexuel, qu'il soit commis par des prêtres ou par d'autres, ne pourra cesser que si les personnes expérimentent la rédemption de leur sexualité dans le Christ[5].

5. Pourquoi les femmes ne peuvent-elles pas être prêtres ?

Le fait que l'Église catholique réserve l'ordination sacerdotale aux hommes irrite beaucoup de femmes. Cette irritation est attisée par la « conscience historique » de l'oppression des femmes. C'est seulement ces dernières années que l'Église, par la voix de Jean-Paul II, s'est montrée disposée à reconnaître et à demander pardon pour « la responsabilité objective de nombreux fils de l'Eglise [dans cette oppression], surtout dans certains contextes historiques ». Et le pape de continuer : « Puisse ce regret se traduire, pour toute l'Église, par un effort de fidélité renouvelée à l'inspiration évangélique »[6].

---

5. Concernant les scandales des prêtres pédophiles, en particulier ceux qui ont récemment touché plusieurs pays occidentaux, les papes Benoît XVI et François ont exprimé à plusieurs reprises aux victimes leur honte, leur affliction et leur proximité. Dans sa *Lettre aux catholiques d'Irlande* du 19 mars 2010, le pape Benoît XVI écrit par exemple : « Vous avez terriblement souffert et j'en suis profondément désolé. Je sais que rien ne peut effacer le mal que vous avez subi. Votre confiance a été trahie, et votre dignité a été violée. (...) Il est compréhensible que vous trouviez difficile de pardonner ou de vous réconcilier avec l'Église. En son nom, je vous exprime ouvertement la honte et le remords que nous éprouvons tous » (n. 6). Dans ce même texte, le pape exhorte fermement les prêtres coupables d'actes pédophiles à en « répondre (...) devant Dieu tout-puissant, ainsi que devant les tribunaux constitués à cet effet ».

6. JEAN-PAUL II, Lettre aux Femmes, n° 3. Je recommande vivement cette courte lettre, ainsi que la réflexion plus approfondie de Jean-Paul II sur la dignité et la vocation de la femme dans sa lettre apostolique *Mulieris Dignitatem*.

L'inspiration évangélique. Voilà précisément ce dont nous parlons depuis la première page de ce livre : le grand « mystère sponsal » de l'union du Christ avec l'Église, symbolisé dès le début par la création de l'être humain homme et femme. La fidélité à cette inspiration nous invite à défendre la dignité de la femme en toute occasion et à résister à une répartition des rôles exagérément favorable aux hommes. Mais elle nous appelle aussi à résister à l'autre extrême : considérer que les hommes et les femmes sont interchangeables.

On l'a déjà dit, égalité entre les sexes ne signifie pas *uniformité*. C'est la *différence* fondamentale entre les sexes qui révèle le grand « mystère sponsal ». C'est cette *différence* fondamentale entre les sexes qui donne, au sens propre, la vie au monde.

Une culture qui nivelle cette différence est une culture qui se suicide, une culture de mort. Dans la citation mise en exergue du précédent chapitre, Stanislaw Grygiel, vice-président de l'Institut Jean-Paul II pour les études sur le mariage et la famille, décrit fort bien le danger d'un monde « unisexué ». En préface à cette déclaration, il affirme que comprendre « le miracle de la différence des sexes [...] est le début d'un chemin qui nous fait découvrir l'ultime et fondamentale différence pour les êtres humains : la différence entre Dieu et [eux] »[7]. Brouiller la différence sexuelle, c'est brouiller le grand mystère sponsal : l'appel à une communion donatrice de vie entre l'homme et la femme et entre Dieu et l'humanité.

Dans cette communion donatrice de vie, les hommes et les femmes ont une vocation différente. C'est l'époux qui donne la semence et l'épouse qui conçoit la vie en elle. Il n'y a pas un rôle meilleur que l'autre. Tous deux sont éminemment dignes et indispensables.

Si nous voulons un jour être en paix avec nous-mêmes, nous devons accueillir comme un don de Dieu la vocation que nous avons reçue. Faudrait-il que les hommes se plaignent que Dieu ne leur ait pas donné le privilège d'être mères ? Une femme qui veut être ordonnée prêtre se trompe de la même manière.

C'est pour une bonne raison que nous appelons les prêtres *« père »*. Ils sont le symbole efficace du don que le Christ a fait de son corps à son Épouse pour qu'elle puisse concevoir la vie « dans l'Esprit Saint ». Seuls les hommes

7. S. Grygiel, *op. cit.*. *Cf.* aussi note 1 p. 183.

peuvent symboliser ce don. Comme Jean-Paul II nous le rappelle, « *dans l'Eucharistie* s'exprime avant tout sacramentellement *l'acte rédempteur du Christ-Époux envers l'Église-Épouse.* Cela devient transparent et sans équivoque lorsque le service sacramentel de l'Eucharistie, où le prêtre agit « *in persona Christi* », est accompli par l'homme »[8].

Si le ministère de l'Eucharistie était accompli par une femme, la symbolique exprimerait une relation d'épouse à épouse. Il n'y aurait aucune possibilité d'accomplir l'union sponsale, et par là aucune possibilité non plus de donner une vie nouvelle à l'Église. Une fois encore, nous voyons ici combien l'étreinte conjugale est intimement liée à l'Eucharistie. Jean-Paul II le résume ainsi : « *L'Eucharistie* est *le sacrement [...] de l'Époux, de l'Épouse* »[9].

6. Si même un homme devient « épouse du Christ » en tant que membre de l'Église, pourquoi une femme ne peut-elle pas devenir « époux de l'Église » comme prêtre ?

Commençons par dire quelques mots des principes masculins et féminins en chacun de nous. Si c'est le masculin et le féminin *ensemble* qui réalisent l'humain, et si chaque homme et chaque femme est pleinement humain, et non pas à moitié, il est juste d'en conclure que chaque homme et chaque femme est un « mariage » intérieur de masculinité et de féminité. Ainsi, d'une certaine manière, nous pouvons dire qu'il y a des « principes » féminins chez l'homme et des « principes » masculins chez la femme.

Néanmoins, ce mariage intérieur se manifeste comme essentiellement *masculin* chez l'homme et essentiellement *féminin* chez la femme. L'Église, de son côté, en tant que « corps social », est un mariage d'hommes et de femmes qui se manifeste essentiellement comme *féminine*, comme *Épouse*. Il y a dans cette Épouse des principes masculins et féminins auxquels participent à la fois les hommes et les femmes. Autant les hommes deviennent « épouse » en tant que membres de l'Église, autant les femmes deviennent « prêtre » en tant que participantes du sacerdoce de tous les croyants (*cf.* 1 P 2, 9). Chaque baptisé, homme ou femme, participe au sacerdoce du Christ en vivant une vie de sacrifice en union avec lui.

8. *Mulieris Dignitatem*, n° 26.
9. *Ibid.*

Mais nous entrons dans un autre ordre quand nous parlons d'une personne individuelle qui devient un *sacrement* du Christ. Pour que les sacrements soient efficaces, la réalité physique doit symboliser adéquatement la réalité spirituelle. Par exemple, si un prêtre prononce les paroles du baptême sur quelqu'un en lui versant de l'huile de moteur sur la tête, il n'y aura pas de sacrement parce que la symbolique purificatrice de l'eau est nécessaire pour produire la purification spirituelle du péché. Sans un symbole adéquat – l'huile de moteur symbolise même le contraire : la salissure –, rien ne se produit[10].

De la même manière, si un évêque imposait les mains à une femme tout en prononçant les paroles de l'ordination, rien ne se produirait parce qu'une femme ne symbolise pas adéquatement l'Époux. Le refus de l'Église d'ordonner des femmes n'est donc pas dû à l'entêtement : si l'Église n'ouvre pas le sacerdoce aux femmes, c'est parce que cela est tout simplement *impossible*[11].

7. Saint Paul n'a-t-il pas dit qu'il n'y a plus ni homme ni femme car tous ne font qu'un dans le Christ Jésus ?

En effet (*cf.* Ga 3, 28). Mais comment devenons-nous *un* dans le Christ Jésus ? Par la *différence* des sexes spécifiquement. L'union sexuelle symbolise l'union dans le Christ. Mari et femme ne sont plus deux (homme et femme) mais un. Mais la seule manière pour eux de devenir *un*, c'est d'abord d'être *homme* et *femme*. Saint Paul ne nivelle donc pas la différence sexuelle mais montre où celle-ci nous mène : à l'unité dans le Christ.

8. Je suis célibataire. Si l'« amour sponsal » est si important, qu'est-ce que je deviens ?

Il y a une différence entre quelqu'un qui choisit de rester célibataire dans le monde pour se dévouer à de nobles causes, et quelqu'un qui est

10. Je remercie Mary Rousseau pour cet exemple. Voir sa magnifique réflexion sur les raisons de réserver l'ordination sacerdotale aux hommes dans "Eucharist and Gender", *Catholic Dossier*, septembre/octobre 1996, p. 19-23.

11. Dans sa lettre apostolique *Ordinatio sacerdotalis* (1994), le pape Jean-Paul II affirme : « (…), afin qu'il ne subsiste aucun doute sur une question de grande importance qui concerne la constitution divine elle-même de l'Église, je déclare, en vertu de ma mission de confirmer mes frères (cf. Lc 22, 32), que l'Église n'a en aucune manière le pouvoir de conférer l'ordination sacerdotale à des femmes et que cette position doit être définitivement tenue par tous les fidèles de l'Église » (n. 4) (NdE).

célibataire non par choix, mais à cause des circonstances de la vie. En un certain sens, le premier a fait un choix de vocation parallèle à la vie consacrée et, en vivant une vie au service des autres, il répond à l'appel à faire le don sincère de sa personne à l'imitation du Christ. Le second, d'une certaine manière, attend toujours de faire ce don définitif de lui-même.

Cela ne signifie pas que la vie de ce dernier doive rester en suspens. Cette personne peut vivre une vie très féconde en se donnant aux autres, tout en gardant l'espoir de trouver un jour un ou une épouse et de prendre une décision définitive quant à sa vocation.

Dans tous les cas, personne ne doit juger sa vie insignifiante parce qu'il ou elle n'a pas de conjoint. Le sens ultime de la vie est le *mariage céleste*. C'est le don que le Christ fait à *chacun* le don de lui-même.

Pour nous *tous*, mariés ou non, accueillir ce don du Christ et nous donner en retour à lui est le chemin pour réaliser notre vocation à l'amour sponsal. De fait, si nous cherchons notre accomplissement plénier dans le mariage terrestre, nous nous préparons une sérieuse désillusion. Comme dit le proverbe : « N'accroche jamais ton chapeau à un crochet qui ne supportera pas son poids ».

9. Pourquoi Joseph et Marie n'ont-ils jamais eu de relations sexuelles, alors qu'ils étaient mariés ?

Ah ! Une grande question pour conclure ce chapitre et ce livre... D'une certaine manière, en effet, le mariage de Joseph et de Marie résume tout ce que j'ai essayé de dire.

Leur mariage est un paradoxe à l'intérieur d'un paradoxe, un « double mystère », pour ainsi dire. Le mariage est en lui-même un mystérieux paradoxe dans le sens où les *deux* deviennent *un* à travers l'union charnelle. Mais le mariage de Joseph et de Marie est doublement mystérieux et paradoxal dans la mesure où *ils n'ont jamais eu d'union sexuelle*. Qu'est-ce que cela peut bien vouloir dire ? Dans les limites de ce que nous pouvons connaître, le grand « mystère sponsal » de l'univers est révélé à travers ce mariage virginal.

Dieu a donné à Joseph et à Marie un appel exceptionnel : vivre la vocation conjugale *et* la vocation au célibat consacré *en même temps*. Vous vous souvenez de ce qu'est la vocation au célibat consacré ? C'est le mariage céleste. Le mariage de Joseph et de Marie est l'union du mariage terrestre et du mariage céleste. *C'est le mariage du Ciel et de la terre.*

Et quel est le fruit de ce mariage vécu dans la continence? *Le Verbe fait chair.* Le fruit du mariage céleste et terrestre de Joseph et Marie est l'union du divin et de l'humain en une seule chair, Jésus-Christ, centre de l'univers et de l'histoire[12].

C'est pour cette raison que l'enseignement de l'Église sur la sexualité est une bonne nouvelle. Au commencement, l'union d'Adam et d'Ève en une « seule chair » était une préfiguration de l'Incarnation. Dieu a créé la sexualité pour qu'elle soit, dans le cosmos, la révélation fondamentale de son plan de vie et d'amour: son intention de partager avec nous sa vie et son amour éternels en devenant un avec nous dans notre chair.

C'est le grand « mystère sponsal » de l'univers auquel nous sommes tous appelés à participer. C'est pour cela que nous désirons ardemment l'union sexuelle: parce que nous désirons ardemment l'union avec Dieu. C'est pour cela que le démon nous soumet si souvent à la tentation de déformer l'union sexuelle: parce qu'il veut nous tenir à l'écart de l'union avec Dieu.

Ne vous laissez pas tromper par ses mensonges! Vivez conformément à la vérité de votre sexualité et vous accomplirez la vraie signification de votre essence et de votre existence. Vivez conformément à la vérité de votre sexualité et vous vivrez un jour pour toujours dans la béatitude éternelle de l'union sponsale entre le Christ et l'Église.

Je prie pour que ce livre vous aide dans votre marche vers cette étreinte éternelle.

Viens, Seigneur!
Qu'il nous soit fait à nous, ton Épouse, selon ta parole.
Amen.

12. *Cf.* Jean-Paul II, *Redemptor Hominis*, n° 1.

Remerciements

Je suis très reconnaissant à tous ceux et à toutes celles qui m'ont aidé à faire de ce projet de livre une réalité :

- le pape Jean-Paul II, sans la sagesse duquel ce livre n'existerait pas ;
- tous mes professeurs de l'Institut Jean-Paul II, pour les connaissances qu'ils m'ont transmises, en particulier William May, Lorenzo Albacete, David Schindler, Mary Shivanandan, Stanislaw Grygiel et Robin Maas ;
- toute l'équipe des éditions Servant, en particulier Bert Ghezzi, pour la foi qu'il a eue en moi depuis le jour où je lui ai présenté cette idée de livre, et Paul Thigpen pour avoir édité mon manuscrit ;
- Monseigneur Chaput, pour m'avoir encouragé dans mon travail ;
- Fran Maier, pour la promotion de mon travail ;
- Rebecca Knoell et Helena Diaz, pour m'avoir aidé dans mes recherches ;
- Jeanette Stackhouse, pour avoir lu et critiqué chaque chapitre ;
- Père James Moreno, pour son aide sur la partie concernant le droit canonique ;
- Michael Kowalewski, pour ses recherches sur le féminisme des débuts ;
- David Morrison, pour son aide sur le chapitre 8 ;
- William May, Père Richard Hogan et Père Gerard Beigel, pour m'avoir aidé à peaufiner le manuscrit définitif ;
- Greg Weidman, pour ses remarques sur tout le texte et pour sa relecture ;
- et Wendy West, pour avoir apporté sa « touche féminine » et équilibré mon point de vue masculin.

Table des matières

Introduction 9

1. Le grand mystère 15

La place centrale de la sexualité dans le plan de Dieu 17
Homme et femme : image de la Trinité 18
Le mariage : sacrement du Christ et de l'Église 19
La sexualité humaine « au commencement » 21
Il n'est pas bon d'être seul 22
Les effets du péché originel 24
La complémentarité des sexes devient discorde entre les sexes 26
La rédemption de notre sexualité dans le Christ 27
Une question de foi 31
Le plan originel de Dieu : norme pour la sexualité et le mariage 32

2. Qui le dit ? 33

1. Qui détermine ce que l'Église enseigne officiellement ? Ne sommes-nous pas tous « l'Église » ? 34
2. Où donc l'Église est-elle allée chercher l'idée d'un « Magistère » pour donner ses enseignements officiels ? 35
3. L'Église croit donc vraiment qu'elle parle au nom de Dieu et qu'elle connaît « la vérité » ? Quelle arrogance ! 36
4. Comment l'Église peut-elle affirmer qu'elle enseigne sans erreur ? L'histoire montre qu'elle a commis de nombreuses fautes et fait des choses horribles 37

5. L'« infaillibilité » de l'Église ne s'applique-t-elle pas uniquement à quelques rares déclarations du pape ? 38
6. L'Église doit se débarrasser de sa structure hiérarchique et être plus démocratique et ouverte au dialogue. 39
7. En tant que Catholique, ne suis-je pas autorisé à remettre en question les enseignements de l'Église ? 40
8. La morale n'est-elle pas l'affaire de ma conscience personnelle ? 41
9. L'Église doit vraiment arrêter de juger les gens et d'imposer son enseignement à tout le monde ! 42
10. Pourquoi pense-t-on si souvent que l'Église voit le sexe d'un mauvais œil ? 42
11. L'Église doit s'en tenir à la religion et ne pas mettre son nez dans mes affaires 45
12. Je trouve assez aberrant que de vieux célibataires cherchent à imposer une morale sexuelle aux autres 46
13. Pourquoi l'Église est-elle à ce point obsédée par le sexe ? 47

3. À quoi disons-nous « oui » ? 51

1. Qu'est-ce au juste que le mariage pour l'Église catholique ? 52
2. Qu'est-ce qui fait du mariage un sacrement ? 54
3. La position de l'Église sur le divorce ne laisse aucune échappatoire aux femmes enfermées dans des relations violentes. 57
4. Si l'Église croit que le mariage dure jusqu'à la mort, pourquoi y a-t-il autant de demandes de nullité de mariage ? 58
5. Qu'est-ce qui fait qu'un mariage est valide ? 58
6. Que signifie ne pas donner son consentement à ces promesses ? 61
7. Si des époux pensent qu'ils ne feront pas de bons parents, l'Église ne les laissera pas se marier, c'est ça ? 63
8. Et si un couple ne peut pas avoir d'enfants ? 63
9. Je n'arrive pas à croire que l'Église refuse le sacrement de mariage aux personnes impuissantes. Il n'y a pas que le sexe dans le mariage ! 64
10. Le mariage est aussi une union spirituelle. Qu'est-ce que cela fait si on ne peut pas avoir d'union charnelle ? 66
11. Comment l'Église peut-elle décréter un beau jour que le mariage de mes parents n'a jamais existé ? Cela fait de moi un enfant illégitime ! ... 67
12. Pourquoi l'Église demande-t-elle aussi aux protestants de passer par la procédure de demande de reconnaissance de nullité ? 68
13. Pourquoi l'Église ne vit-elle pas avec son temps et n'admet-elle pas que certains mariages ne marchent pas, tout simplement ? 69
14. Jésus lui-même n'a-t-il pas dit que le divorce était acceptable en cas d'adultère ? 70

15. Mon frère ne peut pas recevoir la communion parce qu'il n'a pas obtenu la reconnaissance de nullité de son premier mariage. Pourquoi l'Église catholique est-elle si dure et insensible sur le sujet? 71

16. «Femmes, soyez soumises à vos maris.» Chaque fois que j'entends ce verset des Écritures, cela me hérisse le poil! 72

17. Jésus n'a-t-il pas dit qu'il n'y avait pas de mariage après la résurrection? Est-ce que cela signifie que ma femme et moi ne serons plus ensemble au Ciel? 74

4. Avant de dire «oui» 77

1. Qu'est-ce que la chasteté? 78
2. Pourquoi deux adultes consentants qui s'aiment ne pourraient-ils pas avoir des relations sexuelles? 79
3. J'ai été dans une école catholique pendant douze ans et je n'ai jamais entendu ce que vous dites là. Pourquoi? 82
4. Comment puis-je retrouver cette vision de la sexualité, si je suis déjà passé à côté? 83
5. Nous sommes fiancés. Dans notre cœur, nous savons que nous nous sommes déjà engagés l'un envers l'autre pour la vie. Pourquoi ne pas exprimer cet engagement dans la relation sexuelle? 84
6. Mon futur fiancé et moi-même avons tous les deux des parents divorcés. Avant de prendre un engagement sérieux, nous avons donc décidé d'emménager ensemble pour voir si nous sommes compatibles. Pourquoi l'Église dit-elle que nous «vivons dans le péché»? 85
7. Mon petit ami et moi sommes très amoureux et très attirés l'un par l'autre. Nous ne sommes pas «allés jusqu'au bout» mais nous avons du mal à voir où se trouve la ligne à ne pas franchir. Et d'abord, y a-t-il une ligne? 88
8. N'existe-il pas, quand même, des limites physiques à ne pas franchir? 91
9. Il y a une différence, en matière de chasteté, entre les couples qui se fréquentent et les couples fiancés, non? 93
10. L'Église enseigne-t-elle vraiment que la masturbation n'est pas une bonne chose? Est-ce aussi valable pour des adolescents qui ne font ainsi que découvrir et expérimenter leur corps? 95
11. La plupart des psychologues considèrent la masturbation comme une chose normale et saine. Pourquoi l'Église ne comprend-elle pas cela? 96
12. Que suis-je censé faire de mes sentiments et désirs sexuels si je ne peux pas avoir de relations et si je ne dois pas me masturber? 98
13. Si j'ai des éjaculations nocturnes, dois-je me sentir coupable? 101
14. Pornographie: où est le problème? 101

5. Vivre le « oui » 105

1. Pourquoi les couples mariés doivent-ils vivre la chasteté, alors que la période des fiançailles est terminée pour eux ? 107
2. Je suis marié depuis seize ans et je n'ai jamais pensé que la chasteté pouvait exister dans le mariage 107
3. Êtes-vous en train de dire qu'on ne peut avoir une relation sexuelle que quand on veut avoir un bébé ?! 111
4. Quelqu'un m'a dit que pour l'Église il n'est pas bien d'avoir des rapports bucco-génitaux, même pour les couples mariés. Est-ce vrai ? 112
5. Qu'en est-il des pratiques anales ? 113
6. Tout cela est bien mécanique… Comme si l'expression de l'amour se réduisait à insérer le bon membre dans le bon orifice ! 114
7. Est-il vrai que pour les catholiques la « position du missionnaire » est la seule position acceptable pour avoir une relation sexuelle ? 117
8. Qu'y a-t-il de mal à essayer de mettre du piquant dans sa vie sexuelle en y introduisant un peu de variété ? 118
9. Faire l'amour moralement ôte toute spontanéité à la chose ! Pourquoi même les couples mariés ne peuvent-ils pas se laisser aller à la passion du moment ? 119
10. Tout cela est bien lourd… Le sexe ne peut-il pas être *fun*, tout simplement ? 120
11. Je suis marié depuis treize ans. J'ai beau savoir que le sexe est bon, voire sacré, il me donne quand même l'impression d'être sale. Qu'est-ce qui cloche chez moi ? 121
12. Ma mère m'a dit que lorsqu'elle s'est mariée la première fois, un prêtre lui a dit qu'elle était obligée de se « soumettre » sur commande aux besoins sexuels de son mari. Qu'en est-il aujourd'hui ? 125
13. L'Église n'a-t-elle pas enseigné que l'une des finalités spécifiques du mariage était de relâcher la tension sexuelle ? 126
14. Saint Paul justifie bien le relâchement de la tension sexuelle lorsqu'il dit qu'il vaut mieux se marier plutôt que de brûler de désir, non ? 127
15. La limite entre l'amour et la recherche de soi n'est-elle pas ténue ? J'ai parfois du mal à savoir quelles sont mes intentions réelles 128

6. « Oui… mais non » 129

1. Mais enfin, que peut-il bien y avoir de mal à recourir à la contraception ?! 131
2. Êtes-vous en train de dire que les couples qui ont recours à la contraception ne s'aiment pas ? 135
3. Qu'est-ce qu'un couple est censé faire, alors ? Avoir douze enfants ? 136

4. L'Église dit-elle qu'un couple qui veut éviter une nouvelle grossesse sans trahir ses promesses de mariage doit s'abstenir de relations sexuelles jusqu'à la ménopause? 137
5. Quelle différence y a-t-il entre rendre stérile une union sexuelle et attendre qu'elle soit naturellement infertile? 138
6. Refuser d'avoir une relation sexuelle, n'est-ce pas contredire les promesses de son mariage davantage encore que décider d'avoir une relation sexuelle protégée? 138
7. La distinction que fait l'Église entre le contrôle «artificiel» et «naturel» des naissances n'a pas de sens. Cela signifie qu'utiliser du latex est immoral, c'est ça? 139
8. L'Église catholique est opposée au progrès moderne et à la technologie. Si Dieu nous a donné une intelligence pour contrôler notre fertilité, nous devons l'utiliser. 140
9. Je ne vois toujours pas la différence entre les méthodes naturelles de planification des naissances et la contraception 141
10. Les couples qui utilisent les méthodes naturelles de planification des naissances et ceux qui utilisent des moyens contraceptifs n'ont-ils pas la même intention? 142
11. Où est-il écrit dans la Bible que la contraception est un mal? 143
12. Pour quelles bonnes raisons un couple utiliserait les méthodes naturelles? 144
13. Nous avons déjà cinq enfants. Avec mon mari, nous avons jugé que la pilule était la meilleure méthode pour nous. L'Église doit permettre aux couples de choisir la méthode de contrôle des naissances qui leur convient le mieux, au lieu de les culpabiliser 146
14. L'Église catholique a perdu le contact avec les besoins des vraies gens. Aucune autre Église n'enseigne que le contrôle des naissances n'est pas bien 147
15. La contraception a aidé les femmes à se libérer, elle a apporté plus d'égalité entre les sexes, elle a libéré les couples mariés, leur permettant de mieux profiter du sexe sans craindre des grossesses non désirées. En quoi cela est-il mauvais? 152
16. Il est contradictoire d'être à la fois contre la contraception et contre l'avortement! Tant qu'il y aura des grossesses non désirées, il y aura des avortements 154
17. Et si l'on prend la pilule pour des raisons médicales? Est-ce mal, là aussi? 157
18. Les méthodes naturelles de planification des naissances ne sont pas efficaces à 100 %. Donc, même si tout le monde les utilisait, comme le prescrit l'Église, la tentation d'avorter existerait toujours. 157

19. Les couples qui utilisent les méthodes naturelles doivent avoir beaucoup de surprises ! Dans le cabinet de mon médecin, un tableau dit que ces méthodes ne sont efficaces qu'à 80 %. 159
20. Je pensais que les méthodes naturelles, c'était justement la méthode Ogino.... 159
21. Avec les méthodes naturelles, combien de jours faut-il s'abstenir pour ne pas tomber enceinte ? 160
22. Il n'y a rien de « naturel » à s'abstenir de relations sexuelles quand on est marié. Cela pourrait même nuire au couple. 160
23. Quel degré d'intimité conjugale est acceptable pendant les périodes d'abstinence ?.... 162
24. J'accepte ce que dit l'Église mais mon mari insiste pour que nous utilisions des contraceptifs. Que dois-je faire ?.... 162
25. Je me suis fait ligaturer les trompes. Je le regrette aujourd'hui. Que dois-je faire ?.... 163
26. Nous avons recours à des moyens contraceptifs depuis des années. Nous n'avions jamais entendu parler de tout cela. Que devons-nous faire ?.... 164

7. « Oui… mais pas comme Dieu le veut ».... 165

1. L'Église est pro-famille et pro-vie, c'est clair. Il est donc logique qu'elle s'oppose aux technologies qui entravent la procréation. Mais pourquoi s'oppose-t-elle à des technologies qui visent justement à mettre au monde des enfants ? 167
2. Êtes-vous en train de dire que les enfants conçus grâce à ces techniques ne sont pas créés par Dieu ou ne sont pas créés à son image ?.... 172
3. Vous dites que recourir aux techniques de procréation médicalement assistée revient à se prendre pour Dieu. Mais alors, nous nous prenons pour Dieu à chaque fois que nous nous faisons opérer ou prenons des médicaments, non ? 173
4. N'avez-vous pas dit que la stérilité était une maladie ? 173
5. Je comprends que les enfants doivent être le fruit de l'amour de leurs parents. Mais les enfants conçus de manière artificielle peuvent l'être sur un plan spirituel. 174
6. Pourquoi l'adoption est-elle moralement acceptable ? Les enfants adoptés ne sont pas eux non plus le fruit de l'union sexuelle du couple ! 175
7. La femme de mon frère ne peut pas avoir d'enfants. Tous deux m'ont demandé si je voulais bien être la mère porteuse de leur enfant. Où est le mal ?.... 175
8. Dieu ne nous a-t-il pas appelés à dominer la nature ?.... 176
9. De nombreuses femmes célibataires ont un sincère désir d'enfant. Ces technologies peuvent leur permettre de réaliser leur souhait. Qu'y a-t-il de mal à ça ?.... 176

10. Je comprends que les célibataires puissent ne pas avoir « droit » aux enfants. Mais l'Église est terriblement cruelle de refuser le droit d'avoir un enfant à des époux qui s'aiment et en veulent un de tout leur être ! 177
11. Dans ces conditions, qu'est-ce qu'un couple doit faire s'il n'arrive pas avoir d'enfants ? Se contenter de souffrir ? 178
12. Mon médecin veut me faire faire un spermogramme pour voir si la cause de notre stérilité vient de moi. Est-ce que je peux me masturber pour fournir le sperme ? 180
13. Entre aider l'acte conjugal et se substituer à l'acte conjugal, la frontière est parfois mince… Comment faire la distinction ? 180
14. Nous avons une fille magnifique qui a été conçue par insémination artificielle. Sans relâche nous avions prié Dieu qu'il nous bénisse en nous donnant un enfant. Je refuse de croire que ce que nous avons fait est mal. 181
15. Nous savions que l'Église enseignait que c'était mal mais nous n'avions pas compris pourquoi. Nous voulions tellement un bébé ! Grâce à une fécondation *in vitro*, nous avons maintenant des jumeaux. Est-ce que Dieu est en colère contre nous ? 182

8. Lorsque dire « oui » est impossible 183

1. D'après mon curé, l'Église enseigne qu'être gay ne pose pas de problème, à condition de ne pas passer à l'acte. Est-ce vrai ? 186
2. Quel mal y a-t-il à ce que deux personnes de même sexe s'aiment ? Si Dieu est amour, ça ne peut pas être mal ! 188
3. Quelle différence y a-t-il entre l'union sexuelle d'époux stériles et le rapport sexuel de deux personnes homosexuelles ? Aucune de ces deux situations n'est « ouverte à la fécondité ». 189
4. Dieu est cruel de susciter dans le cœur des gens des sentiments qu'il leur interdit ensuite de mettre en pratique ! 190
5. Êtes-vous en train de dire que les homosexuels peuvent changer et devenir hétérosexuels ? 190
6. Vous êtes conscient qu'un grand nombre d'homosexuels s'opposent avec force à vos propos et vont vous accuser d'homophobie ? 192
7. De l'autre côté de ma rue vit un couple de lesbiennes.. Elles sont tellement gentilles et affectueuses à notre égard et l'une envers l'autre… Je refuse de croire qu'elles « vivent dans le péché » 193
8. Je suis marié et j'ai trois enfants. Je ne l'ai jamais dit à personne mais il m'arrive d'être attiré par d'autres hommes. Est-ce que cela veut dire que je suis gay ? J'ai peur que cela détruise mon mariage. Comment puis-je surmonter cela ? 194
9. Notre fille nous a annoncé récemment qu'elle était lesbienne et qu'elle emménageait avec sa « petite amie ». Mon mari et moi ne savons pas quoi faire et vers qui nous tourner. 198

9. Dire « oui » à Dieu seul 201

1. Si la vocation à l'« amour sponsal » est la vérité fondamentale de notre existence et l'accomplissement de notre humanité, pourquoi l'Église promeut-elle le célibat ? 202
2. L'Église continue-t-elle d'enseigner que la vie consacrée est un appel « plus élevé » que le mariage ? 204
3. Pourquoi dans l'Église catholique les prêtres n'ont-ils pas le droit de se marier ? 205
4. Le célibat n'est pas naturel, point. Les scandales sexuels cesseraient si les prêtres étaient autorisés à se marier........ 206
5. Pourquoi les femmes ne peuvent-elles pas être prêtres ? 207
6. Si même un homme devient « épouse du Christ » en tant que membre de l'Église, pourquoi une femme ne peut-elle pas devenir « époux de l'Église » comme prêtre ? 209
7. Saint Paul n'a-t-il pas dit qu'il n'y a plus ni homme ni femme car tous ne font qu'un dans le Christ Jésus ? 210
8. Je suis célibataire. Si l'« amour sponsal » est si important, qu'est-ce que je deviens ? 210
9. Pourquoi Joseph et Marie n'ont-ils jamais eu de relations sexuelles, alors qu'ils étaient mariés ? 211

www.editions-emmanuel.com

web

Achevé d'imprimer par l'Imprimerie Darantiere
à Dijon-Quetigny (France) en juin 2014
Dépôt légal : 1er trimestre 2014 – N° d'impression : 14-0484